LG그룹

인적성검사 모의고사

[제1회]

영 역	언어이해, 언어추리, 인문역량, 수리력, 도형추리, 도식적추리
문항 수 / 시간	125문항 / 140분
비 고	객관식 5지선다형

SEOWONGAK
(주)서원각

〉〉 언어이해(20문항/25분)

1. 다음 글에 나타난 아리스토텔레스의 견해에 대한 이해로 가장 적절한 것은?

자연에서 발생하는 모든 일은 목적 지향적인가? 자기 몸통보다 더 큰 나뭇가지나 잎사귀를 허둥대며 운반하는 개미들은 분명히 목적을 가진 듯이 보인다. 그런데 가을에 지는 낙엽이나 한밤중에 쏟아지는 우박도 목적을 가질까? 아리스토텔레스는 모든 자연물이 목적을 추구하는 본성을 타고나며, 외적 원인이 아니라 내재적 본성에 따른 운동을 한다는 목적론을 제시한다. 그는 자연물이 단순히 목적을 갖는 데 그치는 것이 아니라 목적을 실현할 능력도 타고나며, 그 목적은 방해받지 않는 한 반드시 실현될 것이고, 그 본성적 목적의 실현은 운동 주체에 항상 바람직한 결과를 가져온다고 믿는다. 아리스토텔레스는 이러한 자신의 견해를 "자연은 헛된 일을 하지 않는다!"라는 말로 요약한다.

근대에 접어들어 모든 사물이 생명력을 갖지 않는 일종의 기계라는 견해가 강조되면서, 아리스토텔레스의 목적론은 비과학적이라는 이유로 많은 비판에 직면한다. 갈릴레이는 목적론적 설명이 과학적 설명으로 사용될 수 없다고 주장하며, 베이컨은 목적에 대한 탐구가 과학에 무익하다고 평가하고, 스피노자는 목적론이 자연에 대한 이해를 왜곡한다고 비판한다. 이들의 비판은 목적론이 인간 이외의 자연물도 이성을 갖는 것으로 의인화한다는 것이다. 그러나 이런 비판과는 달리 아리스토텔레스는 자연물을 생물과 무생물로, 생물을 식물·동물·인간으로 나누고, 인간만이 이성을 지닌다고 생각했다.

일부 현대 학자들은, 근대 사상가들이 당시 과학에 기초한 기계론적 모형이 더 설득력을 갖는다는 일종의 교조적 믿음에 의존했을 뿐, 아리스토텔레스의 목적론을 거부할 충분한 근거를 제시하지 못했다고 비판한다. 이런 맥락에서 볼로틴은 근대 과학이 자연에 목적이 없음을 보이지도 못했고 그렇게 하려는 시도조차 하지 않았다고 지적한다. 또한 우드필드는 목적론적 설명이 과학적 설명은 아니지만, 목적론의 옳고 그름을 확인할 수 없기 때문에 목적론이 거짓이라 할 수도 없다고 지적한다.

17세기의 과학은 실험을 통해 과학적 설명의 참·거짓을 확인할 것을 요구했고, 그런 경향은 생명체를 비롯한 세상의 모든 것이 물질로만 구성된다는 물질론으로 이어졌으며, 물질론 가운데 일부는 모든 생물학적 과정이 물리·화학 법칙으로 설명된다는 환원론으로 이어졌다. 이런 환원론은 살아 있는 생명체가 죽은 물질과 다르지 않음을 함축한다. 하지만 아리스토텔레스는 자연물의 물질적 구성 요소를 알면 그것의 본성을 모두 설명할 수 있다는 엠페도클레스의 견해를 반박했다. 이 반박은 자연물이 단순히 물질로만 이루어진 것이 아니며, 또한 그것의 본성이 단순히 물리·화학적으로 환원되지도 않는다는 주장을 내포한다.

첨단 과학의 발전에도 불구하고 생명체의 존재 원리와 이유를 정확히 규명하는 과제는 아직 진행 중이다. 자연물의 구성 요소에 대한 아리스토텔레스의 탐구는 자연물이 존재하고 운동하는 원리와 이유를 밝히려는 것이었고, 그의 목적론은 지금까지 이어지는 그러한 탐구의 출발점이라 할 수 있다.

① 자연물의 본성적 운동은 외적 원인에 의해 야기되기도 한다.
② 낙엽의 운동은 본성적 목적 개념으로는 설명되지 않는다.
③ 본성적 운동의 주체는 본성을 실현할 능력을 갖고 있다.
④ 자연물의 목적 실현은 때로는 그 자연물에 해가 된다.
⑤ 개미의 본성적 운동은 이성에 의한 것으로 설명된다.

2. 다음 글에 대한 이해로 적절하지 않은 것은?

외국 통화에 대한 자국 통화의 교환 비율을 의미하는 환율은 장기적으로 한 국가의 생산성과 물가 등 기초 경제 여건을 반영하는 수준으로 수렴된다. 그러나 단기적으로 환율은 이와 괴리되어 움직이는 경우가 있다. 만약 환율이 예상과는 다른 방향으로 움직이거나 또는 비록 예상과 같은 방향으로 움직이더라도 변동 폭이 예상보다 크게 나타날 경우 경제 주체들은 과도한 위험에 노출될 수 있다. 환율이나 주가 등 경제 변수가 단기에 지나치게 상승 또는 하락하는 현상을 오버슈팅(overshooting)이라고 한다. 이러한 오버슈팅은 물가 경직성 또는 금융 시장 변동에 따른 불안 심리 등에 의해 촉발되는 것으로 알려져 있다. 여기서 물가 경직성은 시장에서 가격이 조정되기 어려운 정도를 의미한다.

물가 경직성에 따른 환율의 오버슈팅을 이해하기 위해 통화를 금융 자산의 일종으로 보고 경제 충격에 대해 장기와 단기에 환율이 어떻게 조정되는지 알아보자. 경제에 충격이 발생할 때 물가나 환율은 충격을 흡수하는 조정 과정을 거치게 된다. 물가는 단기에는 장기 계약 및 공공요금 규제 등으로 인해 경직적이지만 장기에는 신축적으로 조정된다. 반면 환율은 단기에서도 신축적인 조정이 가능하다. 이러한 물가와 환율의 조정 속도 차이가 오버슈팅을 초래한다. 물가와 환율이 모두 신축적으로 조정되는 장기에서의 환율은 구매력 평가설에 의해 설명되는데, 이에 의하면 장기의 환율은 자국 물가 수준을 외국 물가 수준으로 나눈 비율로 나타나며, 이를 균형 환율로 본다. 가령 국내 통화량이 증가하여 유지될 경우 장기에서는 자국 물가도 높아져 장기의 환율은 상승한다. 이때 통화량을 물가로 나눈 실질 통화량은 변하지 않는다.

그런데 단기에는 물가의 경직성으로 인해 구매력 평가설에 기초한 환율과는 다른 움직임이 나타나면서 오버슈팅이 발생할 수 있다. 가령 국내 통화량이 증가하여 유지될 경우, 물가가 경직적이어서 실질 통화량은 증가하고 이에 따라 시장 금리는 하락한다. 국가 간 자본 이동이 자유로운 상황에서, 시장 금리 하락은 투자의 기대 수익률 하락으로 이어져, 단기성 외국인 투자 자금이 해외로 빠져나가거나 신규 해외 투자 자금 유입을 위축시키는 결과를 초래한다. 이 과정에서 자국 통화의 가치는 하락하고 환율은 상승한다. 통화량의 증가로 인한 효과는 물가가 신축적인 경우에 예상되는 환율 상승에, 금리 하락에 따른 자금의 해외 유출이 유발하는 추가적인 환율 상승이 더해진 것으로 나타난다. 이러한 추가적인 상승 현상이 환율의 오버슈팅인데, 오버슈팅의 정도 및 지속성은 물가 경직성이 클수록 더 크게 나타난다. 시간이 경과함에 따라 물가가 상승하여 실질 통화량이 원래 수준으로 돌아오고 해외로 유출되었던 자금이 시장 금리의 반등으로 국내로 복귀하면서, 단기에 과도하게 상승했던 환율은 장기에는 구매력 평가설에 기초한 환율로 수렴된다.

① 환율의 오버슈팅이 발생한 상황에서 물가 경직성이 클수록 구매력 평가설에 기초한 환율로 수렴되는 데 걸리는 기간이 길어질 것이다.

② 환율의 오버슈팅이 발생한 상황에서 외국인 투자 자금이 국내 시장 금리에 민감하게 반응할수록 오버슈팅 정도는 커질 것이다.

③ 물가 경직성에 따른 환율의 오버슈팅은 물가의 조정 속도보다 환율의 조정 속도가 빠르기 때문에 발생하는 것이다.

④ 물가가 신축적인 경우가 경직적인 경우에 비해 국내 통화량 증가에 따른 국내 시장 금리 하락 폭이 작을 것이다.

⑤ 국내 통화량이 증가하여 유지될 경우 장기에는 실질 통화량이 변하지 않으므로 장기의 환율도 변함이 없을 것이다.

▌3~5▐ 다음 글을 읽고 물음에 답하시오.

디지털 통신 시스템은 송신기, 채널, 수신기로 구성되며, 전송할 데이터를 빠르고 정확하게 전달하기 위해 부호화 과정을 거쳐 전송한다. 영상, 문자 등인 데이터는 기호 집합에 있는 기호들의 조합이다. 예를 들어 기호 집합 {a, b, c, d, e, f}에서 기호들을 조합한 add, cab, beef 등이 데이터이다. 정보량은 어떤 기호가 발생했다는 것을 알았을 때 얻는 정보의 크기이다. 어떤 기호 집합에서 특정 기호의 발생 확률이 높으면 그 기호의 정보량은 적고, 발생 확률이 낮으면 그 기호의 정보량은 많다. 기호 집합의 평균 정보량(각 기호의 발생 확률과 정보량을 서로 곱하여 모두 더한 것)을 기호 집합의 엔트로피라고 하는데 모든 기호들이 동일한 발생 확률을 가질 때 그 기호 집합의 엔트로피는 최댓값을 갖는다.

송신기에서는 소스 부호화, 채널 부호화, 선 부호화를 거쳐 기호를 부호로 변환한다. 소스 부호화는 데이터를 압축하기 위해 기호를 0과 1로 이루어진 부호로 변환하는 과정이다. 어

떤 기호가 110과 같은 부호로 변환되었을 때 0 또는 1을 비트라고 하며 이 부호의 비트 수는 3이다. 이때 기호 집합의 엔트로피는 기호 집합에 있는 기호를 부호로 표현하는 데 필요한 평균 비트 수의 최솟값이다. 전송된 부호를 수신기에서 원래의 기호로 복원하려면 부호들의 평균 비트 수가 기호 집합의 엔트로피보다 크거나 같아야 한다. 기호 집합을 엔트로피에 최대한 가까운 평균 비트 수를 갖는 부호들로 변환하는 것을 엔트로피 부호화라 한다. 그중 하나인 '허프만 부호화'에서는 발생 확률이 높은 기호에는 비트 수가 적은 부호를, 발생 확률이 낮은 기호에는 비트 수가 많은 부호를 할당한다.

채널 부호화는 오류를 검출하고 정정하기 위하여 부호에 잉여 정보를 추가하는 과정이다. 송신기에서 부호를 전송하면 채널의 잡음으로 인해 오류가 발생하는데 이 문제를 해결하기 위해 잉여 정보를 덧붙여 전송한다. 채널 부호화 중 하나인 '삼중 반복 부호화'는 0과 1을 각각 000과 111로 부호화한다. 이때 수신기에서는 수신한 부호에 0이 과반수인 경우에는 0으로 판단하고, 1이 과반수인 경우에는 1로 판단한다. 즉 수신기에서 수신된 부호가 000, 001, 010, 100 중 하나라면 0으로 판단하고, 그 이외에는 1로 판단한다. 이렇게 하면 000을 전송했을 때 하나의 비트에서 오류가 생겨 001을 수신해도 0으로 판단하므로 오류는 정정된다. 채널 부호화를 하기 전 부호의 비트 수를, 채널 부호화를 한 후 부호의 비트 수로 나눈 것을 부호율이라 한다. 삼중 반복 부호화의 부호율은 약 0.33이다.

채널 부호화를 거친 부호들을 채널을 통해 전송하려면 부호들을 전기 신호로 변환해야 한다. 0 또는 1에 해당하는 전기 신호의 전압을 결정하는 과정이 선 부호화이다. 전압의 결정 방법은 선 부호화 방식에 따라 다르다. 선 부호화 중 하나인 '차동 부호화'는 부호의 비트가 0이면 전압을 유지하고 1이면 전압을 변화시킨다. 차동 부호화를 시작할 때는 기준 신호가 필요하다. 예를 들어 차동 부호화 직전의 기준 신호가 양(+)의 전압이라면 부호 0110은 '양, 음, 양, 양'의 전압을 갖는 전기 신호로 변환된다. 수신기에서는 송신기와 동일한 기준 신호를 사용하여, 전압의 변화가 있으면 1로 판단하고 변화가 없으면 0으로 판단한다.

3. 윗글에서 알 수 있는 내용으로 적절한 것은?

① 소스 부호화는 전송할 기호에 정보를 추가하여 오류에 대비하는 과정이다.

② 영상을 전송할 때는 잡음으로 인한 오류가 발생하지 않는다.

③ 잉여 정보는 데이터를 압축하기 위해 추가한 정보이다.

④ 수신기에는 부호를 기호로 복원하는 기능이 있다.

⑤ 영상 데이터는 채널 부호화 과정에서 압축된다.

4. 윗글을 바탕으로, 2가지 기호로 이루어진 기호 집합에 대해 이해한 내용으로 적절하지 않은 것은?

① 기호들의 발생 확률이 모두 1/2인 경우, 각 기호의 정보량은 동일하다.

② 기호들의 발생 확률이 각각 1/4, 3/4인 경우의 평균 정보량이 최댓값이다.

③ 기호들의 발생 확률이 각각 1/4, 3/4인 경우, 기호의 정보량이 더 많은 것은 발생 확률이 1/4인 기호이다.

④ 기호들의 발생 확률이 모두 1/2인 경우, 기호를 부호화하는 데 필요한 평균 비트 수의 최솟값이 최대가 된다.

⑤ 기호들의 발생 확률이 각각 1/4, 3/4인 기호 집합의 엔트로피는 발생 확률이 각각 3/4, 1/4인 기호 집합의 엔트로피와 같다.

5. 윗글의 '부호화'에 대한 내용으로 적절한 것은?

① 선 부호화에서는 수신기에서 부호를 전기 신호로 변환한다.

② 허프만 부호화에서는 정보량이 많은 기호에 상대적으로 비트 수가 적은 부호를 할당한다.

③ 채널 부호화를 거친 부호들은 채널로 전송하기 전에 잉여 정보를 제거한 후 선 부호화한다.

④ 채널 부호화 과정에서 부호에 일정 수준 이상의 잉여 정보를 추가하면 부호율은 1보다 커진다.

⑤ 삼중 반복 부호화를 이용하여 0을 부호화한 경우, 수신된 부호에서 두 개의 비트에 오류가 있으면 오류는 정정되지 않는다.

6. 다음 글 ㈎, ㈏에 쓰인 주된 설명 방식을 적용하기에 가장 적절한 화제는?

> ㈎ 석회 동굴은 이름처럼 석회암이 지하수나 빗물에 의해 조금씩 깎이거나 녹아서 만들어진 동굴이다. 석회는 물에 닿으면 금세 녹는 성질이 있다. 그리고 석회암은 말 그대로 석회 성분이 많이 함유된 바위를 말하는 것이다. 그러면 이 석회암에 빗물이 스며들면 어떻게 될까? 석회 성분이 녹으면서 안에 작은 홈이 생기게 된다. 이처럼 오랜 세월 동안 빗물이나 지하수가 석회암의 여기저기를 깎고 파서 생긴 것이 바로 석회 동굴이다.

> ㈏ 땅속에서 끓고 있던 마그마가 압력이 세져서 땅의 약한 부분을 뚫고 나오는 것이 바로 용암이다. 그리고 이렇게 쏟아져 나온 섭씨 900~1,200℃로 펄펄 끓던 녹진녹진한 용암은 줄기를 이뤄 강물처럼 낮은 곳으로 흘러내리다가 서서히 식으면서 굳는다. 용암이 멀리까지 흘러갈 때 공기와 접하는 겉은 먼저 딱딱하게 굳지만, 그 안에 있는 용암은 아직 뜨거운 액체 상태이므로 계속 앞쪽으로 경사를 따라 전진하게 된다. 이때 용암 분출이 멈춰 용암이 더 이상 공급되지 않으면 뒤쪽, 즉 화산체에 가까운 쪽은 용암이 빠져나간 상태 그대로 텅 빈 공간으로 남게 되는데 이것이 용암 동굴이다.

① 동물의 종류

② 심장의 구조

③ 김치를 담그는 과정

④ 단오에 행해지는 풍속

⑤ 현악기와 관악기의 차이

7. 내용 전개상 단락 배열이 가장 적절한 것은?

> ㈎ 우리나라 가계조사의 시초는 1951년 한국은행에서 전시 중의 국민 소비 수준을 측정하기 위하여 부산의 60가계를 대상으로 조사한 것이 최초이다.
>
> ㈏ 이 자료는 국민의 생활수준 및 소비생활 실태를 파악하게 해 주며 국가가 소비자물가지수를 산출하거나 임금정책·사회보장제도 등을 수립하는 데 기초 자료로 쓰이고 있다.
>
> ㈐ 가계조사는 가계의 경제 상태 및 생활수준의 변동 상황을 파악하기 위하여 가계수입과 가계지출을 세부 항목별로 조사하는 것이다.
>
> ㈑ 이어 1954년에는 서울의 근로자 100가계를 대상으로 조사하였으며 이는 1959년까지 계속되었다.
>
> ㈒ 하지만 이러한 조사는 그 조사대상이 극히 일부 근로자에 국한되었고 표본 선출 과정에도 객관성이 결여되어 있었으므로 1960년에는 조사대상을 선정하는 방법을 개선하여 실행하였고 1990년부터는 통계청에서 실시하여 매년 「한국통계연감」·「도시가계연보」 등에 발표하고 있다.

① ㈐－㈏－㈎－㈑－㈒

② ㈐－㈑－㈎－㈏－㈒

③ ㈑－㈒－㈏－㈐－㈎

④ ㈑－㈐－㈏－㈒－㈎

⑤ ㈎－㈒－㈏－㈐－㈑

8. 다음 중 옳지 않은 것은?

스마트 기기의 바이오 인증 도입 확산으로 스마트 기기에 저장된 생체정보 유출 방지를 위한 보다 강화된 보안 관리 대책의 필요성이 증대하고 있다. 사람을 알아보는 바이오 인증 기술이 차세대 보안방법으로 각광받고 있는데 바이오 인증 기술이란 사람의 지문, 안면, 망막, 홍채 등 신체적 식별성을 신원확인 수단에 접목한 보안 기술이다. 국외에서는 이미 금융 서비스 등에서 사용자 인증 기술로 바이오 인증 기술이 일부 적용 및 사용되고 있는데, 대표적으로 일본에서는 은행 ATM 이용 시 손바닥 정맥을 이용해 사용자를 인증하고 있으며, 호주·뉴질랜드는 모바일뱅킹 앱에서 일정 금액 이상 송금 시 음성을 이용해 사용자를 인증하고 있다. 바이오 인증 기술은 스마트폰 등 스마트 기기로 도입이 확대되고 있는데 지문 등을 활용한 바이오 인증 기술을 스마트폰의 단말 잠금 해제, 개인정보 숨김 등의 기능에 이용하고 있으며 전자결제의 주요 인증 수단으로 점진적으로 확대 적용 중이다. 아이폰·아이패드 결제 사용자 인증에 지문 정보를 이용하는 애플 페이(Apple Pay)가 대표적인 사례가 될 수 있을 것이다. 국내는 각종 바이오 인증기술 상용화 초기 단계로 신규 시장 창출에 주력하고 있는 단계이다. 스마트폰에 보안 강화를 위한 지문인식, 홍채인식 등 바이오 인증방식을 도입하고 상용표준 개발을 통한 모바일 바이오 인식 신규 시장 창출을 위해 노력 중이다. 향후 스마트 기기 시장에 지문인식과 홍채인식 등 기업 간 생체인증 솔루션 경쟁이 심화될 것으로 예상되는데 중국 화웨이의 '지문인식', 애플의 '에어리어(Area) 타입 지문인식', 삼성의 '홍채인식' 간의 삼파전을 중심으로 스마트기기 시장 내 생체인증 경쟁이 가열될 전망이다. 동시에 생체 인증 기술의 핵심인 바이오센서산업도 지속 성장할 것으로 예상된다. 이에 따라 스마트 기기에 저장된 생체정보 유출 방지를 위한 보다 강화된 보안관리 대책이 필수적인데, 바이오 인증으로 수집된 정보는 불변의 개인식별정보에 해당하므로 정보 유출 시 인권 침해 등 심각한 피해를 초래할 수 있기 때문이다. 따라서 철저한 관리여부가 경쟁력의 관건이 될 것이다.

① 스마트 기기에서 바이오 인증 기술의 도입이 확대되고 있다.
② 지문, 망막, 홍채 등과 달리 음성은 바이오 인증 기술에 포함되지 않는다.
③ 바이오 인증으로 수집된 정보의 유출 시 인권 침해를 초래할 위험성이 있다.
④ 바이오 인증 기술이란 신원확인 수단에 신체적 식별성을 도입한 보안기술이다.
⑤ 바이오센서산업은 생체 인증 기술의 핵심으로 지속적인 성장이 예상된다.

9. 다음 제시된 글에 이어질 내용으로 알맞은 것은?

한 기업이 여러 분야에 걸쳐서 사업을 확장하는 것을 다각화라고 한다. 우리는 흔히 한 기업이 무분별하게 다각화를 많이 전개하는 경우를 문어발식 확장이라고 비난한다. 그렇다면 기업들은 왜 다각화를 하는 것일까? 기업이 다각화를 하는 이유에 대해서는 여러 가지 설명들이 제시되었는데 크게 보자면 주주들의 이익에서 그 이유를 찾는 설명들과 경영자들의 이익에서 그 이유를 찾는 설명들로 나눌 수 있다. 주주들의 이익을 위해 다각화를 한다는 설명들은 하나의 기업이 동시에 복수의 사업 활동을 하는 것이 지출되는 총비용을 줄이고 기업의 효율성을 높일 수 있다는 범위의 경제에 바탕을 두고 있다. 이와 관련된 설명으로는 첫째, 다양한 제품들을 생산하는 기술들이나 그 제품들을 구매하는 소비자들 사이의 공통성을 활용함으로써 범위의 경제가 발생한다고 보는 견해가 있다. 각각의 제품을 생산하여 판매하는 일을 서로 다른 기업들이 따로 하는 것보다 한 기업이 전담하는 방법을 통해 비용의 효율성을 높일 수 있다는 것이다. 둘째, 기업이 충분히 활용하지 못하고 있는 인적·물적 자원을 새로운 영역에 확대 사용함으로써 범위의 경제가 발생한다고 보는 견해가 있다. 예를 들어 경영자가 가지고 있는 경영 재능이나 기업의 생산 및 유통 시스템을 여러 사업 분야에 확산시키는 방법을 통해 자원을 보다 효율적으로 활용할 수 있다고 보는 것이다. 셋째, 기업 내부의 자본 운용 효율성을 높임으로써 범위의 경제가 발생한다고 보는 견해가 있다. 여유 자금이 있는 사업 부문에서 벌어들인 돈을 이용하여 새로운 사업 부문의 투자 기회를 잘 살리는 방법을 통해 수익성을 높일 수 있다는 것이다. 이러한 설명들은 다각화를 통해 효율성을 높이며 기업의 수익 구조가 개선되어 주주들의 이익이 증진된다고 본다.

① 다각화를 전개하는 방법
② 다각화를 통해 이익을 얻는 주체
③ 다각화를 추진해야 하는 적절 시기
④ 소비자의 이익 추구가 다각화의 목적이라는 입장
⑤ 경영자들의 이익 추구가 다각화의 목적이라는 입장

10. 다음 글을 통해 알 수 있는 내용이 아닌 것은?

개마고원은 흔히 '한국의 지붕'이라고들 한다. 그곳은 함경남도 삼수·갑산·풍산·장진군의 북부에 넓게 발달한 용암대지로 주변에 백산·연화산·북수백산·대암산·두운봉·차일봉·대덕산 등 2,000m 이상의 높은 산이 많으나, 그렇게 높은 봉우리들도 이 고원에서 보면 그다지 높지 않고 경사가 완만한 구릉으로 보이며, 고원 전체가 마치 넓은 평야와 같다.

해발고도가 일반적으로 1,200~1,300m로 높기 때문에 여름은 서늘하고 겨울은 매우 추우며 대체로 1월 평균기온은 −15℃ 내외이고 가장 추울 때는 −40℃까지 내려간다. 8월 평균기온은 18~20℃로 우리나라 최저온 지대를 이룬다. 또, 9월 중순부터 5월 초순까지 서리가 내린다.

「신증동국여지승람」에는 경성 서쪽의 백산은 산세가 매우 험하여 5월이 되어야 눈이 녹으며 7월이면 다시 눈이 내린다고 기록되어 있다. 강수량도 매우 적은데 함경산맥이 동해로부터의 습기를 차단하여 연 강수량이 600㎜ 내외이다. 이 지역은 원래 고구려의 옛 땅이었으나 고려시대에는 여진족이 점유하였다.

그리고 조선시대에 들어와서 세종의 4군 6진 개척으로 여진족을 몰아내고 남부 지방의 주민들을 이주시켰는데 남부 지방으로부터의 이주민 중에는 화전민들이 많았다. 이러한 영향은 최근까지도 미처 20세기에 들어와서도 도로 연변의 큰 촌락을 벗어나면 곳곳에 화전이 많았다.

이 지역의 주요 식량 작물로는 감자와 귀리를 비롯하여 대마·아마·홉 등의 특용 작물 등이 재배되고 있다. 그리고 산지가 넓으므로 갑산 지방을 중심으로 소를 많이 기르며, 서늘한 기후를 이용하여 양도 많이 기른다. 예로부터 '삼수·갑산'이라고 하면 하늘을 나는 새조차 찾지 않던 산간벽지로 한 번 가기만 하면 다시는 돌아오지 못할 곳의 대명사처럼 생각되었는데 20세기에 들어와서부터 삼림·광산·수력 자원이 개발되면서 활기를 띠기 시작하였다.

또한 이 지역은 무산의 삼림 지대에 연속되어 낙엽송·삼송 등의 침엽수와 일부 활엽수의 원시림이 울창하고, 하천을 통한 재목의 운반이 편리하여 임업의 중심지를 이루고 있다.

삼림 개발은 목재의 반출이 쉬운 하천 연안에서부터 시작되었는데 허천강과 장진강 유역의 목재는 각각 강 하구 또는 하구 가까이에 위치한 혜산진과 신갈파진으로 운반되고, 이곳에서 모아진 이른바 압록강류(類) 목재는 뗏목으로 엮어서 다시 이 강의 중·하류로 운반되었다.

① 개마고원 지역의 주요 식량 작물
② 개마고원의 기후
③ 개마고원과 동해안 지방 간의 교통
④ 개마고원의 위치
⑤ 개마고원 지역의 삼림 개발

11. 다음 글을 바탕으로 미루어 볼 때, 포퍼와 콰인이 모두 '아니요'라고 답변할 질문은 무엇인가?

논리실증주의자와 포퍼는 지식을 수학적 지식이나 논리학 지식처럼 경험과 무관한 것과 과학적 지식처럼 경험에 의존하는 것으로 구분한다. 그중 과학적 지식은 과학적 방법에 의해 누적된다고 주장한다. 가설은 과학적 지식의 후보가 되는 것인데, 그들은 가설로부터 논리적으로 도출된 예측을 관찰이나 실험 등의 경험을 통해 맞는지 틀리는지 판단함으로써 그 가설을 시험하는 과학적 방법을 제시한다. 논리실증주의자는 예측이 맞을 경우에, 포퍼는 예측이 틀리지 않는 한, 그 예측을 도출한 가설이 하나씩 새로운 지식으로 추가된다고 주장한다.

하지만 콰인은 가설만 가지고서 예측을 논리적으로 도출할 수 없다고 본다. 예를 들어 새로 발견된 금속 M은 열을 받으면 팽창한다는 가설만 가지고는 열을 받은 M이 팽창할 것이라는 예측을 이끌어낼 수 없다. 먼저 지금까지 관찰한 모든 금속은 열을 받으면 팽창한다는 기존의 지식과 M에 열을 가했다는 조건 등이 필요하다. 이렇게 예측은 가설, 기존의 지식들, 여러 조건 등을 모두 합쳐야만 논리적으로 도출된다는 것이다. 그러므로 예측이 거짓으로 밝혀지면 정확히 무엇 때문에 예측에 실패한 것인지 알 수 없다는 것이다. 이로부터 콰인은 개별적인 가설뿐만 아니라 기존의 지식들과 여러 조건 등을 모두 포함하는 전체 지식이 경험을 통한 시험의 대상이 된다는 총체주의를 제안한다.

논리실증주의자와 포퍼는 수학적 지식이나 논리학 지식처럼 경험과 무관하게 참으로 판별되는 분석 명제와, 과학적 지식처럼 경험을 통해 참으로 판별되는 종합 명제를 서로 다른 종류라고 구분한다. 그러나 콰인은 총체주의를 정당화하기 위해 이 구분을 부정하는 논증을 다음과 같이 제시한다. 논리실증주의자와 포퍼의 구분에 따르면 "총각은 총각이다."와 같은 동어 반복 명제와, "총각은 미혼의 성인 남성이다."처럼 동어 반복 명제로 환원할 수 있는 것은 모두 분석 명제이다. 그런데 후자가 분석 명제인 까닭은 전자로 환원할 수 있기 때문이다. 이러한 환원이 가능한 것은 '총각'과 '미혼의 성인 남성'이 동의적 표현이기 때문인데 그게 왜 동의적 표현인지 물어보면, 이 둘을 서로 대체하더라도 명제의 참 또는 거짓이 바뀌지 않기 때문이라고 할 것이다. 하지만 이것만으로는 두 표현의 의미가 같다는 것을 보장하지 못해서, 동의적 표현은 언제나 반드시 대체 가능해야 한다는 필연성 개념에 다시 의존하게 된다. 이렇게 되면 동의적 표현이 동어 반복 명제로 환원 가능하게 하는 것이 되어, 필연성 개념은 다시 분석 명제 개념에 의존하게 되는 순환론에 빠진다. 따라서 콰인은 종합 명제와 구분되는 분석 명제가 존재한다는 주장은 근거가 없다는 결론에 도달한다.

콰인은 분석 명제와 종합 명제로 지식을 엄격히 구분하는 대신, 경험과 직접 충돌하지 않는 중심부 지식과, 경험과 직접 충돌할 수 있는 주변부 지식을 상정한다. 경험과 직접 충돌하여 참과 거짓이 쉽게 바뀌는 주변부 지식과 달리 주변부 지식의 토대가 되는 중심부 지식은 상대적으로 견고하다. 그러나 이 둘의 경계를 명확히 나눌 수 없기 때문에, 콰인은 중심부 지식과 주변부 지식을 다른 종류라고 하지 않는다. 수학적 지식이나 논리학 지식은 중심부 지식의 한가운데에 있어 경험에서 가장 멀리 떨어져 있지만 그렇다고 경험과 무관한 것은 아니라는 것이다. 그런데 주변부 지식이 경험과 충돌하여 거짓으로 밝혀지면 전체 지식의 어느 부분을 수정해야 할지 고민하게 된다. 주변부 지식을 수정하면 전체 지식의 변화가 크지 않지만 중심부 지식을 수정하면 관련된 다른 지식이 많기 때문에 전체 지식도 크게 변화하게 된다. 그래서 대부분의 경우에는 주변부 지식을 수정하는 쪽을 선택하겠지만 실용적 필요 때문에 중심부 지식을 수정하는 경우도 있다. 그리하여 콰인은 중심부 지식과 주변부 지식이 원칙적으로 모두 수정의 대상이 될 수 있고, 지식의 변화도 더 이상 개별적 지식이 단순히 누적되는 과정이 아니라고 주장한다.

① 수학적 지식과 과학적 지식은 종류가 다른 것인가?
② 예측은 가설로부터 논리적으로 도출될 수 있는가?
③ 경험과 무관하게 참이 되는 지식이 존재하는가?
④ 경험을 통하지 않고 가설을 시험할 수 있는가?
⑤ 과학적 지식은 개별적으로 누적되는가?

12. 다음 글의 내용과 일치하는 것은?

탄수화물은 사람을 비롯한 동물이 생존하는 데 필수적인 에너지원이다. 탄수화물은 섬유소와 비섬유소로 구분된다. 사람은 체내에서 합성한 효소를 이용하여 곡류의 녹말과 같은 비섬유소를 포도당으로 분해하고 이를 소장에서 흡수하여 에너지원으로 이용한다. 반면, 사람은 풀이나 채소의 주성분인 셀룰로스와 같은 섬유소를 포도당으로 분해하는 효소를 합성하지 못하므로, 섬유소를 소장에서 이용하지 못한다. 소, 양, 사슴과 같은 반추 동물도 섬유소를 분해하는 효소를 합성하지 못하는 것은 마찬가지이지만, 비섬유소와 섬유소를 모두 에너지원으로 이용하며 살아간다.

위(胃)가 넷으로 나누어진 반추 동물의 첫째 위인 반추위에는 여러 종류의 미생물이 서식하고 있다. 반추 동물의 반추위에는 산소가 없는데, 이 환경에서 왕성하게 생장하는 반추위 미생물들은 다양한 생리적 특성을 가지고 있다. 그중 피브로박터 숙시노젠(F)은 섬유소를 분해하는 대표적인 미생물이다. 식물체에서 셀룰로스는 그것을 둘러싼 다른 물질과 복잡하게 얽혀있는데, F가 가진 효소 복합체는 이 구조를 끊어 셀룰로스를 노출시킨 후 이를 포도당으로 분해한다. F는 이 포도당을 자신의 세포 내에서 대사 과정을 거쳐 에너지원으로 이용하여 생존을 유지하고 개체 수를 늘림으로써 생장한다. 이런 대사 과정에서 아세트산, 숙신산 등이 대사산물로 발생하고 이를 자신의 세포 외부로 배출한다. 반추위에서 미생물들이 생성한 아세트산은 반추 동물의 세포로 직접 흡수되어 생존에 필요한 에너지를 생성하는 데 주로 이용되고 체지방을 합성하는 데에도 쓰인다. 한편 반추위에서 숙신산 은 프로피온산을 대사산물로

생성하는 다른 미생물의 에너지원으로 빠르게 소진된다. 이 과정에서 생성된 프로피온산은 반추 동물이 간(肝)에서 포도당을 합성하는 대사 과정에서 주요 재료로 이용된다.

반추위에는 비섬유소인 녹말을 분해하는 스트렙토코쿠스 보비스(S)도 서식한다. 이 미생물은 반추 동물이 섭취한 녹말을 포도당으로 분해하고, 이 포도당을 자신의 세포 내에서 대사 과정을 통해 자신에게 필요한 에너지원으로 이용한다. 이때 S는 자신의 세포 내의 산성도에 따라 세포 외부로 배출하는 대사산물이 달라진다. 산성도를 알려 주는 수소 이온 농도 지수(pH)가 7.0 정도로 중성이고 생장 속도가 느린 경우에는 아세트산, 에탄올 등이 대사산물로 배출된다. 반면 산성도가 높아져 pH가 6.0 이하로 떨어지거나 녹말의 양이 충분하여 생장 속도가 빠를 때는 젖산 이 대사산물로 배출된다. 반추위에서 젖산은 반추 동물의 세포로 직접 흡수되어 반추 동물에게 필요한 에너지를 생성하는 데 이용되거나 아세트산 또는 프로피온산을 대사산물로 배출하는 다른 미생물의 에너지원으로 이용된다.

그런데 S의 과도한 생장이 반추 동물에게 악영향을 끼치는 경우가 있다. 반추 동물이 짧은 시간에 과도한 양의 비섬유소를 섭취하면 S의 개체 수가 급격히 늘고 과도한 양의 젖산이 배출되어 반추위의 산성도가 높아진다. 이에 따라 산성의 환경에서 왕성히 생장하며 항상 젖산을 대사산물로 배출하는 락토바실러스 루미니스(L)와 같은 젖산 생성 미생물들의 생장이 증가하며 다량의 젖산을 배출하기 시작한다. F를 비롯한 섬유소 분해 미생물들은 자신의 세포 내부의 pH를 중성으로 일정하게 유지하려는 특성이 있는데, 젖산 농도의 증가로 자신의 세포 외부의 pH가 낮아지면 자신의 세포 내의 항상성을 유지하기 위해 에너지를 사용하므로 생장이 감소한다. 만일 자신의 세포 외부의 pH가 5.8 이하로 떨어지면 에너지가 소진되어 생장을 멈추고 사멸하는 단계로 접어든다. 이와 달리 S와 L은 상대적으로 산성에 견디는 정도가 강해 자신의 세포 외부의 pH가 5.5 정도까지 떨어지더라도 이에 맞춰 자신의 세포 내부의 pH를 낮출 수 있어 자신의 에너지를 세포 내부의 pH를 유지하는 데 거의 사용하지 않고 생장을 지속하는 데 사용한다. 그러나 S도 자신의 세포 외부의 pH가 그 이하로 더 떨어지면 생장을 멈추고 사멸하는 단계로 접어들고, 산성에 더 강한 L을 비롯한 젖산 생성 미생물들이 반추위 미생물의 많은 부분을 차지하게 된다. 그렇게 되면 반추위의 pH가 5.0 이하가 되는 급성 반추위 산성증이 발병한다.

① 피브로박터 숙시노젠(F)은 자신의 세포 내에서 포도당을 에너지원으로 이용하여 생장한다.
② 반추 동물의 과도한 섬유소 섭취는 급성 반추위 산성증을 유발한다.
③ 반추위 미생물은 산소가 없는 환경에서 생장을 멈추고 사멸한다.
④ 반추 동물의 세포에서 합성한 효소는 셀룰로스를 분해한다.
⑤ 섬유소는 사람의 소장에서 포도당의 공급원으로 사용된다.

13. 다음은 컨퍼런스에 참가한 어느 발표자의 발표문이다. 이 발표자가 효과적으로 의사전달을 하기 위해 사용한 전략이 아닌 것은?

여러분, '희토류'에 대해 들어 본 적이 있으신가요? (별로 들어 본 적이 없다는 대답을 듣고) 네. 그러시군요. 희토류는 우리 생활 속에서 쉽게 접할 수 있는 제품들에 널리 사용되고 있습니다. 하지만 희토류에 대해 잘 알지 못하는 분들이 많은 것 같아 이번 시간에는 희토류가 무엇이고 어떻게 쓰이는지 등에 대해 알려 드리고자 합니다.

원소에 대해서는 잘 아시죠? (그렇다는 대답을 듣고) 잘 아시는군요. 희토류는 원소 주기율표에서 원자 번호 57부터 71까지의 원소와 그 외의 2개 원소를 합친 17개의 원소를 가리킵니다. 희토류는 다른 물질과 함께 화합물을 형성하여 다양한 산업 분야에서 주요 소재로 널리 활용되고 있습니다. 이제 희토류에 대해 이해되셨나요? (그렇다는 대답을 듣고) 그럼 다음으로, 희토류의 실제 활용 사례를 살펴보겠습니다. (영상을 보여 주며) 희토류 중 하나인 이트륨이 활용된 사례입니다. 이 희토류를 포함한 화합물은 LED나 TV 스크린 등에 발광 재료로 쓰이는데 이 경우에 발광 효율이 높아 에너지 절약 효과를 가져올 수 있습니다. 다음은 역시 희토류 중의 하나인 네오디뮴이 활용된 사례입니다. 이 희토류를 포함한 화합물 중에서 강한 자성을 갖는 것은 하이브리드 자동차나 전기 자동차의 모터용 자석에 널리 사용됩니다.

최근에는 첨단 산업 분야에서 희토류에 대한 수요가 늘면서 희토류의 생산량이 증가하고 있습니다. (표를 제시하며) 여기를 보시면 2010년의 전 세계 희토류 생산량은 약 13만 톤이었는데요. 1986년부터 2010년까지 25년 동안 희토류 생산량이 꾸준히 증가했다는 것을 알 수 있습니다. 최근 한 전문가의 연구에 따르면, 2050년에는 전 세계 희토류 수요량이 약 80만 톤에 이를 것이라고 합니다. 그런데 희토류는 특정 광석에만 존재하며, 광석에서 분리하여 정제하기가 매우 까다롭다고 합니다. 이러한 이유로 최근 여러 국가에서는 희토류의 생산 확대를 위한 기술을 적극적으로 개발하고 있습니다.

지금까지 희토류에 대한 여러분의 이해를 돕기 위해 희토류의 개념과 산업 분야에서의 활용 사례 등을 중심으로 발표를 하였습니다. 앞서 말씀드린 바와 같이 희토류는 여러 산업 분야에 걸쳐 주요 소재로 활용되고 있어서 '산업의 비타민'이라고 불립니다. 제 발표를 통해 여러분이 희토류에 대해 잘 이해하셨길 바랍니다. 더불어 생활 속에서 희토류가 실제로 얼마나 다양하게 활용되고 있는지 관심을 갖고 찾아보셨으면 합니다. 이상으로 발표를 마치겠습니다. 감사합니다.

① 발표 목적을 청중들에게 환기시키고 있다.

② 산업 분야에서 희토류의 역할을 비유적 표현으로 제시하였다.

③ 희토류와 관련된 우리 삶에 대한 긍정적인 전망을 제시하였다.

④ 도표 및 영상 자료를 효과적으로 활용하고 있다.

⑤ 희토류에 대해 청중이 관심을 갖기를 권하고 있다.

14. 다음은 '공공 데이터를 활용한 앱 개발'에 대한 보고서 작성 개요와 이에 따라 작성한 보고서 초안이다. 개요에 따라 작성한 보고서 초안의 결론 부분에 들어갈 내용으로 가장 적절한 것은?

■ 보고서 작성 개요
• 서론
 – 앱을 개발하려는 사람들의 특성 서술
 – 앱 개발 시 부딪히는 난점 언급
• 본론
 – 공공 데이터의 개념 정의
 – 공공 데이터의 제공 현황 제시
 – 앱 개발 분야에서 공공 데이터가 갖는 장점 진술
 – 공공 데이터를 활용한 앱 개발 사례 제시
• 결론
 – 공공 데이터 활용의 장점을 요약적으로 진술
 – 공공 데이터가 앱 개발에 미칠 영향 언급

■ 보고서 초고

앱을 개발하려는 사람들은 아이디어가 넘친다. 사람들이 여행 준비를 위해 많은 시간을 허비하는 것을 보면 한 번에 여행 코스를 짜 주는 앱을 만들어 보고 싶어 한다. 도심에서 주차장을 못 찾아 헤매는 사람들을 보면 주차장을 쉽게 찾아 주는 앱을 만들어 보고 싶어 한다. 그러나 막상 앱을 개발하려 할 때 부딪히는 여러 난관이 있다. 여행지나 주차장에 대한 정보를 모으는 것도 문제이고, 정보를 지속적으로 갱신하는 것도 문제이다. 이런 문제 때문에 결국 아이디어를 포기하는 경우가 많다.

그러나 이제는 아이디어를 포기하지 않아도 된다. 바로 공공 데이터가 있기 때문이다. 공공 데이터는 공공 기관에서 생성, 취득하여 관리하고 있는 정보 중, 전자적 방식으로 처리되어 누구나 이용할 수 있도록 국민들에게 제공된 것을 말한다. 현재 정부에서는 공공 데이터 포털 사이트를 개설하여 국민들이 쉽게 이용할 수 있도록 하고 있다. 공공 데이터 포털 사이트에서는 800여 개 공공 기관에서 생성한 15,000여 건의 공공 데이터를 제공하고 있으며, 제공하는 공공 데이터의 양을 꾸준히 늘리고 있다.

공공 데이터가 가진 앱 개발 분야에서의 장점은 크게 두 가지를 들 수 있다. 먼저 공공 데이터는 공공 기관이 국민들에게 편의를 제공하기 위해 시행한 정책의 산출물이기 때문에 실생활과 밀접하게 관련된 정보가 많다는 점이다. 앱 개발자들의 아이디어는 대개 앞에서 언급한 것처럼 사람들의 실생활에 편의를 제공하기 위한 것이다. 그래서 만약 여행 앱을 만들고자 한다면 한국관광공사의 여행 정보에서, 주차장 앱을 만들고자 한다면 지방 자치 단체의 주차장 정보에서 필요한 정보를 얻을 수 있다. 두 번째로 공공 데이터를 이용하는 데에는 비용이 거의 들지 않기 때문에, 정보를 수집하고 갱신할 때 소요되는 비용을 줄일 수 있다는 점이다. 그래서 개인들도 비용에 대한 부담 없이 쉽게 앱을 만들 수 있다.

〈결론〉

① 공공 데이터는 앱 개발을 할 때 부딪히는 자료 수집의 문제와 시간 부족 문제를 해결하여 쉽게 앱을 만들 수 있게 해 준다. 이런 장점에도 불구하고 국민들의 공공 데이터 이용에 대한 인식이 낮은 것은 문제라고 할 수 있다.

② 공공 데이터는 앱 개발에 필요한 실생활 관련 정보를 담고 있으며 앱 개발 비용의 부담을 줄여 준다. 그러므로 앱 개발 시 공공 데이터 이용이 활성화되면 실생활에 편의를 제공하는 다양한 앱이 개발될 것이다.

③ 공공 데이터를 이용하여 앱 개발을 하는 사람들은 시간과 비용의 문제를 극복하고 경제적 가치를 창출하는 사람들이다. 앞으로 공공 데이터의 양이 증가하면 그들이 만들어 내는 앱도 더 다양해질 것이다.

④ 공공 데이터는 자본과 아이디어가 부족해 앱을 개발하지 못 하는 사람들이 유용하게 이용할 수 있다. 앱 개발을 통한 창업이 활성화되면 우리 경제에도 큰 도움이 될 것이다.

⑤ 공공 데이터는 국민 생활에 편의를 제공하고 국민들의 생활을 개선하기 위해 만든 자료이다. 앞으로 공공 데이터의 이용이 활성화되면 국민들의 삶의 질이 향상될 것이다.

┃15～16┃ 다음 글을 읽고 물음에 답하시오.

지레는 받침과 지렛대를 이용하여 물체를 쉽게 움직일 수 있는 도구이다. 지레에서 힘을 주는 곳을 힘점, 지렛대를 받치는 곳을 받침점, 물체에 힘이 작용하는 곳을 작용점이라 한다. 받침점에서 힘점까지의 거리가 받침점에서 작용점까지의 거리에 비해 멀수록 힘점에 작은 힘을 주어 작용점에서 물체에 큰 힘을 가할 수 있다. 이러한 지레의 원리에는 돌림힘의 개념이 숨어있다.

물체의 회전 상태에 변화를 일으키는 힘의 효과를 돌림힘이라고 한다. 물체에 회전 운동을 일으키거나 물체의 회전 속도를 변화시키려면 물체에 힘을 가해야 한다. 같은 힘이라도 회전축으로부터 얼마나 멀리 떨어진 곳에 가해 주느냐에 따라 회전 상태의 변화 양상이 달라진다. 물체에 속한 점 X와 회전축을 최단 거리로 잇는 직선과 직각을 이루는 동시에 회전축과 직각을 이루도록 힘을 X에 가한다고 하자. 이때 물체에 작용하는 돌림힘의 크기는 회전축에서 X까지의 거리와 가해 준 힘의 크기의 곱으로 표현되고 그 단위는 N·m(뉴턴미터)이다.

동일한 물체에 작용하는 두 돌림힘의 합을 알짜 돌림힘이라 한다. 두 돌림힘의 방향이 같으면 알짜 돌림힘의 크기는 두 돌림힘의 크기의 합이 되고 그 방향은 두 돌림힘의 방향과 같다. 두 돌림힘의 방향이 서로 반대이면 알짜 돌림힘의 크기는 두 돌림힘의 크기의 차가 되고 그 방향은 더 큰 돌림힘의 방향과 같다. 지레의 힘점에 힘을 주지만 물체가 지레의 회전을 방해하는 힘을 작용점에 주어 지레가 움직이지 않는 상황처럼, 두 돌림힘의 크기가 같고 방향이 반대이면 알짜 돌림힘은 0이 되고 이때를 돌림힘의 평형이라고 한다.

회전 속도의 변화는 물체에 알짜 돌림힘이 일을 해 주었을 때에만 일어난다. 돌고 있는 팽이에 마찰력이 일으키는 돌림힘을 포함하여 어떤 돌림힘도 작용하지 않으면 팽이는 영원히 돈다. 일정한 형태의 물체에 일정한 크기와 방향의 알짜 돌림힘을 가하여 물체를 회전시키면, 알짜 돌림힘이 한 일은 알짜 돌림힘의 크기와 회전 각도의 곱이고 그 단위는 J(줄)이다.

> 가령, 마찰이 없는 여닫이문이 정지해 있다고 하자. 갑은 지면에 대하여 수직으로 서 있는 문의 회전축에서 1m 떨어진 지점을 문의 표면과 직각으로 300N의 힘으로 밀고, 을은 문을 사이에 두고 갑의 반대쪽에서 회전축에서 2m 만큼 떨어진 지점을 문의 표면과 직각으로 200N의 힘으로 미는 상태에서 문이 90° 즉, 0.5π 라디안을 돌면, 알짜 돌림힘이 문에 해 준 일은 50π J이다.

알짜 돌림힘이 물체를 돌리려는 방향과 물체의 회전 방향이 일치하면 알짜 돌림힘이 양(+)의 일을 하고 그 방향이 서로 반대이면 음(−)의 일을 한다. 어떤 물체에 알짜 돌림힘이 양의 일을 하면 그만큼 물체의 회전 운동 에너지는 증가하고 음의 일을 하면 그만큼 회전 운동 에너지는 감소한다. 형태가 일정한 물체의 회전 운동 에너지는 회전 속도의 제곱에 정비례한다. 그러므로 형태가 일정한 물체에 알짜 돌림힘이 양의 일을 하면 회전 속도가 증가하고, 음의 일을 하면 회전 속도가 감소한다.

15. 윗글의 내용과 일치하지 않는 것은?

① 물체에 힘이 가해지지 않으면 돌림힘은 작용하지 않는다.
② 물체에 가해진 알짜 돌림힘이 0이 아니면 물체의 회전 상태가 변화한다.
③ 회전 속도가 감소하고 있는, 형태가 일정한 물체에는 돌림힘이 작용한다.
④ 힘점에 힘을 받는 지렛대가 움직이지 않으면 돌림힘의 평형이 이루어져 있다.
⑤ 형태가 일정한 물체의 회전 속도가 2배가 되면 회전 운동 에너지는 2배가 된다.

16. 박스 안의 예에서 문이 90° 회전하는 동안의 상황에 대한 이해로 적절한 것은?

① 갑의 돌림힘의 크기는 을의 돌림힘의 크기보다 크다.
② 알짜 돌림힘과 갑의 돌림힘은 방향이 같다.
③ 문에는 돌림힘의 평형이 유지되고 있다.
④ 문의 회전 운동 에너지는 점점 증가한다.
⑤ 알짜 돌림힘의 크기는 점점 증가한다.

17. ㉠과 ㉡의 근본적인 차이점으로 가장 적절한 것은?

아인슈타인은 1905년 역사적인 논문을 세 편이나 썼다. 그 중 하나가 '광전 효과'라고 불리는 현상을 설명하는 논문이다. 광전 효과란 금속판 표면에 빛을 쪼였을 때 전자가 튀어나오는 현상이다. 이 금속판에 도선을 연결하면 당연히 전류가 흐른다. 이 사실 자체는 그리 놀랍지 않다. 빛의 속성을 연속하는 파동이라고 여긴 고전 역학에서도 파동은 에너지를 가지고 있고 그 에너지가 금속판 안의 전자에 전달되어 전자가 충분한 에너지를 갖게 되면 금속을 탈출할 수 있기 때문이다.

문제는 실험 결과에 있었다. ㉠고전 역학의 관점에서 보자면 더 센 빛을 쪼여 주면 더 높은 에너지가 전자에 전달될 것이므로 전자가 그만큼 잘 튀어나와야 한다. 그러나 실제 실험 결과 아무리 센 빛을 쪼여 주더라도 파장이 긴 빛은 전자를 탈출시키지 못하였다. 반대로 빛이 아무리 약해도 파장이 충분히 짧은 빛은 전자를 금속으로부터 떼어 내 전류를 만들었다. 일단 전자가 튀어나오기 시작하면 도선에 흐르는 전류의 세기는 쪼여 준 빛의 세기에 비례하였다. 그리고 금속을 탈출한 전자의 운동 에너지는 쪼여 준 빛의 파장에 반비례하였다. 이 결과는 고전 역학적인 사고로는 전혀 설명할 수 없었다. 왜냐하면 고전적 파동 이론에 따르면 파동의 에너지는 파장과는 무관하기 때문이다.

아인슈타인은 이 수수께끼를 풀기 위해 플랑크의 가설을 전격적으로 수용하였다. 광전 효과는 빛의 에너지가 진동수(파장의 역수이다.)에 비례하는 최소 단위를 가진다는 플랑크의 가설을 수용하면 매우 쉽게 설명된다. 빛이 금속판에 부딪히면 빛의 에너지의 최소 단위가 마치 입자처럼 금속판 속의 전자와 충돌한다. 이 에너지가 전자를 금속판 속에 묶어 두는 결합 에너지보다 높으면 전자가 금속판에서 튀어나오고 그것보다 낮으면 꿈쩍도 안 한다.

㉡이런 관점에서 보자면 빛의 세기는 빛의 에너지의 최소 단위가 되는 어떤 알갱이들의 개수에 해당한다. 이 알갱이가 아무리 많더라도, 즉 빛이 아무리 세더라도 각 알갱이의 에너지와는 아무런 상관이 없다. 플랑크의 가설에 따르면 빛의 에너지는 진동수에 비례한다. 진동수가 어느 정도 높은 빛이 아니면, 즉 파장이 어느 정도로 짧은 빛이 아니면, 달걀을 아무리 많이 던져도 바위가 끄떡없는 것처럼 금속판에서 전자를 떼어 낼 수 없다. 그러나 빛의 세기가 커지면 금속판에 충돌하는 알갱이의 개수가 많아지므로 더 많은 전자를 탈출시킬 수 있다. 즉 파장이 적당히 짧아 광전 효과를 일으키는 빛이라면 세기가 커짐에 따라 더 많은 전자를 금속판에서 탈출시킬 수 있으므로 더 많은 전류를 만들 수 있는 것이다. 가정 하나만 바꾸었더니 광전 효과의 모든 결과가 훌륭하게 설명된 것이다.

아인슈타인은 플랑크가 '에너지의 최소 단위'라고 부른 이 알갱이에 '빛의 양자'라는 의미의 '광양자'라는 이름을 붙였다. 빛을 불연속적인 입자의 덩어리로 파악하는 '양자론' 혁명의 시대가 열린 것이다. 이후 아인슈타인의 광전 효과 설명을 '광양자 가설'이라고 부르게 된다.

① 빛의 성질을 무엇으로 파악하는지의 차이
② 빛이 에너지를 갖는지에 대한 입장의 차이
③ 파장과 진동수의 관계에 대한 설명의 차이
④ 튀어나온 전자의 운동 에너지에 대한 해석의 차이
⑤ 금속판에서 전자가 탈출할 수 있는 빛의 세기의 차이

18. ㉠의 이유로 가장 적절한 것은?

일반적으로 환율의 상승은 경상 수지를 개선하는 것으로 알려져 있다. 이를테면 국내 기업은 수출에서 벌어들인 외화를 국내로 들여와 원화로 바꾸기 때문에 환율이 상승한 경우에는 외국에서 우리 상품의 외화 표시 가격을 다소 낮추어도 수출량이 늘어나면 수출액이 증가한다. 동시에 수입 상품의 원화 표시 가격은 상승하여 수입품을 덜 소비하므로 수입액은 감소한다. 그런데 이와 같이 환율 상승이 항상 경상 수지를 개선할 것 같지만 반드시 그런 것은 아니다.

환율이 올라도 단기적으로는 경상 수지가 오히려 악화되었다가 점차 개선되는 현상이 있는데, 이를 그래프로 표현하면 J자 형태가 되므로 'J커브 현상'이라 한다. J커브 현상에서 경상 수지가 악화되는 원인 중 하나로, 환율이 오른 비율만큼 수입 상품의 가격이 오르지 않는 것을 꼽을 수 있다. 이는 환율 상승 후 상당 기간 동안 외국 기업이 매출 감소를 우려해 상품의 원화 표시 가격을 바로 올리지 않기 때문이다. 또한 소비자들의 수입 상품 소비가 가격 변화에 따라 줄어들기까지는 상당 기간이 소요된다. 그뿐만 아니라 국내 기업이 수출 상품의 외화 표시 가격을 낮추더라도 외국 소비자가 이를 인식하고 소비를 늘리기까지는 다소 시간이 걸린다. 그러나 J커브의 형태가 보여 주듯이, 당초에 올랐던 환율이 지속되는 상황에서 어느 정도 시간이 지나 상품의 가격 및 물량의 조정이 제대로 이루어진다면 경상 수지가 개선된다.

한편, J커브 현상과는 별도로 환율 상승 후에 얼마의 기간이 지나더라도 경상 수지의 개선을 이루지 못하는 경우도 있다. 첫째, 상품의 가격 조정이 일어나도 국내외의 상품 수요가 가격에 어떻게 반응하는가 하는 수요 구조에 따라 경상 수지는 개선되지 못하기도 한다. 수출량이 증가하고 수입량이 감소하더라도, ㉠경상 수지가 그다지 개선되지 않거나 오히려 악화될 수도 있다는 것이다. 둘째, 장기적인 차원에서 수출 기업이 환율 상승에만 의존하여 품질 개선이나 원가 절감 등의 노력을 계속하지 않는다면 경쟁력을 잃어 경상 수지를 악화시킬 수도 있다.

우리나라의 경우 환율은 외환 시장에서 결정되나, 정책 당국이 필요에 따라 간접적으로 외환 시장에 개입하는 환율 정책을 구사한다. 경상 수지가 적자 상태라면 일반적으로 고환율 정책이 선호된다. 그러나 이상에서 언급한 환율과 경상 수지 간의 복잡한 관계 때문에 환율 정책은 신중하게 검토되어야 한다.

① 가격의 조정이 신속하게 이루어질수록 국내외 상품 수요는 가격에 민감하게 반응한다.
② 국내외 상품 수요가 가격에 얼마나 민감한지는 경상 수지의 개선 여부와는 무관하다.
③ 환율이 상승하더라도 경우에 따라서는 국내외 상품 수요가 가격에 민감하지 않을 수 있다.
④ 환율이 상승하면 국내외 상품의 수요 구조에 따라 수출 상품의 가격 조정이 선행될 수 있다.
⑤ 환율이 상승하더라도 국내외 기업은 환율이 얼마나 안정적인지 관찰한 후 가격을 조정한다.

19. 다음 글의 내용과 일치하지 않는 것은?

사물을 입체적으로 느낄 수 있도록 하려면 무엇보다 빛과 그림자가 생생히 묘사되어야 한다. 그래서 사실적이고 입체적인 표현을 중시한 서양 회화는 빛에 대해 지대한 관심을 갖고 빛의 표현과 관련한 다양한 실험을 하였다. 사물을 입체적으로 그린다는 것은 결국 그 사물에서 반사되는 빛을 표현하는 것과 다를 바 없기 때문이다.

빛이 물리적 실체로서 본격적으로 묘사되기 시작한 것은 르네상스기에 들어와서이다. 조토의 〈옥좌의 마돈나〉에서는 양감이 느껴진다. 양감이 느껴진다는 것은 빛을 의식했다는 증거이다. 이렇게 시작된 빛에 대한 인식은 조토보다 2세기 뒤의 작가인 미켈란젤로의 〈도니 성가족〉에서 더욱 명료하게 나타난다. 빛의 각도, 거리에 따른 밝기의 차이 등이 이 그림에는 상세히 묘사되어 있다. 이에 따라 입체감과 공간감도 실감나게 표현되어 있다.

17세기 바로크 시대에 들어서면 화가들의 빛에 대한 인식이 보다 심화된다. 빛을 사실적으로 표현하기 위해 노력하는 과정에서 서양화가들은 빛이 사물의 형태를 식별하게 할 뿐 아니라 우리의 마음도 움직이는 심리적인 매체임을 깨달았다. 빛과 그림자의 변화에 따른 감정의 다양한 진폭을 느끼게 된 서양화가들은 이를 적극적으로 연구하고 표현하였다. 그 대표적인 화가가 '빛과 혼의 화가'로 불리는 렘브란트이다. 그는 빛이 지닌 심리적 효과를 탁월하게 묘사하였다. 그는 〈예루살렘의 멸망을 슬퍼하는 예레미야〉라는 작품에서 멸망해 가는 예루살렘이 아니라 고뇌하는 예레미야에게 빛을 비춤으로써 보는 이로 하여금 그림 속 주인공의 슬픔에 깊이 빠져들게 한다. 렘브란트가 사용한 빛은 그림 속 노인뿐만 아니라 그의 실존적 고통까지 선명히 비춘다. 이와 같은 렘브란트의 빛 처리는 그의 작품을 정신적 호소력을 지닌 예술이 되게 하였다.

19세기 인상파의 출현으로 인해 서양미술사는 빛과 관련하여 또 한 번 중요하고도 새로운 전기를 맞게 된다. 인상파 화가들은 광학 지식의 발달에 힘입어 사물의 색이 빛의 반사에 의해 생긴 것이라는 사실을 알게 되었다. 이것은 빛의 밝기나 각도, 대기의 흐름에 따라 사물의 색이 변할 수 있음을 의미한다. 이러한 사실에 대한 깨달음은 고정 불변하는 사물의 고유

색이란 존재하지 않는다는 인식으로 이어졌다. 이제 화가가 그리는 것은 사물이 아니라 사물에서 반사된 빛이며, 빛의 운동이 되어 버렸다. 인상파 화가들은 빛의 효과를 극대화하기 위해 같은 주황색이라도 팔레트에서 빨강과 노랑을 섞어 주황색을 만들기보다는 빨강과 노랑을 각각 화포에 칠해 멀리서 볼 때 섞이게 함으로써 훨씬 채도가 높은 주황색을 만드는 것을 선호했다. 인상파 화가들은 이처럼 자연을 빛과 대기의 운동에 따른 색채 현상으로 보고 순간적이고 찰나적인 빛의 표현에 모든 것을 바침으로써 매우 유동적이고 변화무쌍한 그림을 창조해냈다.

지금까지 살펴본 대로, 서양화가들은 빛에 대한 관찰과 실험을 통해 회화의 깊이와 폭을 확장시켰다. 그 과정에서 빛이 단순히 물리적 현상으로서만 아니라 심리적 현상으로도 체험된다는 사실을 발견하였다. 인상파 이후에도 빛에 대한 탐구와 표현은 다양한 측면에서 시도되고 있다. 따라서 빛을 중심으로 서양화를 감상하는 것도 그림이 주는 감동에 젖을 수 있는 훌륭한 방법이 될 수 있다.

① 입체감이 느껴지게 하려면 빛과 그림자를 생생히 묘사해야 한다.
② 렘브란트는 빛이 지닌 심리적인 효과를 탁월하게 묘사한 화가이다.
③ 인상파 화가들은 사물이 지닌 고유색을 표현하기 위해 노력하였다.
④ 인상파 이후에도 빛에 대한 연구와 다양한 시도들이 이루어지고 있다.
⑤ 르네상스기에 들어와 빛이 물리적 실체로서 본격적으로 묘사되기 시작하였다.

20. 다음 글에 나타난 글쓴이의 서술 태도로 적절한 것은?

서양에서 헬렌은 미녀의 상징이다. 원래 헬렌은 그리스 메넬라오스의 왕비였다. 트로이의 왕자 파리스가 그녀를 몰래 훔쳐다 자기 아내로 삼아 버리자, 그리스인들은 헬렌을 다시 찾기 위해서 트로이로 쳐들어갔고, 그렇게 해서 시작된 싸움은 장장 10년의 세월 동안 수십만의 인명을 삼키고 말았다. 그야말로 트로이 전쟁은 오직 미(美)를 위한 전쟁이었다.

이와 같은 헬렌을 우리의 '춘향'과 비교한다는 것은 어딘지좀 낯간지러운 데가 있다. 무엇보다도 그 규모가 다르다. 헬렌이 다시 메넬라오스의 품으로 돌아오기까지에는 그리스의 전영웅과 군사들이 목숨을 내걸고 싸워야 했지만, 춘향이 이 도령 곁으로 돌아온 것은 "암행어사 출두야!"의 외마디 고함 소리와 마패 하나로 가능했던 것이다. 또 미녀 탈환에 다 같이 결정적인 역할을 한 말(馬)이기는 하나 날쌘 군사들이 들어 있는 트로이의 목마와 마패에 그려진 그 말은 얼마나 현격한 차이가 있는가.

뿐만 아니라 서양인들이 생각하고 있는 미의 관념과 우리의그것과 비교하는 데에 헬렌과 춘향은 분명히 색다른 대조를 이루고 있는 것이다. 사실 헬렌에게서 지조라는 것은 찾아볼 수가 없다. 파리스가 데려가서 트로이의 왕비로 삼았을 때 헬렌은 항거하지 않았고, 파리스가 싸움에 패하여 죽자 태연히 옛날의 남편인 메넬라오스의 품에 안긴다. 헬렌은 자기 때문에그리스 군사들이 무수히 생명을 잃은 것을 미안하게 생각한다고는 말했으나 10년 동안 파리스와 침실을 같이한 것에 대해서는 이렇다 할 말이 없다.

여기에 비하면 춘향의 정절은 대단하다. 변 사또에게 몸을허락하지 않으려고 스스로 머리를 풀고 형장에 무릎을 꿇는 춘향의 자태와, 양군(兩軍)이 피를 흘리며 쓰러져 가는 전투 장면을 성벽의 망루에 올라 묵묵히 굽어보고 있는 그 헬렌의 모습을 견주어 보라.

그들[西洋]의 미는 윤리를 초월한 것이다. 현실을 넘어선 것이다. '아름답다'는 것만으로 그만이다. 헬렌 때문에 전쟁이 일어났다거나, 그녀에게 정절이 없었다거나, 이러한 문제는 미녀로서의 헬렌을 말하는 데에 아무런 장애도 되지 않는다.

반면, 한국의 노인들은 형장에 꿇어 엎드린 춘향을 향해서 감탄한다. 그 감탄은 미의식에 대한 것만은 아니다. 그와 떼어낼 수 없는 윤리관이 함께 섞여 있는 탄성인 것이다. 춘향의미와 불경이부(不更二夫)라는 그 정절[倫理]은 분리될 수 없는것이다. 한국인들은 서양인들처럼 '미'를 '미'로만 따로 분리시켜 바라보지는 않았다. 언제나 거기에는 윤리적이며 현실적인의식이 개재(介在)되어 있었던 것이다. 그것이 바로 춘향과 헬렌의 차이다. 그것이 또한 서양과는 근본적으로 다른 한국인[東洋人]의 심미 의식이다.

이렇게 윤리적인 것과 미적인 것이 서로 혼합되어 있는 데에가장 이상적인 '한국적 미'의 특성이 있다고 할 수 있다. 우리에게 있어 춘향이 가장 이상적인 '미녀'로 나타나게 된 것도 이해할 만한 일이다. 헬렌과 같이 인격적인 것이 도외시된 '미'의세계를 더듬고자 한 데서 소위 와일드나 보들레르 같은 데카당의 문학이 생겨난 것이다. 그들의 고민은 '미'와 '도덕'이, 그리고 '미'와 '현실'이 언제나 불협화음(不協和音)을 이루는 데에 있었다. 오히려 미를 죽이고 미가 현실을 죽이는 데에까지 이르렀다.

그러나 한국[東洋]의 전통적인 미는 서로 충돌하는 것이 아니라 '미와 도덕', '미와 현실'이 공존해 왔던 것이다. 우리는 지금도 아름다운 것을 보고 '근사하다', '그럴듯하다'고 하는데 그것은 바로 '현실과 가까운 것', '그러함직한 것(도덕적 개연성)'을 나타낸 우리의 '미의식'을 암시한 말이라 할 수 있다.

① 시간의 흐름에 따른 서술 대상의 변천 과정을 드러내고있다.

② 서로 대응되는 대상의 특성을 비교하여 그 차이점을 드러내고 있다.

③ 대립되는 서술 대상의 특징을 거론하고 이를 우회적으로비판하고 있다.

④ 서로 대립하는 성질을 지닌 서술 대상의 특징을 절충하여종합하고 있다.

⑤ 서술 대상의 공통점과 차이점을 함께 거론하여 독자에게판단을 맡기고 있다.

21. 사과, 배, 딸기, 오렌지, 귤 등 다섯 가지 상품만을 파는 과일 가게가 있다. 가게 주인은 다음과 같은 조건을 걸고 이를 만족하는 손님에게만 물건을 팔았는데, 한 손님이 이 조건을 만족해 물건을 구입해 갔다. 이 손님이 구입한 상품으로 가능한 것은?

- 오렌지와 귤 중 한 가지를 반드시 사야 한다.
- 배와 딸기 중에서는 한 가지밖에 살 수 없다.
- 딸기와 오렌지를 사려면 둘 다 사야 한다.
- 귤을 사려면 사과와 오렌지도 반드시 사야 한다.

① 오렌지, 귤　　　　　② 배, 딸기

③ 딸기, 오렌지　　　　④ 사과, 딸기, 귤

⑤ 사과, 배, 귤

22. 다음 글과 〈대회 종료 후 대화〉를 근거로 판단할 때, 비긴 볼링 게임의 총 수는?

다섯 명의 선수(A~E)가 볼링 게임 대회에 참가했다. 각 선수는 대회에 참가한 다른 모든 선수들과 1 : 1로 한 번씩 볼링 게임을 했다. 각 게임의 승자는 점수 2점을 받고, 비긴 선수는 점수 1점을 받고, 패자는 점수를 받지 못한다.

이 볼링 게임 대회에서 각 선수가 얻은 점수의 총합이 큰 순으로 매긴 순위는 A, B, C, D, E 순이고 동점은 존재하지 않는다.

〈대회 종료 후 대화〉
B : 난 한 게임도 안 진 유일한 사람이야.
E : 난 한 게임도 못 이긴 유일한 사람이야.

① 2번　　　　　　　② 3번

③ 4번　　　　　　　④ 5번

⑤ 6번

23. 다음을 근거로 판단할 때, 도형의 모양을 옳게 짝지은 것은?

5명의 학생은 5개 도형 A~E의 모양을 맞히는 게임을 하고 있다. 5개의 도형은 모두 서로 다른 모양을 가지며 각각 삼각형, 사각형, 오각형, 원 중 하나의 모양으로 이루어진다. 학생들에게 아주 짧은 시간 동안 5개의 도형을 보여준 후 도형의 모양을 2개씩 진술하게 하였다. 학생들이 진술한 도형의 모양은 다음과 같고, 모두 하나씩만 정확하게 맞혔다.
〈진술〉
甲 : C = 삼각형,　D = 사각형
乙 : B = 오각형,　E = 사각형
丙 : C = 원,　　　D = 오각형
丁 : A = 육각형,　E = 사각형
戊 : A = 육각형,　B = 삼각형

① A = 육각형, D = 사각형

② B = 오각형, C = 삼각형

③ A = 삼각형, E = 사각형

④ C = 오각형, D = 원

⑤ D = 오각형, E = 육각형

24. 다음 글을 근거로 판단할 때, 참을 말하고 있는 사람은?

음악동아리 5명의 학생 각각은 미술동아리 학생들과 30회씩 가위바위보 게임을 했다. 각 게임에서 이길 경우 5점, 비길 경우 1점, 질 경우 −1점을 받는다. 게임이 모두 끝나자 A동아리 5명의 학생들은 자신이 얻은 합산 점수를 다음과 같이 말했다.
甲 : 내 점수는 148점이야.
乙 : 내 점수는 145점이야.
丙 : 내 점수는 143점이야.
丁 : 내 점수는 140점이야.
戊 : 내 점수는 139점이야.

① 甲　　　　　　　　② 乙

③ 丙　　　　　　　　④ 丁

⑤ 戊

25. 다음을 근거로 판단할 때, 36개의 로봇 중 가장 빠른 로봇 1, 2위를 선발하기 위해 필요한 최소 경기 수는?

- 전국 로봇달리기 대회에 36개의 로봇이 참가한다.
- 경주 레인은 총 6개이고, 경기당 각 레인에 하나의 로봇만 배정할 수 있으나, 한 경기에 모든 레인을 사용할 필요는 없다.
- 배정된 레인 내에서 결승점을 먼저 통과하는 순서대로 순위를 정한다.
- 속력과 시간의 측정은 불가능하고, 오직 경기 결과에 의해서만 순위를 결정한다.
- 로봇별 속력은 모두 다르고 각 로봇의 속력은 항상 일정하다.
- 로봇의 고장과 같은 다른 요인은 경기 결과에 영향을 미치지 않는다.

① 7
② 8
③ 9
④ 10
⑤ 11

26. 다음 〈조건〉을 근거로 판단할 때, 가장 많은 품삯을 받은 일꾼은? (단, 1전은 10푼이다)

〈조건〉
- 일꾼 다섯 명의 이름은 좀쇠, 작은놈, 어인놈, 상득, 정월쇠이다.
- 다섯 일꾼 중 김씨가 2명, 이씨가 1명, 박씨가 1명, 윤씨가 1명이다.
- 이들의 직업은 각각 목수, 단청공, 벽돌공, 대장장이, 미장공이다.
- 일당으로 목수와 미장공은 4전 2푼을 받고, 단청공과 벽돌공, 대장장이는 2전 5푼을 받는다.
- 윤씨는 4일, 박씨는 6일, 김씨 두 명은 각각 4일, 이씨는 3일 동안 동원되었다. 동원되었지만 일을 하지 못한 날에는 보통의 일당 대신 1전을 받는다.
- 박씨와 윤씨는 동원된 날 중 각각 하루씩은 배가 아파 일을 하지 못했다.
- 목수는 이씨이다.
- 좀쇠는 박씨도 이씨도 아니다.
- 어인놈은 단청공이다.
- 대장장이와 미장공은 김씨가 아니다.
- 정월쇠의 일당은 2전 5푼이다.
- 상득은 김씨이다.
- 윤씨는 대장장이가 아니다.

① 좀쇠
② 작은놈
③ 어인놈
④ 상득
⑤ 정월쇠

27. 다음 글을 근거로 판단할 때, 김 과장이 단식을 시작한 첫 주 월요일부터 일요일까지 한 끼만 먹은 요일(끼니때)은?

김 과장은 건강상의 이유로 간헐적 단식을 시작하기로 했다. 김 과장이 선택한 간헐적 단식 방법은 월요일부터 일요일까지 일주일 중에 2일을 선택하여 아침 혹은 저녁 한 끼 식사만 하는 것이다. 단, 단식을 하는 날 전후로 각각 최소 2일간은 정상적으로 세 끼 식사를 하고, 업무상의 식사 약속을 고려하여 단식일과 방법을 유동적으로 결정하기로 했다. 또한 단식을 하는 날 이외에는 항상 세 끼 식사를 한다.

간헐적 단식 2주째인 김 과장은 그동안 단식을 했던 날짜를 기록해두기 위해 아래와 같이 최근 식사와 관련된 기억을 떠올렸다.
- 2주차 월요일에는 단식을 했다.
- 지난주에 먹은 아침식사 횟수와 저녁식사 횟수가 같다.
- 지난주 월요일, 수요일, 금요일에는 조찬회의에 참석하여 아침식사를 했다.
- 지난주 목요일에는 업무약속이 있어서 점심식사를 했다.

① 월요일(저녁), 목요일(저녁)
② 화요일(아침), 금요일(아침)
③ 화요일(아침), 금요일(저녁)
④ 회요일(지녁), 금요일(아침)
⑤ 수요일(아침), 금요일(아침)

28. 다음 글을 근거로 판단할 때, 9월 17일(토)부터 책을 대여하기 시작한 甲이 마지막 편을 도서관에 반납할 요일은? (단, 다른 조건은 고려하지 않는다)

甲은 10편으로 구성된 위인전을 완독하기 위해 다음과 같이 계획하였다.

책을 빌리는 첫째 날은 한 권만 빌려 다음날 반납하고, 반납한 날 두 권을 빌려 당일 포함 2박 3일이 되는 날 반납한다. 이런 식으로 도서관을 방문할 때마다 대여하는 책의 수는 한 권씩 증가하지만, 대여 일수는 빌리는 책 권수를 n으로 했을 때 두 권 이상일 경우 (2n-1)의 규칙으로 증가한다.

예를 들어 3월 1일(월)에 1편을 빌렸다면 3월 2일(화)에 1편을 반납하고 그날 2, 3편을 빌려 3월 4일(목)에 반납한다. 4일에 4, 5, 6편을 빌려 3월 8일(월)에 반납하고 그날 7, 8, 9, 10편을 대여한다.

도서관은 일요일만 휴관하고, 이날은 반납과 대여가 불가능하므로 다음날인 월요일에 반납과 대여를 한다. 이 경우에 한하여 일요일은 대여 일수에 포함되지 않는다.

① 월요일
② 화요일
③ 수요일
④ 목요일
⑤ 금요일

29. 다음 〈조건〉과 〈정보〉를 근거로 판단할 때, 곶감의 위치와 착한 호랑이, 나쁜 호랑이의 조합으로 가능한 것은?

〈조건〉
- 착한 호랑이는 2마리이고, 나쁜 호랑이는 3마리로 총 5마리의 호랑이(甲~戊)가 있다.
- 착한 호랑이는 참말만 하고, 나쁜 호랑이는 거짓말만 한다.
- 곶감은 꿀단지, 아궁이, 소쿠리 중 한 곳에만 있다.

〈정보〉
甲 : 곶감은 아궁이에 있지.
乙 : 여기서 나만 곶감의 위치를 알아.
丙 : 甲은 나쁜 호랑이야.
丁 : 나는 곶감이 어디 있는지 알지.
戊 : 곶감은 꿀단지에 있어.

	곶감의 위치	착한 호랑이	나쁜 호랑이
①	꿀단지	戊	丙
②	소쿠리	丁	乙
③	소쿠리	乙	丙
④	아궁이	丙	戊
⑤	아궁이	甲	丁

30. 철수는 현재 5개의 음악CD를 가지고 있다. 다음의 설명을 보고 CD가 발매된 순서대로 올바르게 나열한 것은?

- C는 B에 비해 최근의 앨범이다.
- D는 E보다 먼저 발매된 앨범이다.
- C는 A가 발매되기 5년 전에 발매된 앨범이다.
- 5개의 앨범 중 A가 발매된 이후 발매된 앨범은 2장이다.

① E→D→A→C→B
② E→D→A→B→C
③ B→C→A→E→D
④ B→C→A→D→E
⑤ B→D→C→A→E

31. 인재개발팀의 A와 B, C, D는 각각 아래의 그림과 같은 위치(1~3)에 책상을 두고 업무를 하고 있다. A~D는 동, 서, 남, 북 각각의 방향을 향하여 앉아 있고 같은 방향을 향하고 있는 사람은 없다. 이에 대한 4명의 진술을 바탕으로 할 때 확실히 말할 수 있는 것은?

A	1
2	3

〈진술〉
A : 내 앞의 사람은 남쪽을 향하고 있다.
B : 내 오른쪽 사람은 서쪽을 향하고 있다.
C : 내 앞의 사람은 북쪽을 향하고 있다.
D : 내 오른쪽 사람은 동쪽을 향하고 있다.

① C는 1의 자리에 있다.
② B는 3의 자리에 있다.
③ D는 남쪽을 향하고 있다.
④ A는 남쪽을 향하고 있다.
⑤ C는 서쪽을 향하고 있지 않다.

32. 도현은 잊어버린 컴퓨터의 패스워드를 기억해 내려고 한다. 패스워드를 찾을 수 있는 단서가 다음 〈조건〉과 같을 때 옳은 것은? (단, 패스워드는 네 자리 숫자이다)

〈조건〉
- 패스워드는 짝수로 시작한다.
- 동일한 숫자는 두 번 이상 포함되지 않는다.
- 6과 8 가운데 패스워드에 포함되는 숫자는 한 가지이다.
- 패스워드를 구성하고 있는 어떤 숫자도 소수가 아니다.
- 골라낸 네 가지 숫자를 큰 수부터 차례로 나열하여 패스워드를 만들었다.

① 패스워드는 홀수이다.
② 패스워드의 앞에서 두 번째 숫자는 6이다.
③ 조건을 모두 만족하는 번호는 모두 세 가지이다.
④ 패스워드는 1을 포함하지만 9는 포함하지 않는다.
⑤ 조건을 만족시키는 번호 가운데 가장 작은 수는 8410이다.

33. 담벼락에 낙서를 한 범인을 찾으려고 한다. 이들 중 네 명은 참말만을 하고, 범인만이 거짓말을 한다면 범인은 누구인가?

> 하나 : 나는 두리가 낙서하는 것을 분명히 봤어.
> 두리 : 내가 낙서했다는 하나의 말은 거짓이야.
> 세나 : 다미의 말은 참말이야.
> 네리 : 나하고 두리는 함께 있었는데, 우리 둘은 담벼락 근처에
> 　　　도 가지 않았어.
> 다미 : 나는 절대로 담벼락에 낙서하는 일은 하지 않아.

① 하나　　　　　　　② 두리
③ 세나　　　　　　　④ 네리
⑤ 다미

34. 다음 진술과 논리적으로 동등한 것은?

> 　슬픔을 나눌 수 있는 가족이 있거나 즐거움을 나눌 수 있는 친구가 있다면 행복한 사람이다.

① 슬픔을 나눌 수 있는 가족도 없고 즐거움을 나눌 수 있는 친구도 없다면 행복한 사람이 아니다.
② 행복하지 않은 사람은 슬픔을 나눌 수 있는 가족이 없거나 즐거움을 나눌 수 있는 친구가 없다.
③ 슬픔을 나눌 수 있는 가족이 없거나 즐거움을 나눌 수 있는 친구가 없다면 행복한 사람이 아니다.
④ 슬픔을 나눌 수 있는 가족이 없으면 즐거움을 나눌 수 있는 친구가 있어도 행복한 사람이 아니다.
⑤ 슬픔을 나눌 수 있는 가족이 있으면 행복한 사람이고 즐거움을 나눌 수 있는 친구가 있어도 행복한 사람이다.

35. 다음 주어진 〈조건〉을 따를 때 항상 참인 것은?

> 〈조건〉
> ㉠ 모든 A는 B다.
> ㉡ 어떤 C는 D다.
> ㉢ 모든 B는 C가 아니다.

① 모든 B는 C다.　　　　② 모든 C는 D다.
③ 모든 B는 A다.　　　　④ 어떤 C는 B다.
⑤ 모든 A는 C가 아니다.

36. K대의 발굴 현장에서 책을 한 권 발굴하였다. 이 책은 모두 99쪽으로 이루어져 있으며, 각 쪽에는 다음과 같은 문장이 각각 한 페이지씩 적혀 있었다. 각 쪽에 적힌 문장들이 각각 참 또는 거짓일 경우 참인 문장은 몇 쪽에 있는가?

> 1쪽 : 1 + 3 = 8
> 2쪽 : 이 책의 거짓인 문장은 1개뿐이고 나머지는 모두 참임
> 3쪽 : 이 책의 거짓인 문장은 모두 2개이고 나머지는 모두 참임
> 4쪽 : 이 책의 거짓인 문장은 모두 3개이고 나머지는 모두 참임
> 5쪽 : 이 책의 거짓인 문장은 모두 4개이고 나머지는 모두 참임
> 　　　　　　　…
> 98쪽 : 이 책의 거짓인 문장은 모두 97개이고 나머지는 모두 참임
> 99쪽 : 이 책의 거짓인 문장은 모두 98개이고 나머지는 참임

① 2쪽　　　　　　　② 3쪽
③ 7쪽　　　　　　　④ 98쪽
⑤ 99쪽

37. 다음은 A부서의 출장계획에 관한 설명이다. 다음 설명에 따를 때, 수요일에 출장을 가는 사람은 누구인가? (단, 출장계획은 이번 주 일주일동안의 출장계획이며, 출장은 평일에만 간다)

> • A부서의 총 인원은 5명이다.
> • 하루에 세 명 이상 출장을 갈 수는 없다.
> • 조 대리와 한 팀장은 원래 같은 날 출장 예정이었지만, 한 팀장의 출장이 이틀 미뤄졌다.
> • 목요일은 출장이 없는 날이다.
> • 이 대리와 김 사원은 반드시 같은 날에 출장을 간다.
> • 최 사원은 금요일에 혼자 출장을 간다.

① 이 대리　　　　　　② 김 사원
③ 한 팀장　　　　　　④ 조 대리
⑤ 아무도 없다.

38. 가연, 나미, 다희, 라영이가 5개의 강의 중 일부를 수강하려고 한다. 〈조건〉에 따를 때 옳은 진술은?

〈조건〉
- 강의는 심리학, 교육학, 행정학, 경제학, 경영학 총 5개이다.
- 라영이는 2개 강의를 수강하며, 나머지 학생들은 3개 강의를 수강한다.
- 개설된 모든 강의는 적어도 1명 이상의 학생이 수강한다.
- 행정학은 다희를 제외한 모든 학생이 수강한다.
- 다희와 라영이가 동시에 수강하는 강의는 한 개이며, 다희와 나미가 동시에 수강하는 강의도 한 개다.
- 가연이는 심리학과 경제학을 수강하지 않는다.
- 나미는 교육학과 경제학을 수강하지 않는다.
- 라영이는 심리학을 수강한다.

① 경제학은 한 명만 수강한다.
② 심리학은 모든 학생이 수강한다.
③ 교육학과 행정학을 수강하는 학생 수는 같다.
④ 나미와 라영이가 동시에 수강하는 강의는 없다.
⑤ 가연이와 다희가 동시에 수강하는 강의는 2개이다.

39. 다음 밑줄 친 부분에 들어갈 말로 적절한 것은?

- B는 A의 외할머니이다.
- C는 D의 어머니이다.
- A의 어머니와 D의 어머니는 서로 자매간이다.
- 그러므로 _____.

① D는 B의 아들이다.
② C는 A의 고모이다.
③ A는 D의 언니이다.
④ B는 C의 어머니이다.
⑤ A와 C는 사촌이다.

40. 갑, 을, 병, 정 네 명의 사무실이 있다. 아래와 같은 조건을 만족한다고 할 때, 다음 중 항상 참인 것은?

- 네 명의 사무실은 일직선상에 있다.
- 갑과 을의 사무실 간 거리는 6km이다.
- 을과 병의 사무실 간 거리는 8km이다.
- 병과 정의 사무실 간 거리는 10km이다.
- 을의 사무실은 정의 사무실 바로 옆에 있다.
- 을의 사무실은 갑의 사무실보다 오른쪽에 있다.
- 맨 왼쪽의 사무실은 갑의 사무실이 아니다.

① 갑의 사무실은 정의 사무실보다 오른쪽에 있다.
② 을의 사무실은 정의 사무실보다 왼쪽에 있다.
③ 병의 사무실은 맨 오른쪽에 있다.
④ 을의 사무실은 왼쪽에서 두 번째에 위치한다.
⑤ 병의 사무실과 갑의 사무실 간 거리는 4km이다.

41. 부수가 手가 아닌 한자는?

① 재주 기 技   ② 주먹 권 拳

③ 가질 지 持   ④ 손바닥 장 掌

⑤ 거둘 수 收

42. 다음의 우리말 독음으로 옳은 것은?

社務

① 사무   ② 근무

③ 업무   ④ 실무

⑤ 공무

43. 다음 한자어의 뜻과 관련 있는 2음절의 한자는?

千載一遇

① 機會   ② 因緣

③ 努力   ④ 時間

⑤ 條件

44. 다음 밑줄 친 부분의 한자로 적절한 것은?

바다의 기원을 찾아 지구의 내부에서부터 우주 먼 곳까지 <u>조사</u>를 하였다.

① 調査   ② 朝仕

③ 祖師   ④ 繰絲

⑤ 曹司

45. 제시된 한자들의 공통적인 의미로 옳은 것은?

等, 類, 衆

① 나이   ② 조직

③ 직급   ④ 무리

⑤ 인사

46. 다음 두 한자의 부수를 결합해서 만든 한자는?

佳 + 架

① 休   ② 伏

③ 坎   ④ 坰

⑤ 理

47. 다음 한자어와 의미상 관계가 있는 말은?

年俸

① 趣味   ② 旅行

③ 月給   ④ 特技

⑤ 交通

48. 다음 빈칸에 공통으로 들어갈 한자는?

• __節(계절)   • 四__(사계)

① 眞   ② 界

③ 時   ④ 季

⑤ 明

49. 다음을 한자어로 바르게 옮긴 것은?

강원도 평창군

① 江元道 平唱郡　　　　② 江元道 平菖郡

③ 江原道 平窓郡　　　　④ 江原道 平倉郡

⑤ 江原道 平昌郡

50. 다음의 우리말 독음으로 옳은 것은?

誠實

① 성숙　　　　　　　② 성미

③ 성실　　　　　　　④ 언변

⑤ 언론

51. 다음은 선조 때 조식이 올린 상소의 일부분이다. 이러한 상소를 올리게 된 배경과 그 해결책이 바르게 연결된 것은?

예부터 지금처럼 서리가 나라를 마음대로 하는 것을 들어보지 못하였습니다. 토산물 공납을 일체 막아 본래 값의 백 배가 되지 않으면 받지도 않습니다. 백성 중에 세금을 못 내고 도망하는 자가 줄을 이었으니, 어찌 주·현 백성의 공납을 간사한 아전들이 나누어 갖게 되리라 생각이나 하였으며 전하께서 이들 물자에 의지하게 되리라고 생각이나 하였습니까.

　　　　　　　　　　　　　　　　　　－ 선조실록 －

① 환곡제 – 진대법

② 방납제 – 수미법

③ 방군수포제 – 균역법

④ 대립제 – 호패법

⑤ 병작반수제 – 도지법

52. 다음에 해당하는 나라에 대한 설명으로 옳은 것을 모두 고르면?

습속에 서적을 좋아하여 문지기, 말먹이꾼의 집에 이르기까지 각기 큰 거리에 커다란 집을 짓고 이를 경당(扃堂)이라 부른다. 자제들이 혼인하기 전까지 밤낮으로 여기에서 글을 읽고 활을 익히게 한다.

　　　　　　　　　　　　　　　　　　－「구당서」－

임금이 태학(太學)을 세워 자제들을 교육하였다.

　　　　　　　　　　　　　　　　　　－「삼국사기」－

㉠ 12월에 영고(迎鼓)라는 축제를 거행하였다.

㉡ 대대로, 태대형, 대로, 욕살 등의 관직을 두었다.

㉢ 모반이나 반역을 한 자가 있으면 군중을 모아 횃불로 불사른 뒤 머리를 베고 가속은 모두 적몰한다.

㉣ 매년 10월 무천이라는 제천행사를 통해 밤낮없이 술을 마시고 노래를 부르고 춤을 춘다.

㉤ 10월에 동맹이라는 제천행사를 통해 하늘에 제사를 지낸다.

㉥ 제사장인 천군은 신성 지역인 소도에서 의례를 주관하였다.

① ㉠, ㉡, ㉢　　　　　② ㉡, ㉢, ㉤

③ ㉠, ㉢, ㉥　　　　　④ ㉡, ㉣, ㉥

⑤ ㉣, ㉤, ㉥

53. 다음은 고조선의 성장과 변천에 대한 사실들이다. 이를 일어난 순서대로 바르게 나열한 것은?

㉠ 위만이 집권하였다.

㉡ 한 군현이 설치되었다.

㉢ 중계 무역으로 이익을 독점하였다.

㉣ 한의 침략으로 기원전 108년에 멸망하였다.

① ㉠ – ㉢ – ㉡ – ㉣　　　　② ㉡ – ㉠ – ㉢ – ㉣

③ ㉡ – ㉠ – ㉣ – ㉢　　　　④ ㉠ – ㉡ – ㉢ – ㉣

⑤ ㉠ – ㉢ – ㉣ – ㉡

54. 다음의 유적과 유물을 통하여 파악할 수 있는 역사적 사실을 〈보기〉에서 모두 고르면?

• 광개토대왕릉비   • 북한산비
• 단양 적성비   • 중원 고구려비

〈보기〉
㉠ 광개토대왕이 신라를 도와 왜구를 격퇴하였다.
㉡ 나·당 연합군이 고구려를 멸망시켰다.
㉢ 한강 유역을 둘러싼 삼국의 항쟁이 치열하였다.
㉣ 신라가 진흥왕 때 한강 하류 지역까지 차지하였다.

① ㉠, ㉡   ② ㉡, ㉢
③ ㉠, ㉢, ㉣   ④ ㉡, ㉢, ㉣
⑤ ㉠, ㉡, ㉢, ㉣

55. 신석기에 대한 설명으로 옳지 않은 것은?
① 빗살무늬토기는 신석기의 대표적 유물로 곡식을 담는 데 사용하였다.
② 가락바퀴, 뼈바늘을 이용해 의복을 만들었다.
③ 공동생활, 공동분배의 재산공유제 사회였다.
④ 주먹도끼, 찌르개 등을 이용하여 동물을 잡았다.
⑤ 샤머니즘, 애니미즘 등의 신앙이 존재하였다.

56. 다음 중 대가야에 대한 설명으로 옳은 것은?
① 법흥왕에 의해 복속되었다.
② 우산국을 복속하였다.
③ 5C 후반에 소백산맥 서쪽까지 세력을 확장시킨다.
④ 5C 이후 중앙집권국가로 발전하였다.
⑤ 해동성국의 칭호를 들을 정도로 문화가 융성하였다.

57. 다음은 고려시대에 설치된 기구들이다. 이들의 공통적 목적은 무엇인가?

• 의창   • 상평창
• 구제도감   • 구급도감
• 동서대비원

① 농업 생산력의 증대   ② 자급자족의 경제구조 확립
③ 귀족의 경제력 향상   ④ 농민의 생활 안정
⑤ 전쟁 상황 대비

58. 다음 빈칸에 들어갈 정책으로 옳은 것은?

왕	정책
태조	
광종	노비안검법, 과거제
성종	12목의 설치, 건원중보 발행
현종	연등회, 팔관회 부활
숙종	해동통보 발행, 별무반 창설

① 「삼국사기」 편찬   ② 동북9성의 반환
③ 기인제도, 사심관제도   ④ 소금전매제의 실시
⑤ 과전법 제정

59. 다음 중 조선 태종과 세조가 실시한 왕권강화책은?
① 사간원의 독립   ② 6조 직계제
③ 집현전 설치   ④ 의정부 서사제
⑤ 유향소 폐지

60. 다음 그림이 그려진 시기에 대한 설명으로 옳지 않은 것은?

비온 뒤 안개가 피어오르는 인상적 순간을 포착하여 그 느낌을 잘 표현하였다. 산 아래에는 나무와 숲, 그리고 자욱한 안개를 표현하고 위쪽으로 인왕산의 바위를 가득 배치하였다. 산 아래는 위에서 내려다보는 시선으로 그리고, 산 위쪽은 멀리서 위로 쳐다보는 시선으로 그려 바로 앞에서 바라보는 듯한 생생한 현장감을 주고 있다.

① 서얼의 중앙관직 진출이 제한되었다.
② 양반의 수는 늘어나고 상민의 수는 감소하였다.
③ 중인층은 철종 때 소청운동을 하였으나 성공하지 못하였다.
④ 약 6만여 명의 공노비의 신분해방이 이루어졌다.
⑤ 천주교나 실학사상 등 진보적 사상이 제시되었다.

▌61~65▐ 일정한 규칙을 찾아 빈칸에 들어갈 알맞은 숫자를 고르시오.

61.

3	7	10	17	27	44	71	( )

① 88　　　　　② 92

③ 97　　　　　④ 102

⑤ 115

62.

3	3	6	6	12	9	24	12 ( )

① 15　　　　　② 27

③ 30　　　　　④ 38

⑤ 48

63.

3	5	9	15	23	( )	45	59 75

① 31　　　　　② 32

③ 33　　　　　④ 34

⑤ 35

64.

1	9 3 7 5 5 7	( )	9 1				

① 3　　　　　② 5

③ 6　　　　　④ 7

⑤ 8

65.

6	8	11	16	24	36	( )	76	106

① 48　　　　　② 53

③ 56　　　　　④ 59

⑤ 64

▌66~70▐ 주어진 규칙이 다음과 같을 때, '?' 안의 숫자의 합을 구하시오.

66.

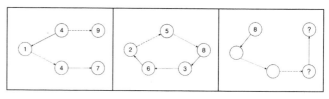

① 16.5　　　　　② 18.5

③ 20.5　　　　　④ 22.5

⑤ 24.5

67.

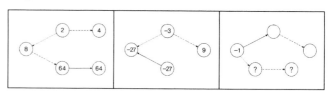

① −2　　　　　② −1

③ 0　　　　　④ 1

⑤ 2

68.

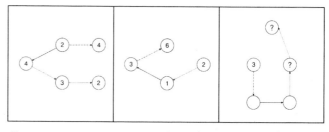

① 5　　　　　② 7

③ 9　　　　　④ 11

⑤ 13

69.

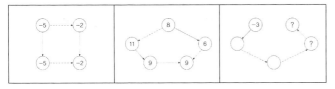

① 1   ② 2

③ 3   ④ 4

⑤ 5

70.

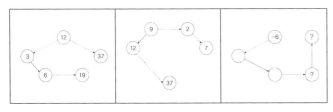

① 1   ② 2

③ 3   ④ 4

⑤ 5

71. B양은 자동차 부품을 생산하는 M기계산업에 근무한다. 최근 자사 제품의 품질관리를 위해 생산 라인별 직원 1인당 생산량을 비교하라는 지시를 받았다. 자료를 참고할 때, B생산라인에 5명, D생산라인에 6명, E생산라인에 2명이 하루에 생산 할 수 있는 총생산량은 얼마인가?

생산라인	시설비	유지비	1인당 생산량
A : 수동라인	2천만 원	월 200만 원	하루 200set
B : 반자동라인	4천만 원	월 150만 원	하루 500set
C : 수동＋반자동라인	5천만 원	월 180만 원	하루 600set
D : 반자동라인	8천만 원	월 120만 원	하루 700set
E : 자동라인	1억 원	월 100만 원	하루 800set

※ 생산 라인별 동일 제품 생산 시 직원 1인당 생산량 비교

① 6,300set   ② 6,800set

③ 7,300set   ④ 8,300set

⑤ 8,500set

72. 다음 글을 근거로 판단할 때, 甲금속회사가 생산한 제품 A, B를 모두 판매하여 얻을 수 있는 최대 금액은?

- 甲금속회사는 특수구리합금 제품 A와 B를 생산 및 판매한다.
- 특수구리합금 제품 A, B는 10kg 단위로만 생산된다.
- 제품 A의 1kg당 가격은 300원이고, 제품 B의 1kg당 가격은 200원이다.
- 甲금속회사는 보유하고 있던 구리 710kg, 철 15kg, 주석 33kg, 아연 155kg, 망간 30kg 중 일부를 활용하여 아래 표의 질량 배합 비율에 따라 제품 A를 300kg 생산한 상태이다. (단, 개별 금속의 추가구입은 불가능하다)
- 합금 제품별 질량 배합 비율은 아래와 같으며 배합 비율을 만족하는 경우에만 제품이 될 수 있다.

(단위 : %)

구분	구리	철	주석	아연	망간
A	60	5	0	25	10
B	80	0	5	15	0

※ 배합된 개별 금속 질량의 합은 생산된 합금 제품의 질량과 같다.

① 195,000원   ② 196,000원

③ 197,000원   ④ 198,000원

⑤ 199,000원

73. 다음 글과 〈설립위치 선정 기준〉을 근거로 판단할 때, A사가 서비스센터를 설립하는 방식과 위치로 옳은 것은?

- 휴대폰 제조사 A는 B국에 고객서비스를 제공하기 위해 1개의 서비스센터 설립을 추진하려고 한다.
- 설립방식에는 ㈎ 방식과 ㈏ 방식이 있다.
- A사는 {(고객만족도 효과의 현재가치) − (비용의 현재가치)}의 값이 큰 방식을 선택한다.
- 비용에는 규제비용과 로열티비용이 있다.

구분		㈎ 방식	㈏ 방식
고객만족도 효과의 현재가치		5억 원	4.5억 원
비용의 현재가치	규제비용	3억 원 (설립 당해 년도만 발생)	없음
	로열티비용	없음	− 3년간 로열티비용을 지불함 − 로열티비용의 현재가치 환산액 : 설립 당해년도는 2억 원, 그 다음 해부터는 직전년도 로열티비용의 1/2씩 감액한 금액

※ 고객만족도 효과의 현재가치는 설립 당해년도를 기준으로 산정된 결과이다.

〈설립위치 선정 기준〉

- 설립위치로 B국의 甲, 乙, 丙3곳을 검토 중이며, 각 위치의 특성은 다음과 같다.

위치	유동인구(만 명)	20~30대 비율(%)	교통혼잡성
甲	80	75	3
乙	100	50	1
丙	75	60	2

- A사는 {(유동인구) × (20~30대 비율) / (교통혼잡성)} 값이 큰 곳을 선정한다. 다만 A사는 제품의 특성을 고려하여 20 ~30대 비율이 50% 이하인 지역은 선정대상에서 제외한다.

	설립방식	설립위치
①	㈎	甲
②	㈎	丙
③	㈏	甲
④	㈏	乙
⑤	㈏	丙

|74~75| ○○보증기금에서 근무하는 박 차장은 보증서를 발급하면서 고객의 보증료를 산출하고 있다. 보증료 산출에 관한 주요 규정이 다음과 같을 때, 물음에 답하시오.

- 보증료 계산 : 보증금액 × 보증료율 × 보증기간/365
 −계산은 십원단위로 하고 10원 미만 단수는 버림
- 기준보증료율 기술사업평가등급에 따라 다음과 같이 적용한다.

등급	적용 요율	등급	적용 요율	등급	적용 요율
AAA	0.8%	BBB	1.4%	CCC	1.7%
AA	1.0%	BB	1.5%	CC	1.8%
A	1.2%	B	1.6%	C	2.2%

- 아래에 해당되는 경우 기준보증료율에서 해당 감면율을 감면할 수 있다.

가산사유	가산요율
1. 벤처 · 이노비즈기업	−0.2%p
2. 장애인기업	−0.3%p
3. 국가유공자기업	−0.3%p
4. 지방기술유망기업	−0.3%p
5. 지역주력산업 영위기업	−0.1%p

※ 감면은 항목은 중복해서 적용할 수 없으며, 감면율이 가장 큰 항목을 우선 적용한다.
※ 사고기업(사고유보기업 포함)에 대해서는 보증료율의 감면을 적용하지 아니한다.

- 아래에 해당되는 경우 산출된 보증료율에 해당 가산율을 가산한다.

가산사유	가산요율
1. 고액보증기업	
가. 보증금액이 15억원 초과 30억원 이하 기업	+0.1%p
나. 보증금액이 30억원 초과 기업	+0.2%p
2. 장기이용기업	
가. 보증이용기간이 5년 초과 10년 이하 기업	+0.1%p
나. 보증이용기간이 10년 초과 15년 이하 기업	+0.2%p
다. 보증이용기간이 15년 초과 기업	+0.3%p

※ 가산사유가 중복되는 경우에는 사유별 가산율을 모두 적용한다.
※ 경영개선지원기업으로 확정된 기업에 대해서는 가산요율을 적용하지 않는다.
- 감면사유와 가산사유에 모두 해당되는 경우 감면사유를 먼저 적용한 후 가산사유를 적용한다.

74. ㈜서원의 회계과장인 이 과장은 보증서 발급에 앞서 보증료가 얼마나 산출되었는지 박 차장에게 다음과 같이 이메일로 문의하였다. 문의에 따라 보증료를 계산한다면 ㈜서원의 보증료는 얼마인가?

> 안녕하세요, 박 차장님.
> ㈜서원의 회계과장인 이□□입니다. 대표님께서 오늘 보증서(보증금액 5억원, 보증기간 365일)를 발급받으러 가시는데, 보증료가 얼마나 산출되었는지 궁금하여 문의드립니다.
> 저희 회사의 기술사업평가등급은 BBB등급이고, 지방기술사업을 영위하고 있으며 작년에 벤처기업 인증을 받았습니다. 다른 특이사항은 없습니다.

① 4,000천원   ② 4,500천원
③ 5,500천원   ④ 5,500천원
⑤ 6,000천원

75. 박 차장은 아래 자료들을 토대로 갑, 을, 병 3개 회사의 보증료를 산출하였다. 보증료가 높은 순서대로 정렬한 것은?

구분	기술사업 평가등급	특이사항	보증금액 (신규)	보증 기간
갑	BBB	• 국가유공자기업 • 지역주력산업영위기업 • 신규보증금액 포함한 총 보증금액 100억원 • 보증이용기간 7년	10억원	365일
을	BB	• 벤처기업 • 이노비즈기업 • 보증이용기간 20년 • 경영개선지원기업	10억원	365일
병	BB	• 장애인기업 • 이노비즈기업 • 보증이용기간 1년	10억원	365일

① 갑 - 을 - 병   ② 갑 - 병 - 을
③ 을 - 갑 - 병   ④ 을 - 병 - 갑
⑤ 병 - 갑 - 을

76. 다음은 지난 2012년의 월별 기온과 아이스크림, 커피의 판매량 그래프이다. 그래프에 대한 설명으로 옳은 것은?

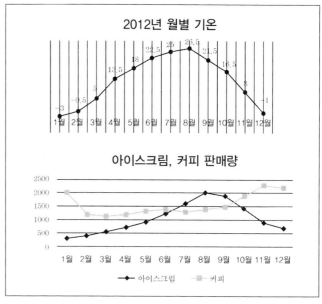

① 월별기온이 20℃ 이상인 달에는 커피보다 아이스크림의 판매가 많았다.
② 월평균 기온이 영하인 달의 아이스크림 판매는 500개 이하이다.
③ 아이스크림은 가장 더울 때 커피는 가장 추울 때 최대 판매량을 보인다.
④ 커피의 판매량은 아이스크림의 판매량보다 기온의 영향을 덜 받는다.
⑤ 아이스크림의 판매량은 9월 이후 감소추세를 보인다.

77. 다음 〈도표〉는 카페 선택 기준 5가지의 중요도 및 이들 기준에 대한 A와 B카페의 성과도에 관한 자료이다. 이에 대한 〈보기〉의 설명 중 옳지 않은 것을 모두 고르면?

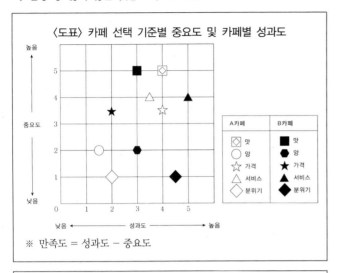

〈도표〉 카페 선택 기준별 중요도 및 카페별 성과도

※ 만족도 = 성과도 − 중요도

〈보기〉
㉠ A카페는 3가지 기준에서 B카페보다 성과도가 높다.
㉡ 만족도가 가장 높은 기준은 B카페의 '분위기'이다.
㉢ A카페와 B카페 사이의 성과도 차이가 가장 큰 기준은 '가격'이다.
㉣ 중요도가 가장 높은 기준에서 A카페가 B카페 보다 성과도가 높다.

① ㉠, ㉡
② ㉠, ㉢
③ ㉡, ㉢
④ ㉡, ㉣
⑤ ㉢, ㉣

78. 어떤 공장에서 A, B 두 종류의 제품을 한 개씩 만드는 데 필요한 원료, 전력량, 이익은 다음과 같다. 이 공장에서는 하루에 원료를 최고 10kg, 전력을 최고 20kWh까지 사용할 수 있다고 할때, 이 공장에서 하루 동안 얻을 수 있는 최대 이익은?

	원료(kg)	전력(kWh)	이익(백만 원)
A	2	3	3
B	1	4	2

① 1,500만 원
② 1,600만 원
③ 1,700만 원
④ 1,800만 원
⑤ 1,900만 원

79. 인터넷 쇼핑몰에서 회원가입을 하고 디지털카메라를 구매하려고 한다. 다음은 구입하고자 하는 모델에 대하여 인터넷 쇼핑몰 세곳의 가격과 조건을 제시한 표이다. 표에 있는 모든 혜택을 적용하였을 때 디지털카메라의 배송비를 포함한 실제 구매가격을 바르게 비교한 것은? (단, 중복할인시 쿠폰을 먼저 적용한다)

구분	A 쇼핑몰	B 쇼핑몰	C 쇼핑몰
정상가격	129,000원	131,000원	130,000원
회원혜택	7,000원 할인	3,500원 할인	7% 할인
할인쿠폰	5% 쿠폰	3% 쿠폰	5,000원
중복할인여부	불가	가능	불가
배송비	2,000원	무료	2,500원

① A<B<C
② B<C<A
③ C<A<B
④ C<B<A
⑤ A<C<B

80. 다음 제시된 〈자료〉는 L상사의 신입사원 그래의 하루 동안 활동경로를 나타낸 것이다. 이에 대한 〈보기〉의 설명 중 옳은 것을 모두 고르면?

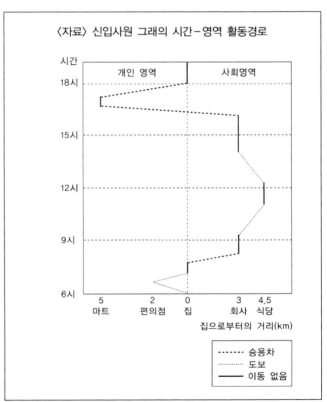

〈자료〉 신입사원 그래의 시간-영역 활동경로

<보기>
㉠ 집과 편의점 사이, 회사와 식당 사이는 각각 도보로 이동하였다.
㉡ 마트와 회사 사이의 거리가 마트와 편의점 사이의 거리보다 더 멀다.
㉢ 그래는 오전 동안 '집 → 편의점 → 회사 → 식당'의 경로로 이동하였다.
㉣ 회사에서 식당까지 가는데 걸린 시간은 집에서 회사까지 가는데 걸린 시간보다 더 길다.

① ㉠, ㉡
② ㉠, ㉣
③ ㉡, ㉢
④ ㉡, ㉣
⑤ ㉢, ㉣

81. 열차가 출발하기 전까지 1시간의 여유가 있어서 그 사이에 상점에 들러 물건을 사려고 한다. 걷는 속력이 시속 3km이고, 상점에서 물건을 사는 데 10분이 걸린다고 할 때, 역에서 몇 km 이내의 상점을 이용해야 하는가?

① 1km
② 1.25km
③ 1.5km
④ 1.75km
⑤ 2km

82. 두 개의 와인병 A, B가 있다. A에는 900mL의 와인이 들어있고, B에는 300mL의 와인이 들어있다. A에서 B로 몇 mL의 와인을 옮기면 A의 와인의 양이 B의 와인의 양의 2배가 되는가?

① 80mL
② 100mL
③ 120mL
④ 140mL
⑤ 160mL

83. 사원들이 회의를 하기 위해 강당에 모였다. 한 의자에 3명씩 앉으면 5명이 앉지 못하고, 5명씩 앉으면 마지막 의자에는 2명이 앉게 되고 빈 의자 2개가 생긴다고 한다. 이 때 의자의 개수와 사원 수를 구하면?

① 9개, 32명
② 10개, 35명
③ 11개, 38명
④ 12개, 41명
⑤ 13개, 44명

84. 소금 77g이 녹아 있는 소금물 280g이 있다. 이 소금물에 물 490g을 더 넣었을 때 만들어지는 소금물의 농도는?

① 6%
② 7%
③ 8%
④ 9%
⑤ 10%

85. 재희의 외할아버지는 연세가 50세보다 많고 80세보다 적다. 외할아버지께서 친구분께 말씀하시기를 "내 자식들은 저희 형제(자기 자신을 제외한)수만큼 자녀를 가졌고 내 자식과 손주의 수의 합은 내 나이와 같다."라고 하셨다. 할아버지의 아들과 손주는 각각 몇 명인가?

	자녀	손주		자녀	손주
①	5명	56명	②	6명	60명
③	7명	60명	④	8명	56명
⑤	9명	56명			

86. 경준이와 미나가 함께 하면 4일만에 마칠 수 있는 일을 경준이가 8일 동안 작업한 후 나머지를 미나가 2일 동안 작업하여 모두 마쳤다. 이 일을 경준이가 혼자서 하면 며칠이 걸리는가?

① 4일
② 6일
③ 12일
④ 13일
⑤ 15일

87. 지호는 출근을 하기 위해 집에서 800m 떨어진 지하철역으로 출발하였다. 처음에는 매분 50m의 속력으로 걷다가 나중에는 매분 100m의 속력으로 뛰어 10분만에 지하철역에 도착하였다. 이때 지호가 걸어간 거리와 뛰어간 거리를 각각 구하면?

	걸어간 거리	뛰어간 거리
①	100m	700m
②	200m	600m
③	300m	500m
④	400m	400m
⑤	500m	300m

88. 톱니의 수가 각각 72개, 45개인 톱니바퀴 A, B가 서로 맞물려 있다. 두 톱니바퀴가 회전하기 시작하여 최초로 다시 같은 톱니에서 맞물리려면 B는 몇 번 회전해야 하는가?

① 5번　　　　　　　② 6번

③ 7번　　　　　　　④ 8번

⑤ 9번

89. L그룹의 창립 파티에는 A, B, C 3종류의 식사가 준비되었고, 접시의 수는 모두 54개였다. A는 6명당 한 접시씩, B는 4명당 한 접시씩, C는 3명당 한 접시씩 놓기로 하였다. 이 파티에 초대되어 3가지 음식을 모두 대접받을 수 있는 사람의 최대 수는?

① 64명　　　　　　② 66명

③ 70명　　　　　　④ 72명

⑤ 74명

90. 은수와 민영이는 내일 비가 오지 않으면 함께 등산을 하기로 하고 등산로 입구에서 만나기로 하였다. 내일 비가 올 확률은 30%이고, 은수와 민영이가 약속을 지킬 확률은 각각 75%, 80%이다. 내일 두 사람이 만날 확률은?

① 18%　　　　　　② 21%

③ 42%　　　　　　④ 60%

⑤ 63%

|91~100| 다음 제시된 도형들 사이에는 일정한 규칙이 적용되고 있다. 도형의 규칙을 찾아 A와 B에 들어갈 알맞은 도형을 고르시오.

91.

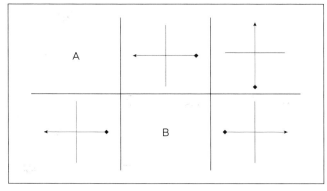

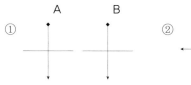

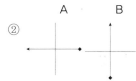

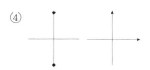

92.

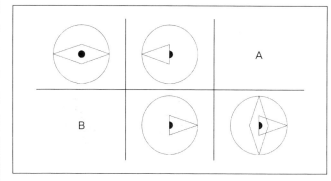

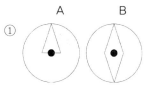

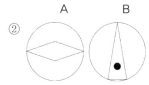

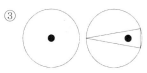

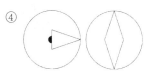

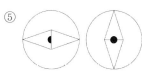

93.

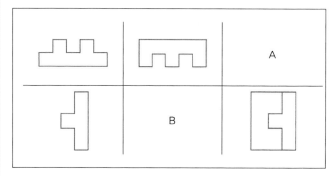

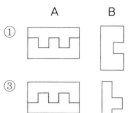

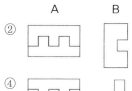

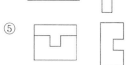

94.

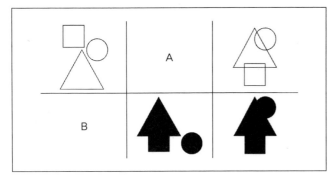

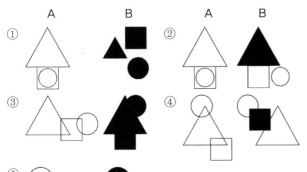

95.

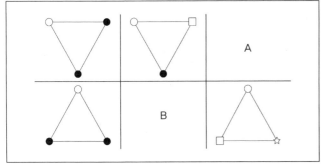

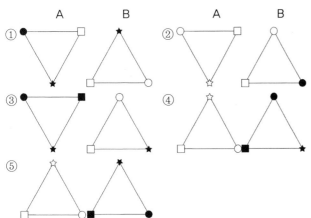

96.

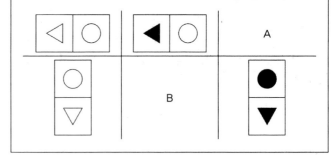

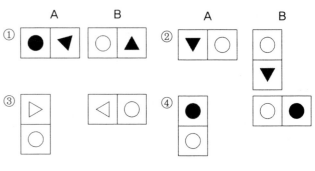

97.

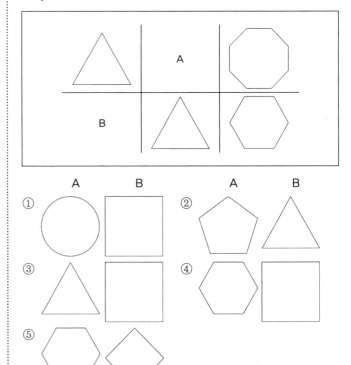

98.

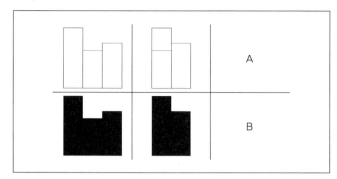

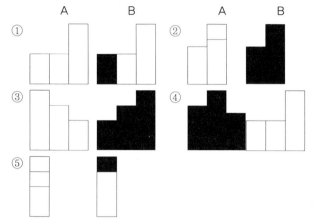

99.

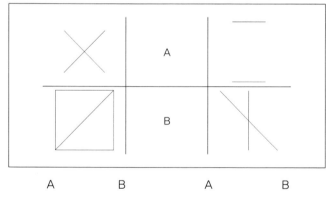

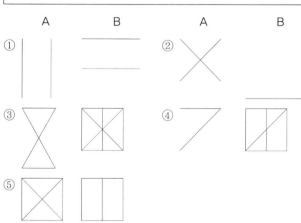

100.

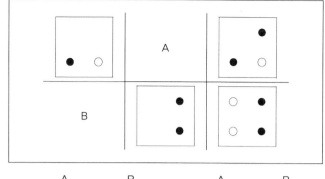

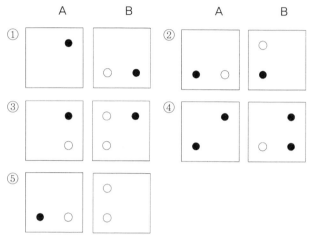

▌101~105 ▐ 주어진 기호의 규칙이 다음과 같을 때, '?'에 들어갈 도형으로 알맞은 것을 고르시오.

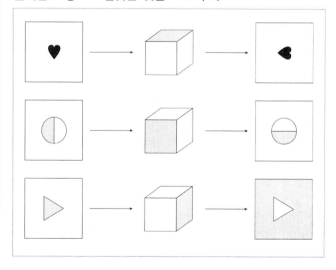

101.

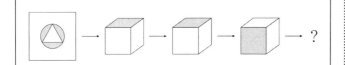

① ② ③ ④

⑤

102.

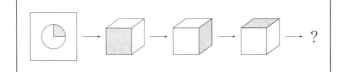

① ② ③ ④

⑤

103.

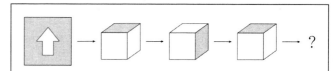

① ② ③ ④

⑤

104.

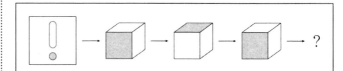

① ② ③ ④

⑤

105.

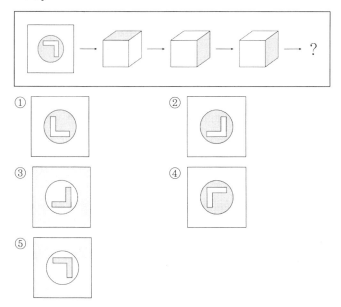

106.

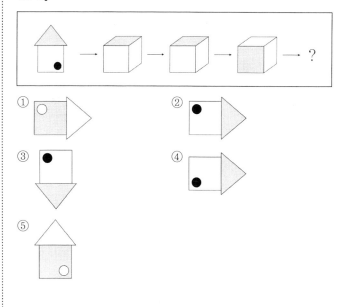

▌106~110 ▌ 주어진 기호의 규칙이 다음과 같을 때, '?'에 들어갈 도형으로 알맞은 것을 고르시오.

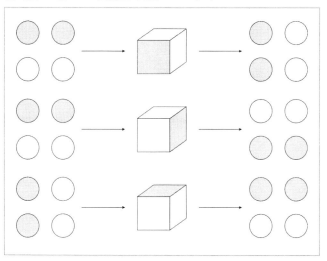

107.

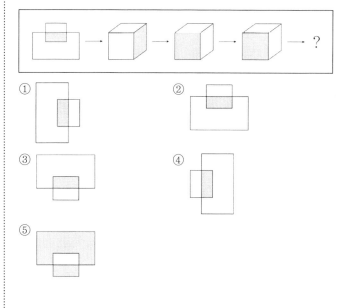

108.

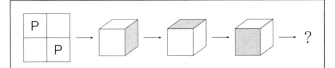

①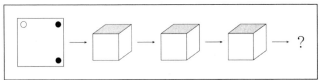

②

③

④

⑤

109.

110.

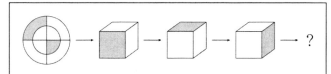

①

②

③

④

⑤

| 111~125 | [조건 1], [조건 2], [조건 3]을 적용하면 다음과 같은 규칙이 될 때, '?'에 들어갈 도형으로 알맞은 것을 고르시오.

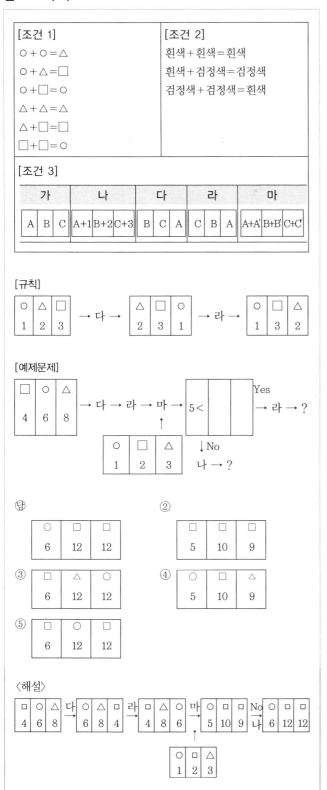

111.

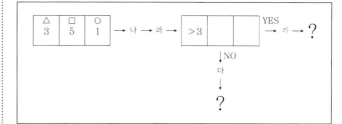

①
△	□	○
4	7	4

②
□	○	△
5	3	1

③
○	□	△
4	7	4

④
△	□	○
1	3	4

⑤
△	□	□
4	7	4

112.

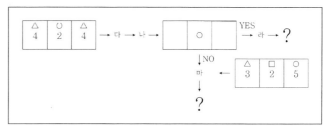

①
□	△	□
6	8	12

②
○	△	□
4	5	7

③
□	□	□
8	6	10

④
○	△	△
3	6	7

⑤
□	□	□
6	8	12

113.

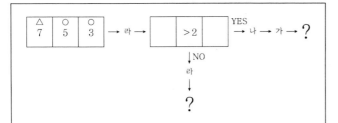

①
□	△	□
5	3	7

②
○	○	△
4	7	10

③
△	□	○
5	3	7

④
△	○	□
3	7	10

⑤
○	□	△
5	3	7

114.

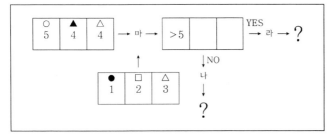

①
△	■	▲
7	6	6

②
△	■	▲
6	7	6

③
△	▲	■
7	6	6

④
△	○	■
6	7	6

⑤
○	△	■
7	6	6

115.

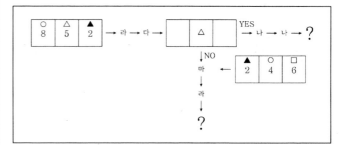

①
○	△	■
5	8	2

②
○	▲	□
7	8	12

③
●	△	■
12	8	7

④
■	△	▲
8	12	7

⑤
△	■	△
8	12	7

116.

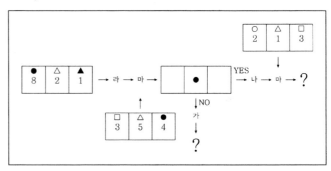

①
○	□	△
10	5	3

②
△	□	●
3	5	12

③
■	△	▲
4	7	12

④
■	△	△
4	7	12

⑤
□	▲	△
4	7	12

117.

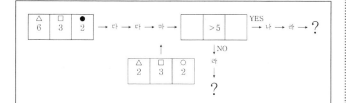

①
■	□	○
5	11	8

②
○	□	■
8	11	5

③
□	■	○
8	11	5

④
■	■	○
5	11	8

⑤
○	■	○
11	5	8

118.

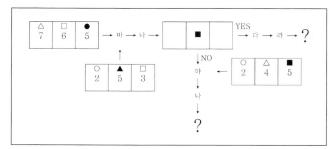

①
□	●	■
10	11	13

②
□	○	■
10	11	13

③
■	○	■
10	11	13

④
■	○	□
10	11	13

⑤
■	●	■
10	11	13

119.

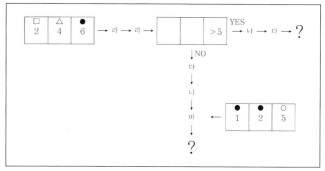

①
●	△	■
3	6	9

②
▲	□	○
6	9	3

③
△	□	●
9	6	3

④
△	●	□
6	9	3

⑤
△	●	□
3	6	9

120.

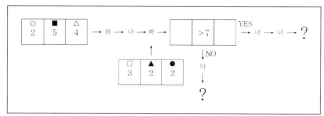

①
■	□	△
10	13	13

②
△	□	○
13	10	13

③
□	■	▲
10	13	13

④
○	△	■
13	10	13

⑤
□	□	▲
10	13	13

121.

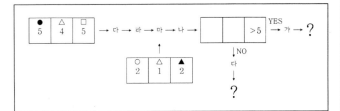

①
△	□	▲
8	8	9

②
▲	□	▲
8	8	9

③
△	■	△
8	8	9

④
○	△	■
9	8	8

⑤
▲	□	△
9	8	9

122.

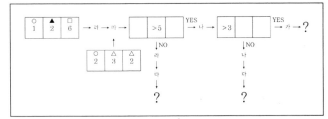

①
▲	○	□
5	8	3

②
△	□	○
3	8	5

③
△	○	■
5	8	3

④
○	△	■
3	8	5

⑤
△	●	□
5	8	3

123.

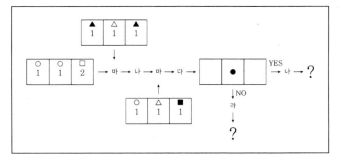

①
○	●	□
4	7	5

②
●	○	□
5	7	3

③
●	○	□
4	7	5

④
▲	□	○
7	5	3

⑤
○	▲	□
4	7	5

124.

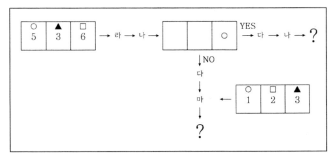

①
▲	○	□
6	10	10

②
△	●	□
6	10	10

③
▲	○	□
7	8	5

④
△	□	○
5	7	8

⑤
△	○	■
8	7	5

125.

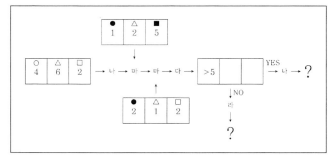

①
△	●	□
12	14	11

②
△	●	■
12	14	11

③
△	○	■
12	14	11

④
△	□	●
11	12	14

⑤
■	△	●
12	14	11

LG그룹

인적성검사 모의고사

[제2회]

영 역	언어이해, 언어추리, 인문역량, 수리력, 도형추리, 도식적추리
문항 수 / 시간	125문항 / 140분
비 고	객관식 5지선다형

SEOWONGAK
(주)서원각

>> 언어이해(20문항/25분)

1. 다음 글을 이해한 내용으로 적절하지 않은 것은?

귀납은 현대 논리학에서 연역이 아닌 모든 추론, 즉 전제가 결론을 개연적으로 뒷받침하는 모든 추론을 가리킨다. 귀납은 기존의 정보나 관찰 증거 등을 근거로 새로운 사실을 추가하는 지식 확장적 특성을 지닌다. 이 특성으로 인해 귀납은 근대 과학 발전의 방법적 토대가 되었지만, 한편으로 귀납 자체의 논리적 한계를 지적하는 문제들에 부딪히기도 한다.

먼저 흄은 과거의 경험을 근거로 미래를 예측하는 귀납이 정당한 추론이 되려면 미래의 세계가 과거에 우리가 경험해 온 세계와 동일하다는 자연의 일양성, 곧 한결같음이 가정되어야 한다고 보았다. 그런데 자연의 일양성은 선험적으로 알 수 있는 것이 아니라 경험에 기대어야 알 수 있는 것이다. 즉 "귀납이 정당한 추론이다."라는 주장은 "자연은 일양적이다."라는 다른 지식을 전제로 하는데 그 지식은 다시 귀납에 의해 정당화되어야 하는 경험적 지식이므로 귀납의 정당화는 순환 논리에 빠져 버린다는 것이다. 이것이 귀납의 정당화 문제이다.

귀납의 정당화 문제로부터 과학의 방법인 귀납을 옹호하기 위해 라이헨바흐는 이 문제에 대해 현실적 구제책을 제시한다. 라이헨바흐는 자연이 일양적일 수도 있고 그렇지 않을 수도 있음을 전제한다. 먼저 자연이 일양적일 경우, 그는 지금까지의 우리의 경험에 따라 귀납이 점성술이나 예언 등의 다른 방법보다 성공적인 방법이라고 판단한다. 자연이 일양적이지 않다면, 어떤 방법도 체계적으로 미래 예측에 계속해서 성공할 수 없다는 논리적 판단을 통해 귀납은 최소한 다른 방법보다 나쁘지 않은 추론이라고 확언한다. 결국 자연이 일양적인지 그렇지 않은지 알 수 없는 상황에서는 귀납을 사용하는 것이 옳은 선택이라는 라이헨바흐의 논증은 귀납의 정당화 문제를 현실적 차원에서 해소하려는 시도로 볼 수 있다.

귀납의 또 다른 논리적 한계로 어떤 현대 철학자는 미결정성의 문제를 지적한다. 이 문제는 관찰 증거만으로는 여러 가설 중에 어느 하나를 더 나은 것으로 결정할 수 없다는 것이다. 가령 몇 개의 점들이 발견되었을 때 그 점들을 모두 지나는 곡선은 여러 개이기 때문에 어느 하나로 결정되지 않는다. 예측의 경우도 마찬가지이다. 다음에 발견될 점을 예측할 때, 기존에 발견된 점들만으로는 다음에 찍힐 점이 어디에 나타날지 확정할 수 없다. 아무리 많은 점들을 관찰 증거로 추가하더라도 하나의 예측이 다른 예측보다 더 낫다고 결정하는 것은 여전히 불가능하다는 것이다.

그러나 미결정성의 문제가 있다고 하더라도 대부분의 현대 철학자들은 귀납을 과학의 방법으로 인정하고 있다. 이들은 귀납의 문제를 직접 해결하려 하기보다 확률을 도입하여 개연성이라는 귀납의 특징을 강조하려 한다. 이에 따르면 관찰 증거가 가설을 지지하는 정도 즉 전제와 결론 사이의 개연성은 확률로 표현될 수 있다. 또한 하나의 가설이 다른 가설보다, 하나의 예측이 다른 예측보다 더 낫다고 확률적 근거에 의해 판단할 수 있다는 것이다. 이처럼 확률 논리로 설명되는 개연성은 일상적인 직관에도 잘 들어맞는다. 이러한 시도는 귀납의 문제를 근본적으로 해결하는 것은 아니지만, 귀납은 여전히 과학의 방법으로서 그 지위를 지킬 만하다는 사실을 보여 준다.

① 많은 관찰 증거를 확보하면 귀납의 정당화에서 나타나는 순환 논리 문제는 해소된다.

② 직관에 들어맞는 확률 논리라 하더라도 귀납의 논리적 문제를 근본적으로 해결하지 못한다.

③ 관찰 증거가 가설을 지지하는 정도를 확률로 표현할 수 있다는 입장은 귀납을 옹호한다.

④ 흄에 따르면, 귀납의 정당화는 귀납에 의한 정당화를 필요로 하는 지식에 근거해야 가능하다.

⑤ 귀납의 지식 확장적 특성은 이미 알고 있는 사실을 근거로 아직 알지 못하는 사실을 추론하는 데에서 비롯된다.

2. 다음 글을 이해한 내용으로 적절하지 않은 것은?

변론술을 가르치는 프로타고라스(P)에게 에우아틀로스(E)가 제안하였다. "제가 처음으로 승소하면 그때 수강료를 내겠습니다." P는 이를 받아들였다. 그런데 E는 모든 과정을 수강하고 나서도 소송을 할 기미를 보이지 않았고 그러자 P가 E를 상대로 소송하였다. P는 주장하였다. "내가 승소하면 판결에 따라 수강료를 받게 되고, 내가 지면 자네는 계약에 따라 수강료를 내야 하네." E도 맞섰다. "제가 승소하면 수강료를 내지 않게 되고 제가 지더라도 계약에 따라 수강료를 내지 않아도 됩니다."

지금까지도 이 사례는 풀기 어려운 논리 난제로 거론된다. 다만 법률가들은 이를 해결할 수 있는 사안이라고 본다. 우선, 이 사례의 계약이 수강료 지급이라는 효과를, 실현되지 않은 사건에 의존하도록 하는 계약이라는 점을 살펴야 한다. 이처럼 일정한 효과의 발생이나 소멸에 제한을 덧붙이는 것을 '부관'이라 하는데, 여기에는 '기한'과 '조건'이 있다. 효과의 발생이나 소멸이 장래에 확실히 발생할 사실에 의존하도록 하는 것을 기한이라 한다. 반면 장래에 일어날 수도 있는 사실에 의존하도록 하는 것은 조건이다. 그리고 조건이 실현되었을 때 효과를 발생시키면 '정지 조건', 소멸시키면 '해제 조건'이라 부른다.

민사 소송에서 판결에 대하여 상소, 곧 항소나 상고가 그 기간 안에 제기되지 않아서 사안이 종결되든가, 그 사안에 대해 대법원에서 최종 판결이 선고되든가 하면, 이제 더 이상 그 일을 다툴 길이 없어진다. 이때 판결은 확정되었다고 한다. 확정 판결에 대하여는 '기판력(旣判力)'이라는 것을 인정한다. 기판력이 있는 판결에 대해서는 더 이상 같은 사안으로 소송에서 다툴 수 없다. 예를 들어, 계약서를 제시하지 못해 매매 사실을 입증하지 못하고 패소한 판결이 확정되면, 이후에 계약서를 발견하더라도 그 사안에 대하여는 다시 소송하지 못한다. 같은 사안에 대해 서로 모순되는 확정 판결이 존재하도록 할 수는 없는 것이다.

확정 판결 이후에 법률상의 새로운 사정이 생겼을 때는, 그것을 근거로 하여 다시 소송하는 것이 허용된다. 이 경우에는 전과 다른 사안의 소송이라 하여 이전 판결의 기판력이 미치지 않는다고 보는 것이다. 위에서 예로 들었던 계약서는 판결 이전에 작성된 것이어서 그 발견이 새로운 사정이라고 인정되지 않는다. 그러나 임대인이 임차인에게 집을 비워 달라고 하는 소송에서 임대차 기간이 남아 있다는 이유로 임대인이 패소한 판결이 확정된 후 시일이 흘러 계약 기간이 만료되면, 임대인은 집을 비워 달라는 소송을 다시 할 수 있다. 계약상의 기한이 지남으로써 임차인의 권리에 변화가 생겼기 때문이다.

이렇게 살펴본 바를 바탕으로 P와 E 사이의 분쟁을 해결하는 소송이 어떻게 전개될지 따져 보자. 이 사건에 대한 소송에서는 조건이 성취되지 않았다는 이유로 법원이 E에게 승소 판결을 내리면 된다. 그런데 이 판결 확정 이후에 P는 다시 소송을 할 수 있다. 조건이 실현되었기 때문이다. 따라서 이 두 번째 소송에서는 결국 P가 승소한다. 그리고 이때부터는 E가 다시 수강료에 관한 소송을 할 만한 사유가 없다. 이 분쟁은 두 차례의 판결을 거쳐 해결될 수 있는 것이다.

① 승소하면 그때 수강료를 내겠다고 할 때 승소는 수강료 지급 의무에 대한 기한이다.

② 기한과 조건은 모두 계약상의 효과를 장래의 사실에 의존하도록 한다는 점이 공통된다.

③ 계약에 해제 조건을 덧붙이면 그 조건이 실현되었을 때 계약상 유지되고 있는 효과를 소멸시킬 수 있다.

④ 판결이 선고되고 나서 상소 기간이 다 지나가도록 상소가 이루어지지 않으면 그 판결에는 기판력이 생긴다.

⑤ 기판력에는 법원이 판결로 확정한 사안에 대하여 이후에 법원 스스로 그와 모순된 판결을 내릴 수 없다는 전제가 깔려 있다.

3. 다음 글에서 추론할 수 있는 내용으로 적절하지 않은 것은?

'나비 박사'라고 불린 석주명은 20여 년 동안 75만 마리에 이르는 나비를 채집하여 연구하였다. 그는 연구 대상을 철저하게 조선의 나비로 한정하였다. 이러한 태도는 생물학의 국학성※을 강조하려는 노력의 결과였고, 이후 그의 학문적 업적은 '조선적 생물학'으로 명명되었다.

석주명이 생각한 생물학은 조선의 연구자가 이 땅의 생물을 직접 연구하여 조선의 독특한 생물의 모습을 왜곡하지 않고 밝히는 것이었다. 이에 따라 석주명은 각 지역을 발로 누비면서, 풍부한 표본 조사에 근거한 나비 연구로 그 동안의 잘못된 선행 연구를 바로잡았다.

또한 석주명은 나비에 대한 연구를 생물학에 국한하지 않았다. 그의 나비에 대한 연구는 자연 과학을 넘어 인문학적 탐구까지 포괄하였다. 그가 보여 준 인문학적 탐구는 산과 들이 아닌 역사 속에 존재하는 나비에 대한 조사였다. 그는 1930년대 말부터 조선왕조실록이나 문집에서 나비에 대한 부분을 찾는 데에 관심을 기울인 결과, 나비 기사를 발굴하거나 19세기의 나비 화가 남계우를 소개하는 글을 여러 편 발표하였다.

석주명은 우리말에도 깊은 관심이 있었다. 일제 강점기에는 흔히 보는 일부 나비를 제외하고는 나비를 지칭하는 일본어 이름만 있고 우리말 이름은 없었다. 그래서 석주명은 우리나라 나비 200여 종에 대해 우리말 이름을 직접 짓거나 정리했다. '각시멧노랑나비', '떠들썩팔랑나비', '번개오색나비' 등에는 그의 우리말 감각과 재능이 많이 드러난다. 지금까지도 그가 지은 나비 이름이 많이 쓰이고 있다.

결국 석주명의 조선적 생물학은 단순히 나비 연구에 머물지 않았다. 나비를 매개로 우리 역사나 우리말과도 관련을 맺고 있었다. 그는 자신의 나비 연구가 자연 과학을 넘어 국학의 영역으로 자리매김하기를 원했다. 그는 우리나라의 나비 연구에 크게 기여했고, 국학적 성격이 짙은 생물학을 추구하여 자신의 연구에 민족적 가치를 더하였다.

석주명은 남들이 관심 갖지 않던 분야에 열정과 노력을 쏟아 우리나라 생물학의 위상을 한 단계 올렸다는 점에서 존경을 받았다. 또한 그가 자신의 오랜 연구 성과를 모아 집필한 「조선접류목록」은 이후 생물학을 공부하는 사람들에 게 귀한 자료가 되었다.

※ 국학성 : 자기 나라의 고유한 역사, 언어, 풍속, 신앙, 제도, 예술 따위를 연구하는 학문을 '국학'이라 하고, 그러한 경향을 '국학성'이라고 함

① 조선의 나비에 대한 기존의 잘못된 연구 결과가 있었다.
② 석주명은 문헌을 통해 나비에 대하여 인문학적 탐구도 했다.
③ 조선 시대에도 나비에 대한 기록이나 그림이 있었다.
④ 석주명은 일본의 연구 성과를 이어받아 나비 이름을 지었다.
⑤ 석주명이 이룬 학문적 성과는 현재에도 영향을 미치고 있다.

┃4~5┃ 다음 글을 읽고 물음에 답하시오.

광통신은 빛을 이용하기 때문에 정보의 전달은 매우 빠를 수 있지만, 광통신 케이블의 길이가 증가함에 따라 빛의 세기가 감소하기 때문에 원거리 통신의 경우 수신되는 광신호는 매우 약해질 수 있다. 빛은 광자의 흐름이므로 빛의 세기가 약하다는 것은 단위 시간당 수신기에 도달하는 광자의 수가 적다는 뜻이다. 따라서 광통신에서는 적어진 수의 광자를 검출하는 장치가 필수적이며, 약한 광신호를 측정이 가능한 크기의 전기 신호로 변환해 주는 반도체 소자로서 애벌랜치 광다이오드가 널리 사용되고 있다.

애벌랜치 광다이오드는 크게 흡수층, 애벌랜치 영역, 전극으로 구성되어 있다. 흡수층에 충분한 에너지를 가진 광자가 입사되면 전자(−)와 양공(+) 쌍이 생성될 수 있다. 이때 입사되는 광자 수 대비 생성되는 전자-양공 쌍의 개수를 양자 효율이라 부른다. 소자의 특성과 입사광의 파장에 따라 결정되는 양자 효율은 애벌랜치 광다이오드의 성능에 영향을 미치는 중요한 요소 중 하나이다.

흡수층에서 생성된 전자와 양공은 각각 양의 전극과 음의 전극으로 이동하며, 이 과정에서 전자는 애벌랜치 영역을 지나게 된다. 이곳에는 소자의 전극에 걸린 역방향 전압으로 인해 강한 전기장이 존재하는데, 이 전기장은 역방향 전압이 클수록 커진다. 이 영역에서 전자는 강한 전기장 때문에 급격히 가속되어 큰 속도를 갖게 된다. 이후 충분한 속도를 얻게 된 전자는 애벌랜치 영역의 반도체 물질을 구성하는 원자들과 충돌하여 속도가 줄어들며 새로운 전자-양공 쌍을 만드는데, 이 현상을 충돌 이온화라 부른다. 새롭게 생성된 전자와 기존의 전자가 같은 원리로 전극에 도달할 때까지 애벌랜치 영역에서 다시 가속되어 충돌 이온화를 반복적으로 일으킨다. 그 결과 전자의 수가 크게 늘어나는 것을 '애벌랜치 증배'라고 부르며 전자의 수가 늘어나는 정도, 즉 애벌랜치 영역으로 유입된 전자당 전극으로 방출되는 전자의 수를 증배 계수라고 한다. 증

배 계수는 애벌랜치 영역의 전기장의 크기가 클수록, 작동 온도가 낮을수록 커진다. 전류의 크기는 단위 시간당 흐르는 전자의 수에 비례한다. 이러한 일련의 과정을 거쳐 광신호의 세기는 전류의 크기로 변환된다.

한편 애벌랜치 광다이오드는 흡수층과 애벌랜치 영역을 구성하는 반도체 물질에 따라 검출이 가능한 빛의 파장 대역이 다르다. 예를 들어 실리콘은 300~1,100nm, 저마늄은 800~1,600nm 파장 대역의 빛을 검출하는 것이 가능하다. 현재 다양한 사용자의 요구와 필요를 만족시키기 위해 여러 종류의 애벌랜치 광다이오드가 제작되어 사용되고 있다.

4. 윗글의 내용과 일치하는 것은?

① 애벌랜치 광다이오드의 흡수층에서 생성된 양공은 애벌랜치 영역을 통과하여 양의 전극으로 이동한다.
② 저마늄을 사용하여 만든 애벌랜치 광다이오드는 100 nm 파장의 빛을 검출할 때 사용 가능하다.
③ 입사된 광자의 수가 크게 늘어나는 과정은 애벌랜치 광다이오드의 작동에 필수적이다.
④ 애벌랜치 광다이오드의 흡수층에서 전자-양공 쌍이 발생하려면 광자가 입사되어야 한다.
⑤ 애벌랜치 광다이오드는 선기 신호를 광신호로 변환해 준나.

5. 밑줄 친 '애벌랜치 영역'에 대한 이해로 적절하지 않은 것은?

① 흡수층에서 '애벌랜치 영역'으로 들어오는 전자의 수가 늘어나면 충돌 이온화의 발생 횟수가 증가한다.
② '애벌랜치 영역'에서 충돌 이온화가 많이 일어날수록 전극에서 측정되는 전류가 증가한다.
③ '애벌랜치 영역'에 유입된 전자가 생성하는 전자-양공 쌍의 수는 양자 효율을 결정한다.
④ '애벌랜치 영역'에 형성된 강한 전기장은 충돌 이온화가 일어나는 데 필수적이다.
⑤ '애벌랜치 영역'에서 전자는 역방향 전압의 작용으로 속도가 증가한다.

6. 다음 글에 대한 설명으로 가장 적절한 것은?

적외선은 온도에 민감하며, 연기나 먼지 심지어 얇은 물체도 잘 투과한다. 보통 별의 생성은 성간 물질인 분자 구름 속에서 일어난다. 그런데 가시광선은 분자 구름과 같은 기체를 잘 투과하지 못하기 때문에 적외선에서의 관측이 필요하다. 우주 팽창으로 인해 지구로부터 멀리 떨어져 있는 별일수록 빛이 긴 파장 쪽으로 전이하게 된다. 이 역시 적외선으로 관측해야 한다. 그런데 이러한 적외선을 이용한 우주 망원경은 열에 민감하기 때문에 엄청난 양과 무게의 냉각 장치가 필요하다는 단점이 있다.

인공위성들이 움직이는 일반적인 궤도는 적외선 우주 망원경에 적합하지 않다. 지구는 태양빛을 반사하는데, 이 반사된 태양빛이 망원경을 가열하기 때문이다. 그래서 고안한 것이 지구 공전형 궤도이다. 지구 공전형 궤도에서는 망원경이 지구처럼 지구 공전 궤도를 따라 태양 주위를 돈다. 다만 지구보다 조금 느리게 돈다. 따라서 우주 망원경은 지구로부터 점점 멀어지는데, 지구와의 거리를 넓혀 놓으면 차가운 우주 공간 자체가 냉매로 작용해 특별한 장치 없이도 망원경을 상당히 냉각시킬 수 있다.

태양에서 직접 오는 빛 역시 우주 망원경을 가열할 수 있다. 이를 막기 위해서는 태양광 차단판을 갖추어야 한다. 태양광 차단판은 원통형의 망원경과 평행하게 직사각형 판을 붙여 놓은 것이다. 또한, 망원경에서 태양을 향한 부분은 은색으로 칠해 놓았는데, 이 역시 완전히 차단되지 않은 태양열이 망원경에 흡수되지 않고 반사되도록 하기 위한 것이다. 태양과 반대 방향에 위치한 망원경 부분은 검은색으로 칠해져 있는데, 이는 망원경으로부터 나오는 열이 차가운 우주 공간으로 복사되기 쉽도록 하기 위한 것이다.

태양광 차단판이 설치된 부분은 항상 태양을 향해 있어야 한다. 만일 망원경이 태양을 향해 배치되면 태양빛으로 인해 민감한 기기들이 손상될 수 있다. 따라서 적외선 우주 망원경의 긴축의 각도가 태양 쪽을 향해 80도 이하로 기울어지면 안 된다. 또 태양 반대방향으로도 1백 20도 이상 기울일 수 없는데, 이는 태양광 차단판이 망원경의 꽁무니를 제대로 가릴 수 있어야 하기 때문이다.

천문학자들은 적외선 우주 망원경이 그동안 풀리지 않던 우주의 많은 수수께끼를 풀어 주리라 믿고 있다. 우리 은하 내부에서의 별의 탄생, 은하 형성 시 성간 먼지의 역할, 그리고 원시 우주에서 최초로 생겨난 은하들에 대해 적외선 우주 망원경은 우리에게 새로운 지식을 가져다 줄 것이기 때문이다.

① 자연 현상의 원인을 자세히 분석하고 있다.
② 구체적 대상에 견주어 핵심 개념을 풀이하고 있다.
③ 사회 변화와 관련시켜 대상의 중요성을 밝히고 있다.
④ 화제가 지닌 단점에 대한 해결 방안을 제시하고 있다.
⑤ 시간의 흐름에 따른 대상의 변화 과정을 설명하고 있다.

7. 다음 글에서 언급되지 않은 것은?

드가가 1834년에 파리에서 태어나고, 세잔느가 그보다 5년 뒤에 남프랑스의 프로방스에서 태어났으므로, 두 사람은 같은 시대를 살다 간 화가라고 말할 수 있다. 두 사람은 서로 상반되는 경향의 화가였는데, 세잔느가 주로 자연을 탐구의 대상으로 삼은 데 비해 드가는 사회 현장에 시선을 돌렸다.

그러나 한쪽이 자연이고 다른 쪽이 사회라고 할지라도 그것들을 관찰하고 이해하는 태도에 있어서 두 사람은 서로 공통되는 점을 지녔다. 세잔느의 자연은 인간적인 감정이 개입될 수 없는 자연이며, 그는 자연을 마치 의사가 환자를 냉엄하게 바라보듯이 의식적인 관찰의 눈으로 바라본다. 드가의 눈도 세잔느의 이런 과학자적인 눈과 크게 다를 바 없다.

두 사람이 본질적으로 자연을 주관적인 해석이나 감정을 개입시키지 않고 어디까지나 과학자적인 눈으로 자연을 그려낸다는 점에서는 서로 공통된다. 두 사람의 이런 공통점은 물론 성격이나 생활 태도에서도 발견된다. 드가가 자연을 그릴 때에도 화실 안에서 그렸던 것처럼, 세잔느도 밖으로 나가 그림을 그리는 것을 꺼려했던 탓으로 주로 정물화를 많이 그렸다. 그의 자연은 과일이나 꽃들이고 드가의 자연은 코크스나 연습실에서 몸을 움직이는 무희(육체)들로 두 사람 다 자연을 방 안에서 탐구했다는 점에서 서로 다를 바 없다.

드가가 20세 무렵에 그린 〈연필을 쥐고 있는 자화상〉은 검은색 예복과 얼굴의 색이 대표적이라는 점에서 아직도 고전적인 화법의 냄새가 나지만 배경에서 일상적인 분위기를 배제시키고 있다는 점에서는 오히려 현대적인 감각을 느끼게 한다. 검은 예복의 색감이 선명하지 않다는 것도 주목할 점이지만 그 예복과 배경이 거의 일차원적으로 놓여지고 배경이 단순 벽면으로 존재하는 것이 아니라 감각이나 정감의 대상으로 존재한다는 점은 당연히 주목되어야 한다.

1880년경에 그린 세잔느의 〈자화상〉은 자신의 얼굴을 캔버스에 가득히 담고 있다는 점에서 자기(ego) 이외의 것을 받아들이기를 꺼려했던 그의 성격이 잘 드러난 자화상이라고 볼 수 있다. 우선 그의 두드러지는 특징은 드가에서 볼 수 있는 검고 둔탁한 색들이 말끔히 배제되어 있어서 전반적으로 그림이 가볍고 투명하다는 느낌을 받는다. 이렇게 세잔느가 수채화를 그리듯 투명하게 상을 그렸던 것에는 물론 그 나름의 이유가 있다. 그는 자신의 얼굴도 자연 풍경과 다름없다고 보았을 것이고, 그래서 산이나 바위나 냇가를 그리듯 그는 얼굴의 부분 부분을 여러 각도에서 그렸다. 얼굴을 칠한 붓자국이 말끔하거나 톤이 고르지 않고 여러 색깔의 흔적이 남아있는 것은 그가 사과를 그린다거나, 혹은 풍경(빅토와르 산)을 그릴 때, 보여 주는 투명하면서도 더덕더덕 중첩되는 붓자국의 방법과 조금도 다를 바 없는 것이다.

① 드가가 관심을 가진 대상
② 드가가 자연을 그린 장소
③ 세잔느의 작품에 대한 당시의 평가
④ 대상에 대한 세잔느의 객관적 태도
⑤ 드가와 세잔느의 공통점과 차이점

8. 다음 글을 이해한 내용으로 적절하지 않은 것은?

'언어가 철학에서 왜 중요한가?'라는 물음은 어제오늘 시작된 것이 아니다. 이전까지의 철학에서는 자연과 세계의 궁극적인 비밀에 대한 사유를 개념으로 풀기 위해 노력하였다. 고대 철학자인 플라톤 역시 덕, 정의, 사랑, 우정 등의 개념을 정의하려 하였다. 하지만 20세기에 들어 인간은 자연과 세계 사이에 놓인 언어라는 다리를 발견하였다. 이전까지 인간은 자신의 개념이나 사유가 대상과 직접 대면한다고 믿어 왔으나 비로소 그 사이에는 '언어'가 중요한 역할을 하고 있다는 것에 주목하기 시작한 것이다.

20세기 철학의 지형을 새롭게 바꾼 인물로 평가받는 비트겐슈타인 철학의 출발점 역시 언어였다. 플라톤이 어떤 개념이 지녀야 할 본질적인 의미를 추구한 것에 비해, 비트겐슈타인은 언어와 세계의 관계를 다루거나 언어와 인간의 관계를 다루고자 하였다. 비트겐슈타인은 30년 간격을 두고 출판된 「논리 철학 논고」와 「철학적 탐구」라는 두 권의 저서에서 서로 상당히 다른 두 가지 언어관을 제시하였다. 「논리 철학 논고」의 핵심은 "말로 할 수 있는 것은 명확하게 말해야 하고, 말할 수 없는 것에 대해서는 침묵을 지켜야 한다."이다. 이 책에서 비트겐슈타인은 파리에서 발생한 교통사고의 재판 기사를 보고 영감을 얻어 '그림 이론'을 주장하게 된다. 재판에서 사건 현장을 재현하기 위해 모형 차와 인형 등이 동원되었는데, 어째서 그 모형을 가지고도 사건을 설명할 수 있는 것일까? 모형이 실제의 차와 사람 등에 대응하기 때문이다. 언어를 예로 들면, '개'라는 단어는 실제의 '개'를 정확하게 지칭해 줄 때 그 의미를 갖는다. 그런데 대부분의 단어는 복합적인 실재를 가리킨다. 가령 '사랑'이라는 단어는 그야말로 뭐라 정의하기 어려운 매우 복잡한 의미를 품고 있다. 그래서 비트겐슈타인은 이러한 모호함을 없애기 위해 일상의 명제는 단순한 요소 명제로 철저히 분석되어야 하며, 그 명제 속의 단어 하나에는 오직 하나의 의미만이 부여되어야 한다고 생각하였다. 이렇게 하나하나의 요소 명제로 분석하여 의미의 모호함을 없애고자 하는 방식을, 물질을 쪼개는 원자론에 빗대어 '논리적 원자론'이라 한다. 언어가 세계의 구조를 반영한다고 보는 그림 이론에 따르면 언어는 세계의 그림이다. 즉 언어는 세계를 그림처럼 그려 주고 있기 때문에 의미를 갖게 되는 것이다.

이후 비트겐슈타인은, 자신의 전기 철학은 언어에 대한 오해에서 연유한 것이며 그러한 오해는 언어를 보지 않고 생각만 했기 때문이라고 비판하면서 새로운 언어 철학을 내놓는다. 이는 「철학적 탐구」에 나타나 있는데 이러한 그의 후기 철학을 '사용론'이라 한다. 이제 언어의 의미는 그림을 통해서가 아니라 '사용'을 통해서 이해된다. 공사장에서 위에 있는 사람이 "벽돌!" 하고 외치면 아래에 있는 사람이 벽돌을 던져 준다. 위에 있는 사람이 "내게 벽돌을 던져 줘."라고 말하지 않더라도 아래에 있는 사람은 그 말의 의미를 정확하게 알아듣는다. 왜 그럴까? 언어의 의미란 항상 그 언어를 사용하는 어떤 맥락이 성립하기 때문이다. 비트겐슈타인은 이런 언어 사용을 '언어 놀이'라고 하였다.

그는 언어의 의미는 대상과의 지시 관계보다는 사용되는 맥락에 중점을 두고서 분석되어야 한다고 보았다. 우리가 엄밀하다고 믿는 수학이나 과학에서 사용되는 공식도, 결국은 일상 언어로 다시 해석되지 않으면 무의미한 기호의 덩어리에 불과하다. 결국 수학이나 과학에서의 정밀한 형식 언어도 모호한 일상 언어에 뿌리를 두고 있기 때문에, 비트겐슈타인은 언어 놀이의 바탕에 '삶의 형태'가 깔려 있다고 주장한 것이다.

이러한 비트겐슈타인의 언어 철학은, 철학의 주요 임무란 어떤 세계관을 말하는 것이 아니라 언어에 대해 논리적으로 분석하는 것이라는 분석 철학이 독자적인 위치를 확보하는 데 기여하였다.

① 비트겐슈타인의 전기 철학에서 언어의 모호함은 없애야 하는 대상이다.
② 플라톤은 어떤 개념들의 본질적인 의미를 찾아 정의하는 데 관심을 두었다.
③ 분석 철학은 기존의 철학과 달리 언어에 대해 논리적으로 분석하는 것이 중요하다고 본다.
④ 비트겐슈타인의 후기 철학은 명제를 단순한 요소 명제로 철저히 분석하는 논리적 원자론과 일맥상통한다.
⑤ 비트겐슈타인은 언어가 사용되는 실제 상황을 보지 않고 언어에 대해 생각만 했기 때문에 언어에 대한 오해가 생겼다며 새로운 언어 철학을 제시하였다.

9. 내용 전개상 단락배열이 가장 적절한 것은?

㉮ 각염법의 시행은 12·13세기에 이루어진 소금생산의 발전을 배경으로 한 것으로 특히 12세기 이후 증대되고 있던 유민은 소금생산의 발전에 필요한 노동력을 제공하는 사회적 조건으로 작용하였다.

㉯ 각염법은 고려 후기 시행된 소금의 전매법으로 소금의 생산과 유통에 관한 권리를 국가기관의 관리 하에 두고 그로부터의 수익을 수취하는 법이다.

㉰ 또한 대몽항쟁을 전후해 해도를 중심으로 한 연해지방에는 농토로부터 이탈된 농민들과 피난민들에 의해 새로운 소금 산지가 개발되고 있었는데 국가는 각염법의 시행으로 전국의 모든 염분을 국가에 소속시키고 군현민을 징발해 염호로 삼았으며 민부로 하여금 소금의 생산과 유통을 관리하게 하였다.

㉱ 각염법이 언제 처음 출현한 것인지는 정확하지 않지만 기록상으로는 고려 후기 충선왕 때부터 실시에 관한 기록이 나타난다.

① ㉮－㉰－㉱－㉯
② ㉮－㉱－㉰－㉯
③ ㉰－㉱－㉯－㉮
④ ㉯－㉱－㉮－㉰
⑤ ㉯－㉮－㉱－㉰

10. 다음 제시문에서 글쓴이가 주장하는 바와 가장 일치하는 것은?

비행기는 하늘을 나는 새와 바다 속을 유영하는 물고기를 보고 모양새를 창안해 냈다고 한다. 최초의 비행기는 새를 모방함으로써 하늘을 날 수 있게 되었다. 그러나 비행기의 엔진이 점차 강력해짐에 따라 새의 날개가 지닌 양력(揚力)쯤은 별로 중요하지가 않게 되었다. 초보 단계의 비행기 설계에서는 어떻게 바람의 힘을 이용하는가 하는 문제가 커다란 과제였지만, 더 발달된 비행기에서는 어떻게 바람의 영향을 덜 받고 날 수 있는가 하는 문제가 중요한 과제로 부각되었던 것이다. 이때 비행기는 오징어의 추진 원리를 응용했다. 오징어는 힘차게 물을 분사하여 얻어진 힘으로 물살을 가르고 나아가는데, 이것을 본떠서 비행기의 날개를 좀 더 작게 만들어 뒤쪽에 다는 방식으로 디자인의 진보가 이루어졌다. 비행기를 만들 때에는 하늘에 떠 있어야 한다는 대전제에 충실해야 하므로, 모양새보다는 기능에 충실해질 수밖에 없었다. 따라서 비행기의 작은 날개조차도 철저하게 기능 위주로 설계된 것이다. 그렇다고 해서 현재의 비행기의 모양새가 형편없는 것은 아니다. 오히려 비행기는 모양새를 무시하고 철저하게 기능에 충실함으로써 독특하고 아름다운 디자인을 얻었다. 유행에 현혹되지 않고 효율성을 추구하면서도 가장 단순하고 세련된 형태를 낳은 경우라고 할 수 있다.

반면 자동차는 두 마리의 말이 끄는 마차의 모양새를 모방하여 제작되었다고 한다. 우리는 운전자의 자리가 앞쪽에 있으며 앞좌석에는 두 사람만 앉아야 한다는 것을 당연한 것으로 생각하지만, 꼭 이런 구조만 가능한가에 대해서는 의문의 여지가 남는다. 혹 이러한 생각 속에 자동차를 쌍두(雙頭) 마차의 일종으로 보는 선입견이 개입되어 있는 것은 아닐까. 어느 디자인 연구가는 자동차의 디자인이 마차 시대의 관습과 유행에 얽매이고 말았다고 비판하였다. 그는 자동차의 전조등이 둘이라는 것, 운전석이 앞좌석의 한쪽에 치우쳐 있다는 것도 마차 시대의 산물이라고 주장한다. 사실 좌우를 잘 보기 위해서라면, 자동차의 눈이 양 옆에도 붙어 있어야 할지도 모른다. 또한 현대의 조명 기술 정도면 전조등을 한 개의 평면광선으로 처리하고 운전자의 눈을 현혹시키지 않는 정도에서 노상(路上)의 필요한 곳만 비출 수 있을지도 모른다. 그러나 현재의 자동차 디자이너들은 이러한 기본적인 문제를 검토하고 있는 것 같지는 않다. 예컨대 자동차가 마차를 모방하는 경우에도 차라리 쌍두마차 대신 사두(四頭) 마차를 모방했더라면, 운전자는 자동차 앞부분의 좀 더 높은 자리에 앉아 앞과 옆을 잘 보면서 핸들을 잡을 수도 있지 않았을까. 그러나 자동차가 사두마차의 구조를 빌려 온 예는 아직 보지 못했다.

① 기존의 대상과는 차별화되는 독특한 디자인을 추구해야 한다.

② 자연계의 생명체와 가장 흡사한 형태의 디자인을 추구해야 한다.

③ 자연의 지혜를 고려하여 기능에 충실한 디자인을 추구해야 한다.

④ 반드시 필요한 기능들로만 이루어진 소박한 디자인을 추구해야 한다.

⑤ 소비자의 기호에 따라 그에 맞는 가장 적합한 디자인을 추구해야 한다.

11. 다음 제시된 글의 제목으로 가장 적절한 것은?

종이의 탄생은 문자 기록 매체의 혁신과 관련되어 있다. 문자를 기록할 매체로는 점토나 돌, 비단, 나무와 대나무, 동물의 껍질 등이 있었지만 그것들은 각기 부피, 경제성, 안정성, 대량 생산 가능성, 이동성 등의 한두 측면에서 문제점을 지닌 것이었다.

이들에 대한 대안의 하나가 고대 이집트의 '파피루스(papyrus)'이다. 파피루스는 약 4,000여 년 전 이집트의 나일강변에서 자생하던 높이 약 2.5미터 정도의 수초이다. 고대 이집트인들은 이 껍질을 물에 담가 불린 후 가로, 세로로 겹쳐 두들겨 굵은 삼베 모양의 기록 매체를 만들었다. 파피루스는 고대 이집트에서 널리 쓰였고 그리스 로마 시대까지 이어졌지만, 이후 시기의 주력 매체로 이어지지는 못했다.

또 다른 하나의 시도는 종이의 개발이다. 그간의 통설은 '환관 채륜이 나무껍질, 마(麻) 등을 원료로 종이를 만들어 황제에게 바쳤다.'라는 기록을 근거로 기원후 105년 경 중국 후한 시대의 인물 채륜이 종이를 개발한 것으로 간주해 왔다. 그러나 이는 잘못된 것이다. 현재 중국 고고학 발굴에 따르면, 종이의 기원은 늦어도 기원전 50～40년대 전한 시대까지 거슬러 올라간다. 현대 학자들은 이전에 존재했던 종이 제작 기술을 채륜이 더욱 향상시킨 것으로 평가하고 있다. 채륜 시대 이전의 종이 용도와 채륜 시대의 종이 용도에 차이가 있다는 점이 제기되기도 한다.

몇 해 전에는 전자책(E-book)이 나오면서, 종이책의 퇴출을 예상하기도 했다. 그러나 전자책은 기대했던 것만큼의 성과를 내지 못했다. 오히려 그 정반대의 현상이 예측된다. 컴퓨터 화면에만 문자가 뜨는 것 대신에 화면을 종이처럼 바꾸려는 시도가 나왔다. 이런 전자종이는 종이 소비를 획기적으로 줄여 환경에 크게 도움이 될 것이라는 기대를 받고 있다. 하지만 전자종이는 종이책의 문화 자체를 바꿀 정도의 영향을 끼치지 못할 것이라 예상한다.

종이의 대안으로 인식되는 컴퓨터와 모니터가 많이 보급됐지만, 그와 함께 프린터가 필수적인 존재로 같이 보급되었으며, 그것은 종이를 필요로 한다. 컴퓨터와 모니터가 발달하면서 오히려 종이 수요가 더 늘었다는 분석도 있다. 종이의 가장 큰 수요처인 종이책은 계속 발행될 것이고, 어렸을 때부터 익숙해져 죽을 때까지 같이 하는 존재로 자리 잡았기 때문에 이러한 생활 방식과 문명 방식의 격변이 없는 한 종이는 인류의 문명과 함께 할 것이다.

① 종이의 용도 변화

② 종이의 기원과 전망

③ 문자 기록 매체의 변천

④ 종이와 전자 매체의 결합

⑤ 시대별 문자 기록 매체의 장단점

12. 밑줄 친 ㉠~㉤ 중 국제 자본 이동의 방향이 나머지와 다른 것은?

국제 자본 이동은 돈이 국경을 넘어서 옮겨 다니는 것을 말한다. 이러한 이동은 매우 다양한 형태로 발생한다. 가령 ㉠ 국내 기업이 외국 기업을 경영하거나 자산을 증식하기 위한 목적으로 해당 기업의 주식을 매입하는 경우, ㉡ 국내 기업이 외국에 새로운 법인이나 공장을 세우는 경우, ㉢ 국내 기업이 외국의 채권, 상업 어음 등의 자산을 취득하는 경우, ㉣ 정부나 혹은 예금 은행들이 장·단기적으로 외국 자본을 차입하는 경우, ㉤ 개인이 자산의 증식을 위해 외국 기업의 주식 등을 취득하는 경우 등이 국제 자본 이동의 대표적 사례에 해당한다.

자본은 가장 위험이 낮으면서도 가장 수익률이 높을 것으로 기대되는 투자 기회를 찾아서 이동한다. 이는 자본이 한 나라 안에서뿐만 아니라 국제적으로 이동할 때도 마찬가지이다. 투자 수익률의 기댓값이 크고, 위험 요인이 적을 때 이동이 이루어지는 것이다. 국내에서의 자본 이동과 국제 자본 이동의 차이점으로는 기대되는 수익률이나 초래될 수 있는 위험에 영향을 미치는 요소가 다른 점을 들 수 있다. 국제 자본 이동은 국내에서의 자본 이동과 달리 환율의 변동, 투자 대상국의 제도와 규제 등의 영향을 받는다.

① ㉠
② ㉡
③ ㉢
④ ㉣
⑤ ㉤

13. ㉠~㉤ 중 〈보기〉의 내용이 들어가기에 알맞은 위치는?

〈보기〉

변속을 제어하는 시스템에는 퍼지 제어 변속기와 뉴로 퍼지 제어 변속기가 있다. 퍼지 제어 변속기의 컴퓨터에는 다양한 도로 조건에서 다수의 운전자가 행하는 최적의 변속 패턴이 미리 입력되어 있어, 이에 따라 주행 중의 상황과 가장 가까운 패턴을 찾아 변속이 이루어진다. 뉴로 퍼지 제어는 퍼지 제어에 학습 능력을 추가하여 판단의 정도를 높인 시스템이다. 뉴로 퍼지 제어 변속기의 컴퓨터는 개별적인 도로 상황과 각 운전자의 특성을 인지하여 미리 입력되어 있는 변속 패턴과 연관시켜 조정함으로써 새로운 변속 패턴을 만들어 최적의 판단을 하게 된다.

퍼지 이론은 애매하고 불분명한 상황에서 여러 문제들을 판단하고 결정하는 과정에 대하여 수학적으로 접근하려는 이론이다. ㉠ 퍼지 이론을 응용하여 인간의 사고 능력에 가까운 기능을 구현하는 연구가 활발하게 진행되어, 가전이나 자동 제어 분야에서 제품이 출현하였다. ㉡ 퍼지 이론을 활용한 세탁기의 경우는 전문가의 지식이 컴퓨터에 미리 저장되어 있어 센서를 통해 세탁물의 성질을 알아낸 뒤, 컴퓨터에서 세제의 양, 물의 양, 세탁의 강약 등을 처리하여 세탁 방법을 최종 결정하게 된다. ㉢ 이 밖에 퍼지 이론을 적용한 것으로 주행 중 다양한 도로 상황과 운전자의 특성을 고려하여 변속을 제어하는 시스템이다. ㉣ 이렇게 컴퓨터에 인간의 애매모호한 특성을 접목하는 발상의 전환을 통해 문제를 해결하려는 시도는 머지않은 미래에 인간처럼 다양한 결정을 할 수 있는 로봇의 개발도 가능하게 할 것이다. ㉤

① ㉠
② ㉡
③ ㉢
④ ㉣
⑤ ㉤

14. 다음 중 ⌐㉠⌐에 들어갈 말로 적절한 것은?

중국의 진시황이 중국 대륙을 통일한 뒤 제일 먼저 착수한 일 중의 하나가 진(秦)나라 수도 함양(咸陽)을 중심으로 각 지역으로 연결되는 도로망을 건설한 일이었다. 이 도로를 통해 진나라에서 파견한 중앙 관리가 부임했으며, 진나라의 앞선 문물이 들어왔다. 또 이 도로망을 통해 복속(服屬)된 나라의 공물이 진시황에게 전달되기도 했다. 일제도 우리나라를 식민지로 삼자마자 경인선과 경부선 철도를 건설했다. 이 역사적 교훈은 정보화 시대의 정보 도로에도 그대로 적용될 가능성이 매우 높다. 디지털 자본의 경쟁력이 균등한 국가 사이에 놓여진 정보 도로는 상호 호혜의 원칙 아래 균형 있는 소통이 가능할 것이다. 반면 경쟁력의 격차가 있는 국가 사이에 정보 도로가 건설되면, 강대국의 정보 흡입력에 약소국이 끌려 들어갈 가능성이 매우 높다. 특히, 외형적인 정보화가 매우 급격하게 이루어지고 있는 한국의 경우 초고속 정보 도로가 해외의 초고속 정보 도로에 연결될 경우 정보화의 성과가 고스란히 정보 강대국에 흡수될 가능성이 매우 높은 것으로 전망된다.

아직 국가 간에 초고속 정보 도로가 건설된 것은 아니지만, 전 세계 네트워크를 연결하는 인터넷을 통해 이미 국가 간 디지털 자본의 이동은 매우 활발하다. 그러나 지금까지의 추세를 보면 디지털 자본의 이동은 하나의 방향으로만 일어나고 있다. 즉, 미국 등 정보 선진국에서 정보 후진국으로 디지털 자본의 이동이 일방향으로만 이루어지고 있다. 현재 인터넷을 통한 음란물 유입 실태에서도 알 수 있듯이 한국도 예외가 아니다. 정보 선진국이 인터넷을 통해 한국에서 가져가는 정보보다는 한국이 정보 선진국에서 가져오는 정보량이 압도적으로 많은 실정이다. 정보 선진국에서 정보 후진국으로 유입되는 정보는 겉으로는 인류 보편성으로 치장하고 있는 듯하다. 인터넷 위에서 아직까지 선진국의 정치 — 경제적 지배 의도가 직접적으로 드러난 적이 없기 때문이다. 그러나 디지털 자본은 철저히 미국의 경제적 — 정치적 — 문화적 이해관계를 담고 있다. 정보 후진국에서 정보 선진국으로부터 디지털 자본을 공짜로 수입하는 것은 마치 ⟨ ㉠ ⟩.

후진국의 정보 소비자들의 입맛을 바꾸어놓은 선진국의 디지털 자본은 언젠가는 직접적으로 대가를 요구할 것이다. 그 요구는 우선 경제에서 먼저 나타날 것이다. 특히 정보 후진국의 청소년들을 휘어잡고 있는 인포테인먼트 상품은 곧 대가를 지불해야 할 상품이 될 것이다. 이미 미국의 영화, 음악, 방송 산업은 오래 전에 세계 최고의 경쟁력을 갖추고 전 세계의 극장가와 안방을 점령했다. 이제 이들 기업들은 인포테인먼트 제국으로 모습을 바꿔 컴퓨터 스크린까지 점령할 만반의 준비를 갖추기 시작했다. 이런 상황에서 미국에 광케이블이 깔리고 또 미국을 중심으로 초고속 국제 정보 도로망이 놓이게 되면 어떻게 될 것인가. 아마 그들이 만들어 낸 영화, 음악, CD롬, 컴퓨터 게임은 전 세계인의 안방에 24시간 상주할 것이다. 정보 이용자들이 그 유혹에 넘어가지 않고 견딜 재간은 없다고 단언해도 좋을 것이다.

① 객에게 안방을 내주는 격이다.
② 용돈을 받는 것이나 마찬가지다.
③ 붕어가 미끼를 무는 것과 비슷하다.
④ 열차에 무임승차하는 것과 비슷하다.
⑤ 달리는 말에게 박차를 가하는 것과 비슷하다.

15. 다음 글의 서술 방식에 대한 설명으로 가장 적절한 것은?

어떤 별을 조금씩 압축시킨다고 상상해 보자. 이 경우에 별의 질량은 그대로인데 크기가 줄어들기 때문에 밀도가 크게 될 것이다. 그런데 계속 압축시켜 가다가 별의 밀도가 어떤 결정적인 값, 즉 임계값을 넘어서게 되면 시공간의 만곡은 측지선이 다시 별로 들어가 버리는 정도에 이른다. 달리 말해서, 별의 표면에서 나온 빛의 입자가 다시 표면으로 빨려 들어간다는 것이다. 따라서 임계값을 넘어설 정도로 압축된 별에서는 빛이 더 이상 빠져나올 수 없게 되고 이것이 바로 블랙홀이다.

① 비유적인 표현을 사용하여 대상의 가치를 강조하고 있다.
② 구체적인 사례를 제시하여 대상의 문제점을 서술하고 있다.
③ 과정에 대한 가정을 통해 대상이 발생하는 원리를 설명하고 있다.
④ 다른 대상과의 비교·대조를 통해 대상의 장단점을 제시하고 있다.
⑤ 다양한 측면의 분석을 통해 대상이 지닌 특성을 기술하고 있다.

16. 다음 글을 통해 알 수 있는 사실이 아닌 것은?

DMB는 '손안의 TV'라고 불리는 이동 멀티미디어 방송을 말하는 것으로, 세계 최초의 DMB 서비스가 드디어 우리나라에서 그 막을 올렸다. DMB 서비스가 손바닥 위의 혁명으로까지 평가 받는 것도 바로 휴대 전화와 TV 수신기를 결합한 단말기를 우리나라가 세계 최초로 개발했을 뿐 아니라, 세계 최초로 서비스에 나섰다는 점 때문이다. 과거 아날로그 시대에 TV라는 매체가 고정식으로 다중(Mass)을 상대했다면, 이제 DMB는 개인만을 위한 미디어로 자리한다. 특히 휴대 전화와 결합된 수신기는 다양한 부분에서 국민의 라이프 스타일을 바꿀 것으로 보인다.

무엇보다도 DMB는 미디어가 개인화됐다는 차원에서 다양한 의미를 갖는다. TV가 미디어로서 진정한 '퍼스널 미디어' 시대를 여는 것이라 할 수 있다. 따라서 각 단말기 개발업체들의 움직임도 분주하다. DMB 폰의 개발 없이는 차세대 디지털 미디어 시대를 주도할 수 없다는 판단 때문이다.

DMB 서비스가 우리나라뿐만 아니라, 일본, 유럽을 비롯해 앞으로 5년 동안 세계의 디지털 미디어 시장을 좌우할 성장 동력이 될 것이라는 예상은 이미 보편화된 사실이 되고 있다. 우리나라 대표적인 전자 회사는 위성 DMB 시험 방송 실시에 맞춰 국내 최초로 위성 DMB 폰을 출시했다. 특히 이 회사는 차세대 방송으로 부상하는 DMB 세계 시장 공략을 위해 국내 지상파 DMB 표준의 국제 표준화 채택 작업에도 박차를 가하면서 첨단 기술의 수출에 나선다는 계획이다. 또 다른 전자 회사도 본 방송을 시작하는 위성 DMB 서비스에 맞춰 100만 화소 이상급 카메라와 MP3 기능을 탑재한 위성 DMB 폰을 선보였다. 그리고 이 회사는 올 하반기로 예정된 지상파 DMB 서비스를 위해 지난해 11월 최초로 개발한 지상파 DMB 폰의 배터리 사용 시간을 획기적으로 늘리기 위한 작업에 박차를 가하고 있다. 이 외에도 많은 회사들이 외국 협력 업체와의 공동 기술 개발, 차세대 단말기 개발에 연구 인력 집중 투입, 멀티미디어 기능이 강화된 단말기 개발 등 앞서가는 기업들과의 차별적인 경쟁을 위해 매진하고 있다.

위성 DMB 방송을 시작으로 열린 '퍼스널 미디어 시대'는 분명, 우리의 삶의 방식과 형태를 바꾸게 될 것이다. 고정식 TV 시청형태는 분명 새로운 시대에 따라 변화를 맞게 될 것이며, 새롭게 등장한 DMB는 개인을 중심으로 디지털 본류인 '개인화'를 더욱 가속할 것이다. 산업적 차원에서 DMB 서비스는 현재 지역 및 권역별로 나눠진 방송 시청권의 문제를 깨뜨리는 역할을 하게 될 것이고, 휴대 전화 산업은 TV 기능의 지원 없이는 단말기로서 존재의 가치를 찾지 못할 수도 있을 것이다. DMB 서비스의 등장에 따라 퍼스널 미디어 시대에 엄청난 산업의 변화 회오리가 밀려오고 있는 것이다.

① 우리나라에서 세계 최초로 DMB 서비스가 시작되었다.
② DMB 서비스는 방송 서비스뿐만 아니라 관련 산업의 변화로 이어지고 있다.
③ 위성 DMB 방송의 실시로 현대인들은 삶의 방식을 바꿔야만 하는 상황이 되었다.
④ 국내 지상파 DMB 표준을 국제 표준화할 수 있다면 DMB 세계 시장 공략이 수월해진다.
⑤ 많은 회사들이 차세대 디지털 미디어 시대를 주도하기 위해 DMB폰 개발에 주력하고 있다.

17. (가)~(마)에 대한 설명으로 알맞은 것은?

(가) 육체의 모든 부분은 그것이 어떤 직능의 기관이든 인간의 의지 표현이 아닌 것은 없다. 손발의 활동은 그러한 것의 대표적인 것이다. 그러나 인간의 미묘한 감정을 표현해 주는 것은 눈뿐이다. 입도 인간의 희비애락을 표현해 주는 중요한 기관의 하나이지만 그것은 결코 눈의 그것처럼 미묘한 것은 아니다. 말은 인간의 가장 정확한 감정 표현이 될 수 있지만 그것은 결코 눈의 그것처럼 진실한 것은 못 된다. 웃으면서도 눈은 슬픔을 말해 주기도 하고, 울면서도 눈은 즐거움을 말해 주기도 한다.

(나) 또한 눈은 있는 그대로의 모습으로써 무한한 의미를 표현하며 조그만 변화로써 중대한 다른 의미를 갖기도 한다. '모나리자'의 미소는 신비적인 표현의 대표적 일례로 되어 있지만 항상 그 이외의 미묘한 신비적 표현을 나타내 주고 있는 것이 누구나의 일상의 눈이다. 고래로 많은 시인들이 그 애인의 눈의 비밀을 그 무엇보다도 더 많이 노래했던 것도 이 때문이다. 눈은 무언의 언어이며, 그 무언의 언어가 항상 설명을 초월해 있기 때문에 그것은 언제나 가장 정확한 언어이기도 하다.

(다) 눈은 인간이 그 육체 속에 가지고 있는 유일한 영혼의 창문이다. 눈은 외부로부터 자기의 영혼을 넘어다보게 하는 유일한 창문인 동시에, 지기의 영혼이 모든 외부를 바라다볼 수 있는 유일한 창문이기도 하다. 자기와 외부와의 일체의 교류는 이 눈이라는 창문을 통해서만 행하여진다. 그러므로 눈은 항상 무엇인가를 호소 및 고백하려고 애쓰고 있으며, 항상 그 무엇인가를 찾고 있는 것이다. 그러나 눈이 항상 무엇을 호소하고 있는가에 대해서 아무도 정확히 알 수는 없다. 다만 확실한 것은 그것이 무엇인지는 모르나 눈은 항상 그 무엇을 호소하려고 애쓰고, 그 무엇을 찾고 있다는 사실뿐이다.

(라) 사람은 눈이 밝아야 한다. 광명 속에서도 암흑을 볼 줄 알아야 하고, 암흑 속에도 광명을 볼 줄 알아야 한다. 그리고 가까운 것과 한가지로 먼 곳도 볼 수 있어야 한다. 그러나 사람의 눈처럼 그 시력의 성질에 차이가 많은 것도 없다. 보지 못한 수천 년의 지난 역사를 투시하는 것도 사람의 눈이며, 매일 같이 만나는 사람의 마음 속을 보지 못하는 것도 사람의 눈이다. 눈앞에 있는 이해 관계 밖에는 보지 못하는가 하면, 천 년 후의 인생을 볼 수 있는 것도 사람의 눈이다. 동물의 눈엔 이와 같은 차이가 없다. 인간이 만물의 영장인 것, 동물에게는 보여지지 않는 것도 볼 수 있는 그러한 눈을 인간은 가지고 있기 때문이다.

(마) 이 지상에는 수억만의 사람이 살고 있다. 아니 제가끔 다른 수억만의 눈이 별처럼 빛나고 있다. 이 많은 눈들은 제가끔 공통의 어둠과 대낮을 가지고 있다. 그러나 중요한 것은 공통의 어둠과 대낮이 아니라, 이 수억의 눈들이 제가끔의 어둠과 대낮을 가지고 있다는 사실이다. 그렇기 때문에 이 수억의 하나하나의 눈은 그것은 모두 하나하나의 별과 같은 것이다. 그러나 그 무엇도 그 제가끔의 어둠과 대낮의 의미를 설명하지 못한다. 언어나 문자가 그것을 설명하기 위해

서 활동하고 있다. 문학은 그 대표적인 것이다. 그러나 아무리 무수한 언어와 문자가 새로 발명되고 새로 조직되고 그리고 간단없이 사용되어도, 어떠한 문자도 눈을 대신할 수 없을 것이다.

① (가) : 자신의 경험을 통해서 대상에 대한 태도를 표명하고 있다.
② (나) : 대상에 대한 여러 가지 견해를 통합하여 서술하고 있다.
③ (다) : 비유적 표현을 통해 대상을 선명하게 드러내고 있다.
④ (라) : 대상과 관련 있는 일상의 사소한 이야기를 끌어들이고 있다.
⑤ (마) : 성질이 상반되는 내용을 유기적으로 조직하여 표현하고 있다.

18. 다음 글의 내용과 일치하지 않는 것은?

이름도 없던 흑인의 음악에 지나지 않던 재즈가 이전의 음악적 사고와 소비 형태를 크게 변화시킨 음악이 될 수 있었던 원인은 무엇일까? 재즈의 탄생과 더불어 본격적인 대중 음악, 즉 유행을 퍼뜨리며 지속적으로 변하는 속성을 가진 음악이 시작되었으며, 현재도 그 인기와 변화의 과정이 지속되고 있는 까닭은 무엇일까? 재즈가 지닌 본질적 성격은 모든 음악적 요소의 수용, 직관에 의한 즉흥성, 도발적 감정 표출에 있다. 음악 학자들은 그 중에서도 재즈의 수용성을 원인으로 제시하고 있다. 재즈는 흑인 음악과 백인 음악이 혼합되어 탄생되었다.

그렇기 때문에 재즈는 본격적인 크로스오버(crossover) 성향의 음악이라고 할 수 있다. 최근에 인기를 얻고 있는 크로스오버 음악은 클래식 요소와 재즈 요소가 혼합된 형태의 음악이다. 우리 귀에 익숙한 클래식 음악의 선율이 재즈와 만나 색다른 느낌으로 다가온다. 이것은 하나의 음악 장르이면서 재즈적인 발상에서 비롯된 것이다. 재즈는 어떤 음악 문화를 만나더라도 포용력을 발휘한다. 다양한 문화와 접하면서 새로운 모습을 띤다. 그래서 어떤 사람들은 재즈를 폭식증에 걸린 공룡 같이 소화력이 왕성하다고 말한다.

클래식 음악은 재즈 탄생의 밑거름이 되었고 초기 재즈부터 지금까지 새로운 아이디어 창고 역할을 하고 있다. 화성(和聲)은 물론 형식과 음색 등에서 재즈의 흐름에 커다란 영향력을 행사한다. 전위 음악도 재즈에 수용되어 프리 재즈라는 장르를 확립했다. 유럽 음악에서 재즈가 전위보다 훨씬 큰 비중을 차지하는 현실은 재즈의 거대한 수용력을 입증하는 것이다.

재즈의 원류인 아프리카 음악도 지속적으로 재즈에 영향을 준다. 재즈가 리듬에 중점을 두는 음악이기에, 원시적 생명력이 살아 있는 아프리카 리듬은 많은 흑인 음악인의 관심의 대상이 된다. 20세기 후반, 세계성을 획득하고 각국에서 사랑받게 된 재즈는 이제 다양한 민속적 요소를 수용하고 있다. 인도에서 영향을 받은 존 콜트레인에 이어 존 맬러플린도 인도 음악을 재즈와 혼합하기 시작했다. 브라질의 삼바나 보사노바도

남미 리듬을 재즈에 활용한 예다. 테너 색소폰 주자 소니 롤린스는 중미의 칼립소를 도입했다. 자마이카의 레게도 활용한다.

재즈의 무차별한 포용력 가운데 록 뮤직과의 혼합은 아주 특이한 일로 기록된다. 록 뮤직은 재즈에서 갈라진 지류인데 그 요소를 다시 받아들여 퓨전 재즈라는 장르가 된 것이다. 퓨전 재즈는 이제 재즈에서 서서히 벗어나 '퓨전'이라는 장르로 나아가고 있다. 퓨전은 또다시 정통 재즈에 커다란 영향을 미치게 될 것이다.

이런 엄청난 수용성은 모든 문화를 긍정적으로 보는 재즈 특유의 시각에서 나온다. 특정 문화의 배타성이나 우월감은 재즈라는 거대한 용광로 속에서 쉽게 녹아 버린다. 문화적 특성을 지닌 모든 음악은 재즈와 만나 20세기 음악으로 새롭게 탄생했다. 예술 음악이나 대중 음악, 현대 음악, 민속악 등의 새 옷을 갈아입는다. 새로운 예술을 창조할 때 가장 손쉬운 방법은 근접 예술과 접목하는 것이다. 재즈는 이 방법을 근본 수단으로 삼는다. 그래서 재즈는 세계가 좁아짐에 따라 더욱 빠르게 변신하기 시작한다. 이제는 우리 굿거리까지 재즈의 옷을 입기 시작했다.

— 김진묵, 〈폭식증에 걸린 공룡〉

① 재즈는 다양한 문화와 접하면서 새로운 모습으로 발전했다.
② 재즈는 흑인 음악을 바탕으로 백인 음악이 결합되어 발생했다.
③ 클래식의 화성, 형식, 음색 등은 재즈에 커다란 영향을 미쳤다.
④ 퓨전 재즈는 재즈의 흐름에 민속악적 요소를 받아들여 형성되었다.
⑤ 유럽 음악에서는 재즈 음악이 전위 음악에 비해 중요한 위치를 차지한다.

19. (가)~(마)에 대한 설명으로 적절하지 않은 것은?

(가) 적자 생존의 기본적 원칙으로 인해 유전자의 진화는 분명 '진보' 쪽으로 쏠린다. 그래서 흔히 사람들은 착각을 한다. 즉, 생물의 특성은 반드시 훌륭한 것만이 선택되고 진화할 것이라고 생각하는 것이다. 물론 그런 경우가 많기는 하다. 자연 선택과 약육강식의 생태계에서는 좀 더 나은 형질의 유전자를 가진 개체가 환경에 적응하는 능력이 뛰어나 살아남을 확률이 높기 때문이다.

(나) 하지만 여기서 간과해서는 안 될 것이 '확률이 높은 것뿐이지 절대적이지는 않다'는 것이다. 대표적으로도 재미있는 사례가 바로 우리의 '눈'이다. 영양분을 공급해 주기 위해 눈에는 혈관들이 분포해야 하는데 문제는 이들이 망막의 안쪽, 즉 수정체와 망막 사이에 존재하는 형태로 진화해 왔다는 것이다. 그러므로 망막에 혈관이 비쳐서 시야가 가려지게 되고 이를 막기 위해 눈의 혈관은 늘 미세하게 떨리

게 된다. 그런데 자꾸 떨리다 보니 나이가 들어서 망막 안쪽의 혈관이 망막에서 와르르 떨어져 버리는 경우가 일어나게 되는 것이다. 혈관이 떨어진 부위는 영양 공급에 문제가 생기므로 갑자기 '보이지 않게' 된다.

(다) 인간의 눈이 왜 이렇게 거북스럽고 어리석은 구조로 진화되었는지는 모른다. 눈의 구조만 놓고 본다면 오징어의 눈이 훨씬 더 좋은 구조를 가지고 있다. 오징어 눈의 혈관은 망막을 밖에서 감싸는 형태를 띠고 있기 때문이다. 분명 먼 옛날 인류의 조상이 진화를 시작할 때 그런 열등한 구조의 눈을 가졌음에도 불구하고 그것이 상쇄할 만한 더 좋은 유전 형질이 있었기에 그를 선택했을 것이라고 밖에는 설명할 방법이 없다.

(라) 이처럼 좀 더 나은 유전 형질을 가지는 대가로 상당한 위험을 감수하는 경우는 또 있다. 겸상 적혈구 빈혈증이라는 병이 있는데, 이 병은 아프리카 흑인들에게 상당수 발생하는 유전병의 일종이다. 이 병은 적혈구 속에 있는 헤모글로빈의 유전자를 구성하고 있는 146개의 아미노산 중에, 딱 하나, 글루탐산이 발린으로 바뀐 것 때문에 걸리는 것으로 단백질의 구조가 바뀌면서 적혈구의 모양은 낫 모양[겸상(鎌象)]이 되고 쉽게 파괴되거나 종종 혈관에 혈전을 만들게 되어 대개의 경우 오래 살지 못한다. 그런데 인종에 따른 유전적 특이성을 조사하다 보면 아프리카 지역에 사는 흑인들의 경우, 월등히 많은 겸상 빈혈증 유전자를 가지고 있고, 단순한 확률의 소치로 보기에는 너무나도 많은 보인자가 존재한다. 그렇다면 또 다른 이유가 있는 걸까?

(마) 여기에는 모기로 인해 발병하는 아프리카 지방의 풍토병인 말라리아가 깊이 연관되어 있다. 말라리아는 엄청난 사망률을 보이지만, 겸상 적혈구 빈혈증 유전자를 가진 사람은 적혈구의 모양이 변형되기 때문에 말라리아에 저항성을 가지게 된다. 이것은 발병한 환자뿐만 아니라 보인자도 마찬가지이다. 두 개가 모두 정상이라면(TT) 겸상 적혈구 빈혈증엔 걸리지 않겠지만, 말라리아에 걸려 죽을 수도 있다. 만약 두 개가 모두 이상 생겼다면(tt) 말라리아에는 안 걸리겠지만, 자체의 독성으로 훨씬 더 일찍 죽어 버릴 것이다. 그러나 하나만 이상하다면(Tt) 겸상 적혈구 빈혈증으로 죽지도 않고, 말라리아에 대한 저항성까지 얻은 셈이 되니 일석이조라고 할 수 있다. 따라서 유전자는 겸상 적혈구 빈혈증으로 죽을 수 있는 위험성을 안고서도 말라리아로부터 인간을 지키기 위해 이런 대안을 선택한 것이다.

① (가)에서 제기된 문제에 대해 (마)에서 해결책을 제시하고 있다.
② (나)에서는 현상에 대해 설명하고 있고, (다)에서는 현상에 대해 추론하고 있다.
③ (나)와 (다)는 (가)의 통념에 대해 반론을 제기할 수 있는 근거가 된다.
④ (나)와 (다)를 통해 내린 결론은 (라), (마)를 통해 더 강화된다.
⑤ (라)에서 제기된 궁금증은 (마)를 통해 풀리고 있다.

20. 현상이 나타나는 원리가 ㉠과 가장 유사한 것은?

추돌 사고란 뒤차가 다가와서 앞차를 들이받는 사고를 의미한다. 오랜 시간동안 공학자들과 의학자들은 이와 같은 사고에서 왜 앞차에 탄 승객이 목을 다치는지 그 원인을 설명하기 위해 노력했다. 1970년대에 들어서서 이들은 추돌 사고로 인해 차가 앞으로 밀려날 때 승객의 머리가 뒤로 확 젖혀지면서 목이 갑자기 늘어나서 목 부상을 입게 된다고 결론지었다. 추돌 사고가 일어났을 때 목이 뒤로 확 젖혀지면서 머리가 의자의 머리받이에 부딪게 된다는 관찰 결과를 바탕으로 머리를 보호하기 위해 과학적으로 설계된 머리받이를 차 안에 설치했지만 추돌 사고로 인한 목 부상은 계속 일어나고 있다. 이러한 부상은 왜 일어날까?

한 지원자를 의자에 앉히고, 안전띠를 매게 한 다음 갑자기 차를 앞으로 움직이게 만들어서 마치 차가 시속 10킬로미터로 추돌을 당하는 것과 같은 효과를 내는 실험을 해 보았다. 몸통의 가속도는 추돌을 당하는 것과 같은 효과가 나타난 뒤 약 40밀리초(1밀리초는 1/1000초) 후에 생기기 시작했는데, 머리는 이로부터 약 70밀리초 후에 가속되기 시작하였다. 머리가 가속되기 직전에 몸통이 움직이는 속도는 시속 7킬로미터 정도인 것으로 측정되었다. ㉠몸통에 가속도가 생기기 시작하고 난 후 약 70밀리초 후에 머리가 가속되기 시작하는 것은 몸통이 자동차에 직접 닿아 있어서 먼저 가속도가 생기는 반면에 자동차에 직접 닿아 있지 않은 머리는 이미 가속된 몸통에 딸려가면서 비로소 가속되기 때문이다. 이는 물체가 외부의 힘을 받지 않는 한 정지 또는 등속도 운동 상태를 지속하려는 '관성'과 관련이 있다.

이와 같은 실험 결과를 어떻게 해석해야 할까? 먼저 머리가 가속되지 않고 몸통만 가속되는 40밀리초와 110밀리초 사이에서는 머리는 가만히 있고 몸통이 앞으로 나아가기 시작한다. 머리가 가속되기 직전에 몸통은 이미 가속되어 대략 시속 7킬로미터 정도의 속도로 움직이고 있는 셈이다. 이러한 실험을 해본 연구자들은 추돌 사고가 일어날 때 몸통과 머리의 속도 차이 때문에 몸통이 머리보다 더 빨리 앞으로 밀려나가게 되면서 목이 갑자기 늘어나게 되는 것이고, 이때 목뼈에 큰 부담을 주게 되어 목을 다치게 된다는 결론을 내렸다. 머리가 다시 의자의 머리받이에 부딪히는 것은 그 후에 일어나는 일로 머리를 보호하는 장치가 차에 없다면 부상을 더욱 악화시킬 뿐이라고 하였다.

① 달리는 말 위에서 진행 방향과 진행 속도가 동일한 새의 모습을 볼 때 그 새는 정지해 있는 것처럼 보인다.
② 스케이트를 타고 제자리 돌기를 할 때 팔을 벌리고 돌다가 팔을 몸 가까이 붙이면 회전 속도가 증가한다.
③ 북반구에서 북쪽을 향하여 대포를 쏠 경우 포탄은 원래 의도한 방향보다 약간 오른쪽으로 휘어져 날아간다.
④ 버스가 급출발할 때 하체는 버스의 진행 방향으로 쏠리는 반면, 상체는 그 자리에 있으려고 해서 균형을 잃게 된다.
⑤ 높은 곳에서 무거운 물체를 수직으로 떨어뜨릴 때, 그 물체의 속도는 지면에 가까워질수록 점점 더 빨라지게 된다.

>> 언어추리(20문항/25분)

21. 다음 중 세 명은 참을 말하고, 한 명은 거짓을 말한다고 할 때 거짓말을 하고 있는 사람은 누구인가?

• 중기 : 나는 래원이가 쓰레기를 버리는 것을 봤어.
• 래원 : 중기의 말은 결단코 거짓이야.
• 혜교 : 나는 절대로 쓰레기를 버리지 않아.
• 신혜 : 나와 혜교와 래원이는 함께 있었는데 셋은 쓰레기를 버리지 않았어.

① 중기   ② 래원
③ 혜교   ④ 신혜
⑤ 알 수 없다.

22. A, B, C, D 네 개 회사의 면접을 봐야 한다. 각 면접 일정은 다음과 같이 잡혀 있다. 가능한 면접일정은 몇 가지인가?

• A회사의 면접이 가장 빠르다.
• B회사 면접 뒤에 C회사의 면접을 본다.

① 1가지   ② 2가지
③ 3가지   ④ 4가지
⑤ 5가지

23. 정책 갑에 대하여 A ~ G는 찬성이나 반대 중 한 의견을 제시하였다. 이들의 찬반 의견이 다음과 같다고 할 때, 반대 의견을 제시한 사람의 최소 인원은?

• A나 B가 찬성하면, C와 D도 찬성한다.
• B나 C가 찬성하면, E도 찬성한다.
• D는 반대한다.
• E와 F가 찬성하면, B나 D 중 적어도 하나는 찬성한다.
• G가 반대하면, F는 찬성한다.

① 2명   ② 3명
③ 4명   ④ 5명
⑤ 6명

24. 편의점에 우유, 콜라, 사이다, 이온음료, 오렌지주스로 구성된 다섯 가지 음료가 진열돼 있다. 아래 조건을 만족시킬 때 왼쪽에서 두 번째에 진열된 음료는 무엇인가?

> • 우유는 오렌지주스보다 왼쪽에 진열돼 있다.
> • 콜라와 사이다 사이에는 반드시 음료 하나가 진열돼야 한다.
> • 이온음료는 가장 오른쪽에 진열돼 있다.

① 우유
② 콜라
③ 사이다
④ 오렌지주스
⑤ 알 수 없음

┃25~28┃ 8명의 지원자 A, B, C, D, E, F, G, H 중에서 5명이 채용된다고 한다. 조건이 다음과 같을 때, 물음에 답하시오.

> • A와 G가 채용되면 H도 채용된다.
> • D가 채용되면, F와 G는 둘 다 채용되지 않는다.
> • E가 채용되면 B는 채용되지 않는다.
> • B, C, F 중에서 두 명이 채용된다.

25. 채용되는 사람의 명단으로 적절한 것은?

① A, B, C, D, H
② A, B, C, E, H
③ A, C, D, F, H
④ B, C, F, G, H
⑤ B, C, E, F, G

26. F가 채용되지 않는다면 항상 옳은 것은 무엇인가?

① A는 채용된다.
② D는 채용되지 않는다.
③ E는 채용된다.
④ H는 채용되지 않는다.
⑤ G는 채용된다.

27. 다음 중 E가 채용되면 반드시 채용되는 사람은 누구인가?

① A
② C, F
③ D, F
④ F, G
⑤ B, F

28. 반드시 채용되는 지원자는 누구인가?

① A
② C
③ F
④ G
⑤ H

29. 다음 글에서 크로이소스 왕이 범한 오류와 동일한 오류를 범하고 있는 것은?

> 크로이소스 왕은 페르시아와 전쟁을 하려고 하고 있었다. 크로이소스는 신중한 왕이었기 때문에 승리가 보장되지 않는 한 전쟁을 일으킬 생각은 없었다. 그래서 이 문제를 신탁에 문의하였다. 델포이 신탁은 다음과 같은 신탁을 보내 왔다.
>
> *"리디아의 크로이소스 왕이 전쟁을 일으킨다면 강력한 왕국을 멸망시킬 것이다."*
>
> 이 예언을 믿고 크로이소스는 전쟁을 일으켰다. 그러나 크로이소스의 리디아군은 전쟁에서 대패하였고 겨우 목숨을 건진 크로이소스는 도피하는 신세가 되고 말았다. 크로이소스는 델포이 신탁에 격렬하게 항의하는 서신을 썼다. 그리하여 델포이 신탁으로부터 답장이 왔는데 그 내용은 다음과 같았다.
>
> *"크로이소스는 전쟁을 일으켜서 강력한 왕국을 멸망시켰다. 자기 자신의 왕국을!"*

① 정우가 수업료 인상 반대에 소극적인 것은 너무도 당연하지. 그는 수업료를 면제받는 학생이니까.
② 미국은 역사상 가장 부유한 나라이다. 따라서 미국에서 개인적인 빈곤이 문제가 된다는 것은 어불성설이다.
③ 민주주의는 좋은 제도이다. 사회주의는 경제 분야에까지 확장된 민주주의이다. 그러므로 사회주의는 좋은 제도이다.
④ 어머니는 어제 내가 술자리에 가는 것도 막으셨고, 오늘 컴퓨터 게임도 못하게 하셨다. 어머니께서는 내가 즐겁게 노는 것을 못 참으신다.
⑤ 도현이 "내 애인은 나보다 영화를 더 좋아한다."라고 말하자 옆에 있던 친구가 대답했다. "네 애인은 너하고 헤어져 영화와 연애하는 것이 낫겠군."

┃30~31┃ 여섯 명의 입사지원자 A, B, C, D, E, F가 2차 면접을 합격하고, 최종 임원면접을 치르게 되었다. 이들의 면접은 오후 1시부터 1시간씩 차이를 두고 시간대별로 있으며, 면접시간을 정하는 〈조건〉이 다음과 같을 때 각 물음에 답하시오.

〈조건〉
• F보다 A의 면접시간이 먼저이다.
• B의 면접시간은 오후 4시이다.
• D의 면접 바로 전 또는 바로 다음이 C의 면접 순서이다.
• E의 면접시간은 오후 2시가 아니다.

30. 지원자 E의 다음이 A의 차례라면 A의 면접시간은?

① 오후 1시 ② 오후 2시
③ 오후 3시 ④ 오후 5시
⑤ 오후 6시

31. A의 면접시간이 오후 1시라고 할 때, 다음 중 거짓인 것은?

① F의 면접시간은 오후 2시일 수 있다.
② F의 면접시간은 오후 3시일 수 있다.
③ F의 면접시간은 오후 5시일 수 있다.
④ D의 면접시간은 오후 3시일 수 있다.
⑤ D의 면접시간은 오후 5시일 수 있다.

32. 기찬, 성재, 익제, 인수, 재욱, 혁인이는 3 : 3게임을 하기 위해 팀을 나누려고 한다. 실력차를 보완하기 위해 다음과 같은 규칙을 적용하기로 했다. 아래 조건은 충족시키며 팀을 구성할 수 있는 방법은 몇 가지인가?

• 가장 실력이 좋은 성재와 혁인이는 서로 다른 팀을 해야 한다.
• 익제는 기찬이나 재욱이와 같은 팀으로 구성하기로 했다.

① 2가지 ② 3가지
③ 4가지 ④ 5가지
⑤ 6가지

33. 다음의 사실이 전부 참일 때 항상 참인 것은?

• 미영이는 도진이보다 키가 크다.
• 도진이는 설희보다 키가 작다.
• 도진이는 병욱이보다 키가 크다.

① 미영이는 설희보다 키가 크다.
② 설희는 미영이보다 키가 크다.
③ 미영이는 키가 가장 크다.
④ 병욱이는 설희보다 키가 작다.
⑤ 도진이는 키가 가장 크다.

34. ㈜서원에 취직한 신입사원 스타크, 티렐, 라니스터는 서울, 대전, 제주 출신 중 하나이다. ㈜서원은 상피제를 적용하여 근무지를 부여했다. 순서대로 근무지를 제대로 적은 것은?

• 라니스터는 제주로 근무지가 결정됐다.
• 티렐은 대전 출신이다.

① 서울, 대전, 제주 ② 서울, 제주, 대전
③ 대전, 서울, 제주 ④ 대전, 제주, 서울
⑤ 제주, 서울, 대전

35. L상사의 비철개발팀에는 나이가 같은 다섯 명의 신입사원 A, B, C, D, E가 있다. 다음 주어진 〈조건〉에 따를 때, 세 번째로 태어난 신입사원의 생일로 가능한 달은?

〈조건〉
• 다섯 명의 신입사원이 출생한 달은 모두 다르며, 이들이 태어난 순서는 A, B, C, D, E 순으로 빠르다.
• C가 출생한 달은 A와 E가 출생한 달의 합을 반으로 나눈 것과 같다.
• C가 출생한 달만 짝수 달이고, 나머지는 홀수 달에 출생했다.
• C가 태어난 달은 A와 B가 태어난 달의 합과 같다.

① 4월 ② 6월
③ 4월, 6월 ④ 6월, 8월
⑤ 4월, 6월, 8월

36. 다음의 사실이 전부 참일 때 항상 참인 것은?

- 운동선수는 운동을 잘한다.
- 운동을 잘 하는 사람은 그림을 못 그린다.
- 연아는 그림을 잘 그린다.
- 흥민이는 운동을 못한다.

① 연아는 운동선수가 아니다.
② 흥민이는 운동선수일수도 있다.
③ 연아는 운동을 잘한다.
④ 흥민이는 그림을 잘 그린다.
⑤ 그림을 못 그리는 사람은 운동을 잘한다.

37. 신제품의 설문조사를 위하여 A, B, C, D, E, F를 2인 1조로 조직하여 파견을 보내려 한다. 회사의 사정상 다음과 같은 조건에 따라 2인 1조를 조직하게 되었다. 한 조가 될 수 있는 두 사람은?

- A는 C나 D와 함께 갈 수 없다.
- B는 반드시 D 아니면 F와 함께 가야 한다.
- C는 반드시 E 아니면 F와 함께 가야 한다.
- A가 C와 함께 갈 수 없다면, A는 반드시 F와 함께 가야 한다.

① A, E
② B, D
③ B, F
④ C, D
⑤ C, F

38. 다음 제시된 대화에서 을이 범하고 있는 오류는?

갑 : 최근에 우리나라에서 발생하는 범죄 중에서 외국인 노동자들에 의해 발생하는 범죄가 증가하고 있다고 하더라.
을 : 맞아. 그러고 보니 우리 회사에도 외국인 노동자가 있거든. 어떤 범죄를 일으킬지 모르니 조심해야겠다.

① 피장파장의 오류
② 논점 일탈의 오류
③ 흑백논리의 오류
④ 성급한 일반화의 오류
⑤ 본말전도의 오류

39. 다음 제시문을 통하여 이끌어 낼 수 있는 문장은?

- 등산을 좋아하는 사람은 자연을 좋아한다.
- 나무를 좋아하는 사람은 자연을 좋아한다.

① 나무를 좋아하지 않는 사람은 등산을 좋아한다.
② 등산을 좋아하는 사람은 암벽타기를 좋아한다.
③ 등산을 좋아하는 사람은 나무를 좋아하지 않는다.
④ 자연을 좋아하는 사람은 등산도 나무도 좋아한다.
⑤ 자연을 좋아하지 않는 사람은 등산도 나무도 좋아하지 않는다.

40. A, B, C, D, E는 형제들이다. 다음 조건을 보고 둘째가 누구인지 올바르게 추론한 것은?

- A는 B보다 나이가 적다.
- D는 C보다 나이가 적다.
- E는 B보다 나이가 많다.
- A는 C보다 나이가 많다.

① A
② B
③ C
④ D
⑤ E

41. 다음 한자의 독음으로 옳은 것은?

就業

① 기업　　　　　　② 직업

③ 취업　　　　　　④ 사업

⑤ 파업

42. 입사 후 교육, 교육 후 현업배치를 통해 사람들이 최선을 다해 일할 수 있는 환경을 만들어주는 부서로 옳은 것은?

① 人事　　　　　　② 購買

③ 營業　　　　　　④ 總務

⑤ 弘報

43. 한자의 음과 뜻이 잘못 연결된 것은?

① 測 : 헤아릴 측　　　② 裕 : 넉넉할 유

③ 紛 : 가루 분　　　　④ 華 : 빛날 화

⑤ 硬 : 굳을 경

44. '教'와 의미상 반대의 한자를 고르면?

① 隊　　　　　　② 學

③ 柔　　　　　　④ 張

⑤ 關

45. 다음 밑줄 친 부분에 공통으로 들어갈 한자는?

會__ __員　支__

① 給　　　　　　② 配

③ 談　　　　　　④ 社

⑤ 職

46. 다음 밑줄 친 부분에 공통으로 들어갈 한자로 적절한 것은?

__勤, __張

① 性　　　　　　② 根

③ 山　　　　　　④ 尤

⑤ 出

47. 다음 중 뜻이 다른 하나는?

① 打　　　　　　② 攻

③ 受　　　　　　④ 伐

⑤ 擊

48. 다음 중 '自律'과 반대되는 의미의 한자어로 옳은 것은?

① 私律　　　　　　② 法律

③ 他律　　　　　　④ 他人

⑤ 他者

┃49~50┃ 다음 글을 읽고 물음에 답하시오.

> LG는 1947년 창업 이래, ㉠'顧客을 위한 價値創造'와 ㉡'人間 尊重의 經營'이라는 경영 이념을 기반으로 사회적 책임을 실천하고 있다. 이는 LG라는 기업을 둘러싼 생태계와 끊임없는 ㉢상호작용을 통하여 서로에게 필요한 가치를 창출하는 것을 기업 존재의 목적으로 삼았다는 의미이다. 이러한 경영 이념을 바탕으로 LG는 앞으로 우리가 살아가는 생태계 전체가 건강하고 지속 가능하도록 만드는 데 필요한 역할을 적극적으로 수행해 나갈 것이다.

49. 밑줄 친 ㉠과 ㉡을 바르게 읽은 것은?

	㉠	㉡
①	고객을 위한 가치창조	인간 존중의 경영
②	고객을 위한 가격창조	인간 존중의 경제
③	승객을 위한 가치창조	인간 존엄의 경영
④	고객을 위한 가치전도	인간 존중의 경험
⑤	승객을 위한 가격전도	인간 존경의 경영

50. ©을 한자로 바르게 옮긴 것은?

① 想互昨用
② 相好昨容
③ 相好作容
④ 相互作用
⑤ 想互作用

51. 밑줄 친 '서경 전투'에 대한 설명으로 옳지 않은 것은?

> 서경 전투는 곧 낭·불 양가 대 유가의 싸움이며, 국풍파 대 한학파의 싸움이며, 진취 사상 대 보수 사상의 싸움이니, 묘청이 곧 전자의 대표요, 김부식은 곧 후자의 대표였던 것이다. 이 전쟁에서 묘청 등이 패하고, 김부식이 승리하였으므로 조선 역사가 사대적, 보수적, 속박적인 유교 사상에 정복되었으니, 이 전쟁을 어찌 일천년래 제일 대사건이라 하지 아니하랴.
> – 신채호, "조선사연구초" –

① 이자겸과 척준경이 주도하였다.
② 김부식이 이끄는 관군에게 진압되었다.
③ 국호를 '대위', 연호를 '천개'로 정하였다.
④ 서북 지방의 대부분을 점령하기도 하였다.
⑤ 서경 천도가 불가능해지자 일어난 반란이다.

52. 다음 내용과 관련이 깊은 인물을 고르면?

> • 1880년대 초부터 정부의 대화 정책을 뒷받침
> • 박영효 등과 일본의 메이지 유신을 모방하여 개혁 추진
> • 1884년 친청 정책에 반대하고 갑신정변을 주도함

① 김옥균
② 유관순
③ 김원봉
④ 신채호
⑤ 윤봉길

53. 밑줄 친 '내'가 실시한 정책으로 옳은 것은?

> 과매(寡昧)한 내가 죄역(罪逆)이 너무 많아 하늘이 돌보아주지 않은 탓으로 지난 7년간의 혹독한 전쟁을 겪어야 했다. …… 목전의 긴박한 일을 가지고 말하여 본다면 백성들의 일이 매우 안쓰럽고 측은하기 그지없다. …… 백성들을 병들게 하는 모든 폐단은 일체 경감하고 개혁시켜 혹시라도 폐단이 되는 일이 없게 하라.

① 경기도에 처음으로 대동법을 시행하였다.
② 현직 관리에게만 과전을 지급하도록 하였다.
③ 호패법과 오가작통법을 처음으로 제정하였다.
④ 토지세를 풍흉에 따라 9등급으로 구분하였다.
⑤ 시전 상인이 갖고 있던 금난전권을 폐지하였다.

54. 다음은 신라 왕호의 변천을 정리한 것이다. ㈎에 들어갈 왕호를 처음 사용하였던 왕의 업적으로 옳은 것은?

> 거서간 → 차차웅 → 이사금 → (㈎) → 왕

① 율령을 반포하였다.
② 불교를 공인하였다.
③ 당과 동맹을 맺었다.
④ 한강 유역을 장악하였다.
⑤ 김씨에 의한 왕위 세습권을 확립하였다.

55. 다음 제시된 내용과 가장 관련이 깊은 인물은?

> • 「목민심서」, 「경세유표」, 「흠흠신서」 등을 저술하였다.
> • 토지의 사적 소유는 결국 토지의 편중을 불러온다고 보았다.
> • 「기예론」을 저술하여 방직 기술·의학 등의 기술을 발전시킬 것을 강조하였다.

① 토지 개혁론으로 한전론을 제시하였다.
② 기전설을 주장하고 화이관을 비판하였다.
③ 나라를 좀먹는 여섯 가지 폐단을 지적하고 그 시정을 강력히 주장하였다.
④ 자영농 육성을 위한 토지제도 개혁과 차등적 토지 분배를 주장하였다.
⑤ 토지의 공동 소유 및 공동 경작을 바탕으로 한 공동 농장 제도를 주장하였다.

56. 다음 지도의 빗금 친 지역에 대한 설명으로 적절한 것은?

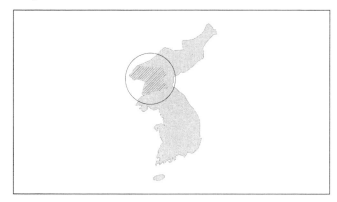

① 안찰사가 파견되었다.

② 만적이 봉기를 모의하였다.

③ 지방군으로 주현군을 편성하였다.

④ 도 아래에 주, 군, 현을 설치하였다.

⑤ 서희가 외교 담판으로 확보한 지역을 포함하고 있다.

57. (가)에 대한 설명으로 옳은 것을 〈보기〉에서 모두 고르면?

(가) 은/는 1377년 청주 흥덕사에 간행되었다. 승려 백운이 불교 교리의 주요 내용을 정리한 것으로 고려 불교사를 이해하는 데 중요한 문헌 중 하나이다. 또한 고려 시대에 인쇄 문화가 발달하였음을 보여주는 증거이기도 하다.

〈보기〉

㉠ 세계에서 가장 오래된 목판 인쇄물이다.

㉡ 유네스코 세계 기록 유산으로 등재되었다.

㉢ 현재 프랑스 국립 도서관에 보관되어 있다.

㉣ 불국사 3층 석탑의 보수 과정에서 발견되었다.

① ㉠, ㉡   ② ㉡, ㉢

③ ㉡, ㉣   ④ ㉢, ㉣

⑤ ㉠, ㉡, ㉢, ㉣

58. 다음과 관련이 깊은 고려 시대 기관으로 옳은 것은?

• 고려 1049년(고려 문종 3)에 설치되었다.

• 병자 또는 굶주린 사람, 행려자를 치료하였으며, 음식과 의복 또한 제공하였다.

• 개경의 양편에 설치하였다고 하여 그 명칭이 유래하였다.

① 혜민국   ② 제생원

③ 혜민서   ④ 동서활인서

⑤ 동서대비원

59. 다음 제시된 자료들과 관련된 사실을 〈보기〉에서 모두 고른 것은?

(가)	(나)
• 탐관오리는 그 죄목을 조사하여 엄징할 것 • 노비 문서는 불태워 버릴 것 • 왜적과 통하는 자는 엄징할 것 • 무명 잡세는 일체 거두어들이지 말 것	새야 새야 녹두새야 윗녘 새야 아랫녘 새야 전주 고부 녹두새야 … 녹두꽃이 떨어지면 청포장수 울고 간다.

〈보기〉

㉠ 교정청이 설치되었다.

㉡ 별기군이 창설되었다.

㉢ 과거제도가 폐지되었다.

㉣ 만민공동회가 개최되었다.

① ㉠, ㉡   ② ㉠, ㉢

③ ㉡, ㉢   ④ ㉡, ㉣

⑤ ㉢, ㉣

60. 연표의 (가)시기를 역할극으로 꾸미고자 한다. 시대에 맞는 상황을 설정한 것은?

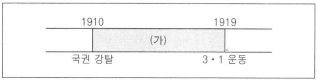

① 조선을 다스리기 위해 새로 부임한 통감

② 민족 지도자들을 감시하고 있는 보통 경찰

③ 제복을 입고 칼을 찬 채 수업을 하는 교사

④ 대한매일신보를 보며 나라를 걱정하는 지식인

⑤ 산미증식 계획을 통해 식량을 수탈하는 일본인들

┃61~68┃ 일정한 규칙을 찾아 빈칸에 들어갈 알맞은 숫자를 고르시오.

61.

2 11 21 32 44 57 71 ( )

① 81   ② 83

③ 86   ④ 89

⑤ 95

62.

3 5 15   4 6 24   8 7 ( )

① 18   ② 38

③ 42   ④ 50

⑤ 56

63.

32 16 4 2 $\frac{1}{2}$ ( ) $\frac{1}{16}$ $\frac{1}{32}$

① $\frac{1}{4}$ ② $\frac{1}{5}$

③ $\frac{1}{6}$ ④ $\frac{1}{7}$

⑤ $\frac{1}{8}$

64.

2 14 20 ( ) 104 312 314 314

① 60   ② 70

③ 80   ④ 90

⑤ 100

65.

2 4 9 19 ( ) 62 99

① 30   ② 32

③ 34   ④ 36

⑤ 38

66.

9 7 11 ( ) 13 3 15 1

① 1   ② 2

③ 3   ④ 4

⑤ 5

67.

$\frac{1\ 6}{5}$ $\frac{7\ 9}{2}$ $\frac{6\ 4}{2}$ $\frac{3\ 9}{6}$ $\frac{8\ 15}{(\ )}$

① 7   ② 8

③ 9   ④ 10

⑤ 11

68.

5 10 50 45 49 196 192 ( )

① 195   ② 200

③ 205   ④ 210

⑤ 215

69. 다음 수열에서 제28항에 오는 수는 무엇인가?

−35   −29   −23   −17   ⋯

① 121   ② 127

③ 133   ④ 139

⑤ 145

70. 다음 수열에서 7168은 제 몇 항인가?

7	14	28	56	112	…

① 제9항 　　　　　　② 제10항

③ 제11항 　　　　　　④ 제12항

⑤ 제13항

71. 다음 〈표〉는 주식매매 수수료율과 증권거래세율에 대한 자료이다. 주식매매 수수료는 주식 매도 시 매도자에게, 매수 시 매수자에게 부과되며 증권거래세는 주식 매도 시에만 매도자에게 부과된다고 할 때, 이에 대한 〈보기〉의 설명 중 옳은 것을 모두 고르면?

〈표 1〉 주식매매 수수료율과 증권거래세율

(단위 : %)

연도 구분	2001	2003	2005	2008	2011
주식매매 수수료율	0.1949	0.1805	0.1655	0.1206	0.0993
유관기관 수수료율	0.0109	0.0109	0.0093	0.0075	0.0054
증권사 수수료율	0.1840	0.1696	0.1562	0.1131	0.0939
증권거래세율	0.3	0.3	0.3	0.3	0.3

〈표 2〉 유관기관별 주식매매 수수료율

(단위 : %)

연도 유관기관	2001	2003	2005	2008	2011
한국거래소	0.0065	0.0065	0.0058	0.0045	0.0032
예탁결제원	0.0032	0.0032	0.0024	0.0022	0.0014
금융투자협회	0.0012	0.0012	0.0011	0.0008	0.0008
합계	0.0109	0.0109	0.0093	0.0075	0.0054

※ 주식거래 비용 = 주식매매 수수료 + 증권거래세

※ 주식매매 수수료 = 주식매매 대금 × 주식매매 수수료율

※ 증권거래세 = 주식매매 대금 × 증권거래세율

⊙ 2001년에 '갑'이 주식을 매수한 뒤 같은 해에 동일한 가격으로 전량 매도했을 경우, 매수 시 주식거래 비용과 매도 시 주식거래 비용의 합에서 증권사 수수료가 차지하는 비중은 50%를 넘지 않는다.

ⓒ 2005년에 '갑'이 1,000만원 어치의 주식을 매수할 때 '갑'에게 부과되는 주식매매 수수료는 16,550원이다.

ⓒ 모든 유관기관은 2011년 수수료율을 2008년보다 10% 이상 인하하였다.

ⓔ 2011년에 '갑'이 주식을 매도할 때 '갑'에게 부과되는 주식거래 비용에서 유관기관 수수료가 차지하는 비중은 2% 이하이다.

① ⊙, ⓒ 　　　　　　② ⊙, ⓒ

③ ⓒ, ⓒ 　　　　　　④ ⓒ, ⓔ

⑤ ⓒ, ⓔ

72. 다음은 어느 기업에서 투자를 검토하고 있는 사업평가 자료인데, 직원의 실수로 일부가 훼손되었다. 다음 중 ㉮, ㉯, ㉰, ㉱에 들어갈 수 있는 수치는? (단, 인건비와 재료비 이외의 투입요소는 없다)

구분	목표량	인건비	재료비	산출량	효과성 순위	효율성 순위
A	㉮	200	50	500	3	2
B	1,000	㉯	200	1,500	2	1
C	1,500	1,200	㉰	3,000	1	3
D	1,000	300	500	㉱	4	4

※ 효율성 = 산출 / 투입

※ 효과성 = 산출 / 목표

	㉮	㉯	㉰	㉱		㉮	㉯	㉰	㉱
①	300	500	800	800	②	500	800	300	800
③	800	500	300	300	④	500	300	800	800
⑤	800	800	300	500					

73. 다음은 A은행의 고객 신용등급 변화 확률 자료이다. 이에 대한 〈보기〉의 설명 중 옳지 않은 것을 모두 고르면?

구분		t + 1년			
		A	B	C	D
t년	A	0.70	0.20	0.08	0.02
	B	0.14	0.65	0.16	0.05
	C	0.05	0.15	0.55	0.25

1) 고객 신용등급은 매년 1월 1일 0시에 연 1회 산정되며, A등급이 가장 높고 B, C, D순임.

2) 한 번 D등급이 되면 고객 신용등급은 5년 동안 D등급을 유지함.

3) 고객 신용등급 변화 확률은 매년 동일함.

〈보기〉
㉠ 2010년에 B등급 고객이 2012년까지 D등급이 될 확률은 0.08 이상이다.
㉡ 2010년에 C등급 고객의 신용등급이 2013년까지 변화할 수 있는 경로는 모두 40가지이다.
㉢ B등급 고객의 신용등급이 1년 뒤에 하락할 확률은 C등급 고객의 신용등급이 1년 뒤에 상승할 확률보다 낮다.

① ㉠
② ㉡
③ ㉢
④ ㉠, ㉡
⑤ ㉡, ㉢

74. 다음은 ○○손해보험에서 화재손해 발생 시 지급 보험금 산정 방법과 피보험물건(A~E)의 보험금액 및 보험가액을 나타낸 자료이다. 화재로 입은 손해액이 A~E 모두 6천만 원으로 동일할 때, 지급 보험금이 많은 것부터 순서대로 나열하면?

〈표1〉 지급 보험금 산정방법

피보험물건 유형	조건	지급 보험금
일반물건, 창고물건, 주택	보험금액≥보험가액의 80%	손해액 전액
	보험금액<보험가액의 80%	손해액 × $\dfrac{보험금액}{보험가액의\ 80\%}$
공장물건, 동산	보험금액≥보험가액	손해액 전액
	보험금액<보험가액	손해액 × $\dfrac{보험금액}{보험가액}$

1) 보험금액 : 보험사고가 발생한 때에 보험회사가 피보험자에게 지급해야 하는 금액의 최고한도

2) 보험가액 : 보험사고가 발생한 때에 피보험자에게 발생 가능한 손해액의 최고한도

〈표2〉 피보험물건의 보험금액 및 보험가액

피보험물건	피보험물건 유형	보험금액	보험가액
A	주택	9천만 원	1억 원
B	일반물건	6천만 원	8천만 원
C	창고물건	7천만 원	1억 원
D	공장물건	9천만 원	1억 원
E	동산	6천만 원	7천만 원

① A − B − D − C − E
② A − D − B − E − C
③ B − A − C − D − E
④ B − D − A − C − E
⑤ D − B − A − E − C

75. 다음 〈표〉는 어느 지역의 친환경농산물 인증심사에 대한 자료이다. 2009년부터 인증심사원 1인당 연간 심사할 수 있는 농가수가 상근직은 400호, 비상근직은 250호를 넘지 못하도록 규정이 바뀐다고 할 때, 〈조건〉을 근거로 예측한 내용 중 옳지 않은 것은?

〈2008년 인증기관별 인증현황〉

(단위 : 호, 명)

인증기관	심사 농가수	승인 농가수	인증심사원		
			상근	비상근	합
A	2,540	542	4	2	6
B	2,120	704	2	3	5
C	1,570	370	4	3	7
D	1,878	840	1	2	3
계	8,108	2,456	11	10	21

〈조건〉
○ 인증기관의 수입은 인증수수료가 전부이고, 비용은 인증심사원의 인건비가 전부라고 가정한다.
○ 인증수수료 : 승인농가 1호당 10만 원
○ 인증심사원의 인건비는 상근직 연 1,800만 원, 비상근직 연 1,200만 원이다.
○ 인증기관별 심사 농가수, 승인 농가수, 인증심사원 인건비, 인증수수료는 2008년과 2009년에 동일하다.

※ 인증심사원은 인증기관 간 이동이 불가능하고 추가고용을 제외한 인원변동은 없음.
※ 각 인증기관은 추가고용 시 최소인원만 고용함.

① 2008년에 인증기관 B의 수수료 수입은 인증심사원 인건비보다 적다.
② 2009년 인증기관 A가 추가로 고용해야 하는 인증심사원은 최소 2명이다.
③ 인증기관 D가 2009년에 추가로 고용해야 하는 인증심사원을 모두 상근으로 충당한다면 적자이다.
④ 만약 2009년 인증수수료 부과기준이 '승인 농가'에서 '심사 농가'로 바뀐다면, 인증수수료 수입액이 가장 많이 증가하는 인증기관은 A이다.
⑤ 만약 정부가 이 지역에 2009년 추가로 필요한 인증심사원을 모두 상근으로 고용하게 하고 추가로 고용되는 상근심사원 1인당 보조금을 연 600만 원씩 지급한다면 보조금 액수는 연간 5,000만 원 이상이다.

76. 다음은 ○○은행 기업고객인 7개 기업의 1997년도와 2008년도의 주요 재무지표를 나타낸 자료이다. 〈보기〉의 설명 중 옳은 것을 모두 고르면?

〈7개 기업의 1997년도와 2008년도의 주요 재무지표〉

(단위 : %)

재무지표 / 연도 / 기업	부채비율		자기자본비율		영업이익률		순이익률	
	1997	2008	1997	2008	1997	2008	1997	2008
A	295.6	26.4	25.3	79.1	15.5	11.5	0.7	12.3
B	141.3	25.9	41.4	79.4	18.5	23.4	7.5	18.5
C	217.5	102.9	31.5	49.3	5.7	11.7	1.0	5.2
D	490.0	64.6	17.0	60.8	7.0	6.9	4.0	5.4
E	256.7	148.4	28.0	40.3	2.9	9.2	0.6	6.2
F	496.6	207.4	16.8	32.5	19.4	4.3	0.2	2.3
G	654.8	186.2	13.2	34.9	8.3	8.7	0.6	6.7
7개 기업의 산술평균	364.6	108.8	24.7	53.8	11.0	10.8	2.0	8.1

1) 총자산 = 부채 + 자기자본
2) 부채구성비율(%) = $\dfrac{부채}{총자산} \times 100$
3) 부채비율(%) = $\dfrac{부채}{자기자본} \times 100$
4) 자기자본비율(%) = $\dfrac{자기자본}{총자산} \times 100$
5) 영업이익률(%) = $\dfrac{영업이익}{매출액} \times 100$
6) 순이익률(%) = $\dfrac{순이익}{매출액} \times 100$

〈보기〉
㉠ 1997년도 부채구성비율이 당해년도 7개 기업의 산술평균보다 높은 기업은 3개이다.
㉡ 1997년도 대비 2008년도 부채비율의 감소율이 가장 높은 기업은 A이다.
㉢ 기업의 매출액이 클수록 자기자본비율이 동일한 비율로 커지는 관계에 있다고 가정하면, 2008년도 순이익이 가장 많은 기업은 A이다.
㉣ 2008년도 순이익률이 가장 높은 기업은 1997년도 영업이익률도 가장 높았다.

① ㉠, ㉡ 　　　　　② ㉡, ㉢
③ ㉢, ㉣ 　　　　　④ ㉠, ㉡, ㉢
⑤ ㉠, ㉡, ㉣

77. 다음은 우리나라의 세대수별 가구분포 및 연령별 인구분포에 대한 자료이다. 이에 대한 설명으로 적절하지 않은 것은?

〈표1〉 세대수별 가구분포

연도 \ 세대	1세대	2세대	3세대	4세대
1980	6.8	70.0	22.1	1.1
1990	9.9	74.2	17.8	0.6
2000	12.0	74.1	13.6	0.3
2010	14.7	73.7	11.4	0.2

〈표2〉 연령별 인구분포

연도 \ 세대	0~14세 인구	15~64세 인구	65세 이상 인구
1990	12,951	23,717	1,456
2000	10,974	29,701	2,195
2010	10,233	33,671	3,371
2020(예상)	10,080	35,506	5,032

- 노령화지수 $= \dfrac{65세\ 이상\ 인구}{0 \sim 14세\ 인구} \times 100$
- 노년부양비 $= \dfrac{65세\ 이상\ 인구}{15 \sim 64세\ 인구} \times 100$

※ 65세 이상 인구가 총인구에서 차지하는 비율이 7% 이상을 고령화사회(Aging Society)라 한다.

① 3세대가 함께 거주하는 가정과 4세대가 함께 거주하는 가정을 합한 비율이 1980년에 비해 2010년에는 약 $\dfrac{1}{2}$ 로 감소하는 등 지속적으로 핵가족화 현상이 나타나고 있다.

② 급격하게 노령화 지수가 높아지는 현상을 보이고 있으며, 이런 양상이 지속될 경우 2020년에는 30년 전보다 약 4~5배 노령화 지수가 높아질 것으로 예상된다.

③ 급격한 노령화 현상으로 우리나라도 점차 고령화 사회에 돌입하고 있으나 핵가족화 현상으로 가족과 떨어져 홀로 지내는 노인의 수도 점점 증가할 것으로 예상된다.

④ 노년부양비는 지속적으로 증가하여 2010년도에는 생산연령인구 약 10명이 1명의 노인을 부양해야 하며, 2020년도에는 생산연령인구 약 14.2명이 1명의 노인을 부양해야 하는 상황이 올 것으로 예측된다.

⑤ 노령화 관련 문제가 많이 발생할 것으로 예상되므로 노인 대상의 복지사업 실시와 같은 정책 대안이 요구된다.

78. 다음은 K국의 저축·투자 및 국민총처분가능소득을 정리한 자료들이다. 이에 대한 설명으로 적절한 것은?

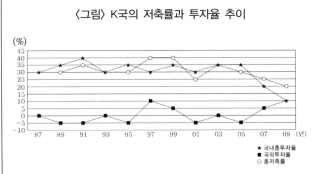

〈그림〉 K국의 저축률과 투자율 추이

- 총저축률 = (총저축/국민총처분가능소득)×100
- 국내총투자율 = (국내총투자/국민총처분가능소득)×100
- 국외투자율 = (국외투자/국민총처분가능소득)×100
- 총투자율 = (총투자/국민총처분가능소득)×100 = 국내총투자율 +국외투자율

〈표〉 국민총처분가능소득

(단위 : 조 원)

연도	1987	1989	1991	1993	1995	1997
국민총처분가능소득	18	31	40	63	80	110
연도	1999	2001	2003	2005	2007	2009
국민총처분가능소득	148	216	278	376	450	478

① 1987년의 총저축은 30조 원이다.

② 1997년의 총투자는 44조 원이다.

③ 2007년 국내총투자와 국외투자의 합은 450조 원이다.

④ 2001년 국내총투자는 64.8조 원이고 1995년 국외투자는 4조 원이다.

⑤ 2009년 국내총투자율과 국외투자율은 동일하지만 국내총투자와 국외투자는 서로 다르다.

79. 다음 제시된 자료들은 신체질량지수에 의한 비만도와 표준체중법에 의한 비만도에 관한 것이다. 민준은 신장이 170 cm, 체중이 86.7 kg이라고 할 때, 이에 대한 설명으로 적절한 것은? (단, 소수점 둘째 자리에서 반올림한다)

〈표1〉 신체질량지수에 의한 비만도 판정과 암 발생률

(단위 : %)

비만도 \ 암 종류 \ 판정		위암	대장암	폐암	식도암
18.5 미만	저체중	15.8	13.5	17.2	9.7
18.5 ~ 23 미만	정상	14.4	11.3	16.3	10.8
23 ~ 25 미만	과체중	15.3	13.4	17.6	12.7
25 이상	비만	23.9	27.6	19.2	14.1

※ 신체질량지수에 의한 비만도 $= \dfrac{\text{체중}(kg)}{[\text{신장}(m)]^2}$

〈표2〉 신장별 표준체중식

비만도(%)	판정
90 미만	저체중
90~110 미만	정상
110~120 미만	과체중
120~130 미만	비만
130 이상	병적 비만

〈표3〉 표준체중법에 의한 비만도 판정

신장(cm)	표준체중(kg)
150 미만	[신장(cm)−100] × 1.0
150~160 미만	[신장(cm)−150] ÷ 2 + 50
160 이상	[신장(cm)−100] × 0.9

※ 표준체중법에 의한 비만도 $= \dfrac{\text{현재체중}(kg)}{\text{표준체중}(kg)} \times 100$

① 신체질량지수에 의한 비만도 판정에 따르면, 민준이 속한 집단의 대장암 발생률은 위암 발생률보다 낮다.

② 민준이 신장의 변화 없이 16.7 kg을 감량할 때 신체질량지수에 의한 비만도 판정에 따르면, 민준이 속하는 집단의 식도암 발생률은 10.8 %이다.

③ 신체질량지수에 의한 비만도 판정에 따르면, '비만'으로 판정된 사람이 속한 집단의 대장암 발생률은 '저체중'으로 판정된 사람이 속한 집단의 대장암 발생률의 3배 이상이다.

④ 민준의 표준체중법에 의한 비만도는 [86.7 ÷ {(170 − 100) × 0.9}] × 100이다.

⑤ 표준체중법에 의한 비만도 판정에 따르면, 민준은 '비만'으로 판정된다.

80. 다음 〈도표〉는 외국인 직접투자의 투자건수 비율과 투자금액 비율을 투자규모별로 나타낸 자료이다. 이에 대한 설명으로 적절한 것은?

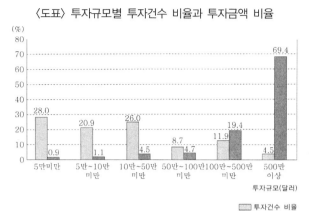

〈도표〉 투자규모별 투자건수 비율과 투자금액 비율

• 투자규모는 외국인 직접투자의 건당 투자금액을 기준으로 구분

• 투자건수 비율(%) $= \dfrac{\text{투자규모별 외국인 직접투자 건수}}{\text{전체 외국인 직접투자 건수}} \times 100$

• 투자금액 비율(%) $= \dfrac{\text{투자규모별 외국인 직접투자 금액 합계}}{\text{전체 외국인 직접투자 건수}} \times 100$

① 투자규모가 100만 달러 이상인 투자금액 비율은 90% 이상이다.

② 투자규모가 100만 달러 이상인 투자건수는 5만 달러 미만의 투자건수보다 많다.

③ 투자규모가 50만 달러 미만인 투자건수 비율은 75% 이상이다.

④ 투자규모가 100만 달러 이상인 투자건수는 전체 외국인 직접투자 건수의 25 % 이상이다.

⑤ 투자규모가 100만 달러 이상 500만 달러 미만인 투자금액 비율은 100만 달러 미만의 투자금액 비율보다 높다.

81. 1층에서 4층까지 가는 데 걸리는 시간이 36초일 때, 9층까지 가는데 걸리는 시간은? (단, 등속도 운동을 한다)

① 72초 　　　　　　② 81초

③ 96초 　　　　　　④ 108초

⑤ 113초

82. 갑, 을, 병이 같은 개수의 풍선을 불고 있다. 갑이 풍선을 다 불었을 때, 을은 30개, 병은 42개가 남아 있었고, 을이 풍선을 다 불었을 때, 병은 아직 18개 남아 있었다. 각각의 작업의 속도가 일정하다고 할 때 풍선은 전부 몇 개 있는가?

① 90개 　　　　　　② 100개

③ 120개 　　　　　　④ 270개

⑤ 320개

83. 현재 58세인 홍만씨에게는 7세, 4세의 손자가 있다. 홍만씨의 나이가 두 손자 나이를 더한 것의 2배가 되었을 때 홍만씨는 몇 세이겠는가?

① 60세 　　　　　　② 65세

③ 70세 　　　　　　④ 75세

⑤ 80세

84. 신입사원인 태원이는 입사 후 첫 월급의 30%를, 두 번째 월급의 35%를, 세 번째 월급의 25%를 생활비로 지출하고 나머지는 모두 저축을 하였더니 3개월 후 504만 원을 모았다면, 태원이의 월급은 얼마인가? (단, 3개월 동안 월급은 일정하다)

① 210만 원 　　　　　② 220만 원

③ 230만 원 　　　　　④ 240만 원

⑤ 250만 원

85. 보험회사에서 근무하고 있는 동주와 현수 두 사람의 2월 실적은 두 사람 합해서 25건이다. 동주의 3월 실적은 2월에 비하여 30% 증가했고, 현수의 실적은 40% 감소해서 두 사람 합하여 12% 감소했다. 3월 동주의 실적은 몇 건인가?

① 11건 　　　　　　② 12건

③ 13건 　　　　　　④ 14건

⑤ 15건

86. 서로 다른 5명의 사람이 원탁에 둘러앉을 때, 서로 다르게 앉는 방법은?

① 20가지 　　　　　② 21가지

③ 22가지 　　　　　④ 23가지

⑤ 24가지

87. 270g의 물이 들어있는 컵에 30g의 식염을 혼합시켜 식염수를 만든 후 210g의 식염수를 따라냈다. 컵에 남은 식염수에 물과 식염을 더하여 농도 12%의 식염수 150g을 만들고 싶다. 물은 몇 g이 필요한가?

① 39g 　　　　　　② 43g

③ 48g 　　　　　　④ 51g

⑤ 55g

88. 어떤 마을의 총 인구가 150명이다. 어른과 어린이의 비율은 2 : 1이고 남자 어린이와 여자 어린이의 비율은 2 : 3이라면 남자 어린이 수는 몇 명인가?

① 15명 　　　　　　② 20명

③ 25명 　　　　　　④ 30명

⑤ 35명

89. 갑, 을, 병은 각각 640원, 760원, 1,100원의 저금을 가지고 있다. 매주 갑이 240원, 을이 300원, 병이 220원씩 더 저축한다고 하면, 갑, 을의 저축액의 합이 병의 저축액의 2배가 되는 것은 몇 주 후인가?

① 6주   ② 7주

③ 8주   ④ 9주

⑤ 10주

90. 원가가 400원인 공책이 있다. 이 공책을 정가의 20%를 할인해서 팔아도 8%의 이익을 남게 하기 위해서는 원가의 몇 %의 이익을 붙여 정가를 정해야 하는가?

① 30%   ② 35%

③ 40%   ④ 45%

⑤ 50%

〉〉 도형추리(20문항/20분)

｜91～110｜ 다음 주어진 [예제1]과 [예제2]를 보고 규칙을 찾아, 문제의 A, B를 찾으시오.

[예시문제]

〈해설〉

세로규칙 : 대각선에 있는 도형끼리 위치 바꿈

가로규칙 : 1행과 2행 도형 바꿈

91.

[예제1]	[예제2]	[문제]

A　　B　　A　　B

① ② ③ ④ ⑤

92.

[예제1]	[예제2]	[문제]

A　　B　　A　　B

① ② ③ ④ ⑤

93.

[예제1]	[예제2]	[문제]

A　　B　　A　　B

① ② ③ ④ ⑤

94.

[예제1]	[예제2]	[문제]

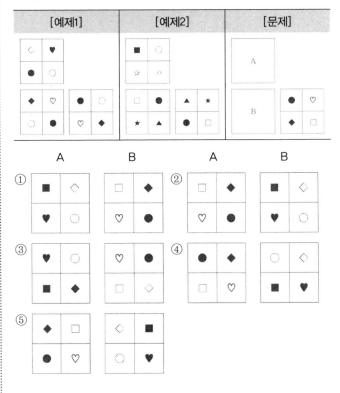

A　　B　　A　　B

① ② ③ ④ ⑤

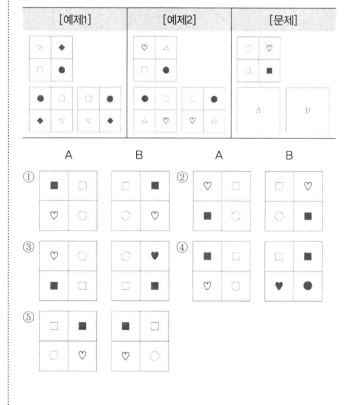

95.

[예제1]	[예제2]	[문제]

96.

[예제1]	[예제2]	[문제]

97.

[예제1]	[예제2]	[문제]

98.

[예제1]	[예제2]	[문제]

99.

[예제1]	[예제2]	[문제]

100.

[예제1]	[예제2]	[문제]

101.

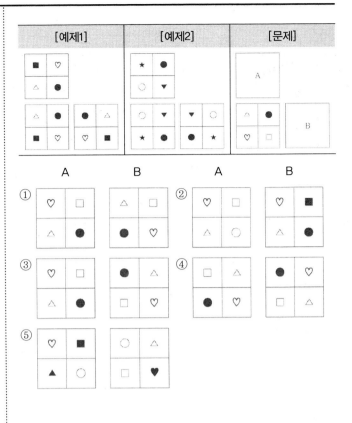

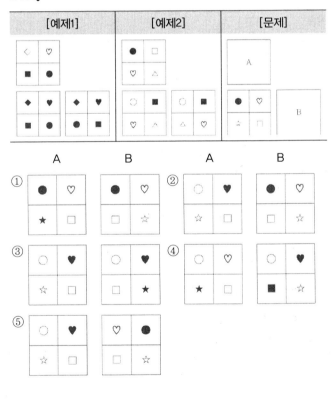

103.

[예제1]	[예제2]	[문제]

A   B   A   B

① ② ③ ④ ⑤

104.

[예제1]	[예제2]	[문제]

A   B   A   B

① ② ③ ④ ⑤

105.

[예제1]	[예제2]	[문제]

A   B   A   B

① ② ③ ④ ⑤

106.

[예제1]	[예제2]	[문제]

A   B   A   B

① ② ③ ④ ⑤

107.

[예제1]	[예제2]	[문제]

A   B   A   B

① ② ③ ④ ⑤

108.

[예제1]	[예제2]	[문제]

A   B   A   B

① ② ③ ④ ⑤

109.

[예제1]	[예제2]	[문제]

A   B   A   B

① ② ③ ④ ⑤

110.

[예제1]	[예제2]	[문제]

A   B   A   B

① ② ③ ④ ⑤

▌111~125▐ 다음 [조건 1], [조건 2], [조건 3]을 적용하면 다음과 같은 규칙이 될 때, '?'에 들어갈 도형으로 알맞은 것을 고르시오.

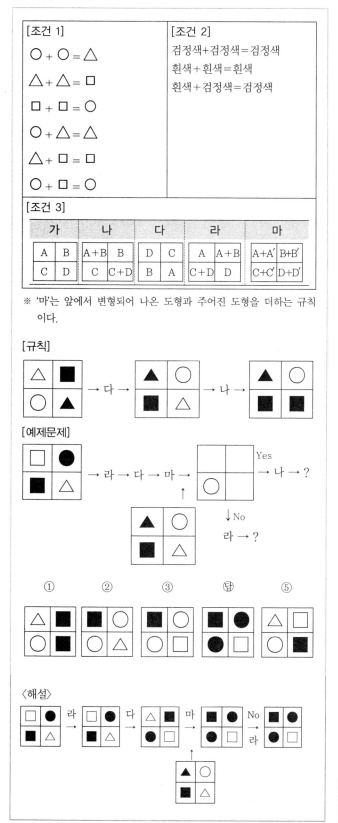

[조건 1]

$\bigcirc + \bigcirc = \triangle$

$\triangle + \triangle = \square$

$\square + \square = \bigcirc$

$\bigcirc + \triangle = \triangle$

$\triangle + \square = \square$

$\bigcirc + \square = \bigcirc$

[조건 2]

검정색+검정색=검정색

흰색+흰색=흰색

흰색+검정색=검정색

[조건 3]

가		나		다		라		마	
A	B	A+B	B	D	C	A	A+B	A+A'	B+B'
C	D	C	C+D	B	A	C+D	D	C+C'	D+D'

※ '마'는 앞에서 변형되어 나온 도형과 주어진 도형을 더하는 규칙이다.

[규칙]

[예제문제]

〈해설〉

111.

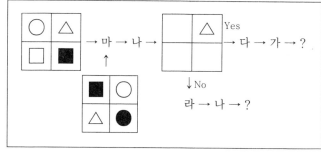

①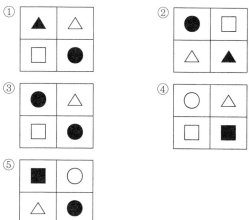

②

③

④

⑤

112.

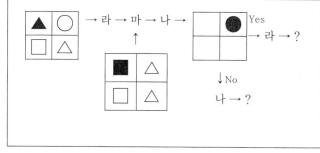

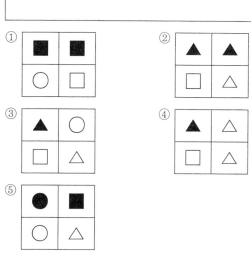

①

②

③

④

⑤

113.

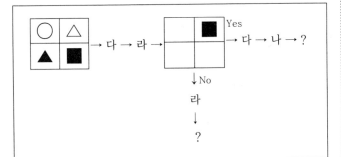

① 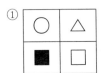   ②

③    ④

⑤

114.

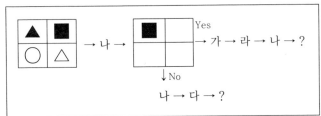

① 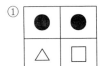   ②

③ 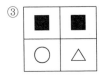   ④

⑤

115.

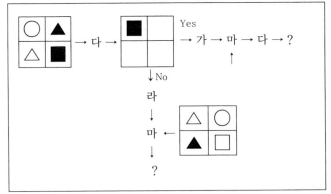

①   ②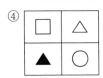

③   ④

⑤

116.

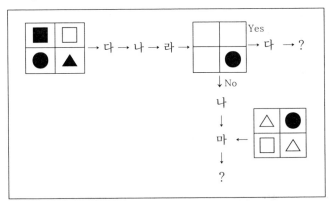

①   ②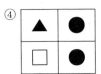

③   ④

⑤

117.

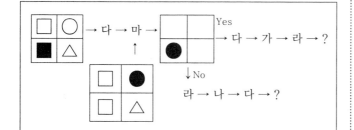

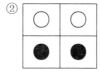

①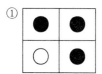

②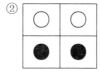

③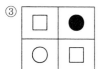

④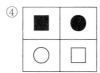

⑤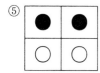

118.

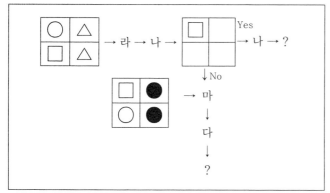

①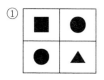

②

③

④

⑤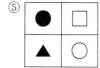

119.

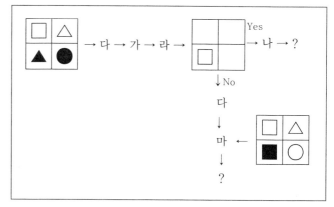

①

②

③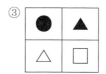

④

⑤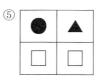

120.

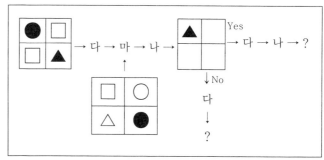

①

②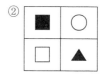

③

④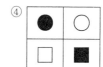

⑤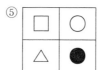

121.

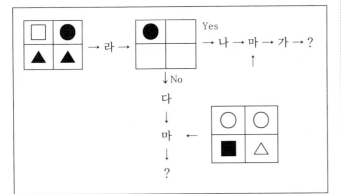

①
②
③
④
⑤

122.

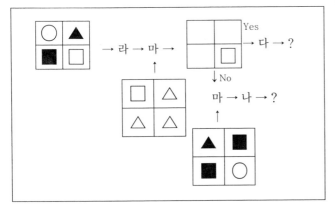

① ② ③ ④ ⑤

123.

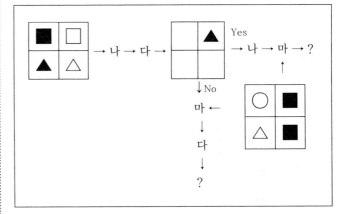

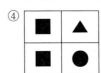

① ② ③ ④ ⑤

124.

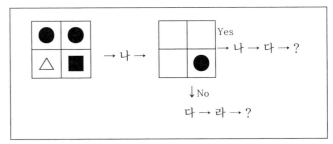

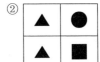

① ② ③ ④ ⑤

125.

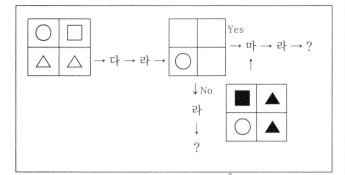

①
▲	●
■	■

②
■	■
△	▲

③
■	●
■	▲

④
□	●
■	▲

⑤
●	▲
■	■

한 눈에 쏙!

부동산 / 시사 / 경제

용어사전 시리즈

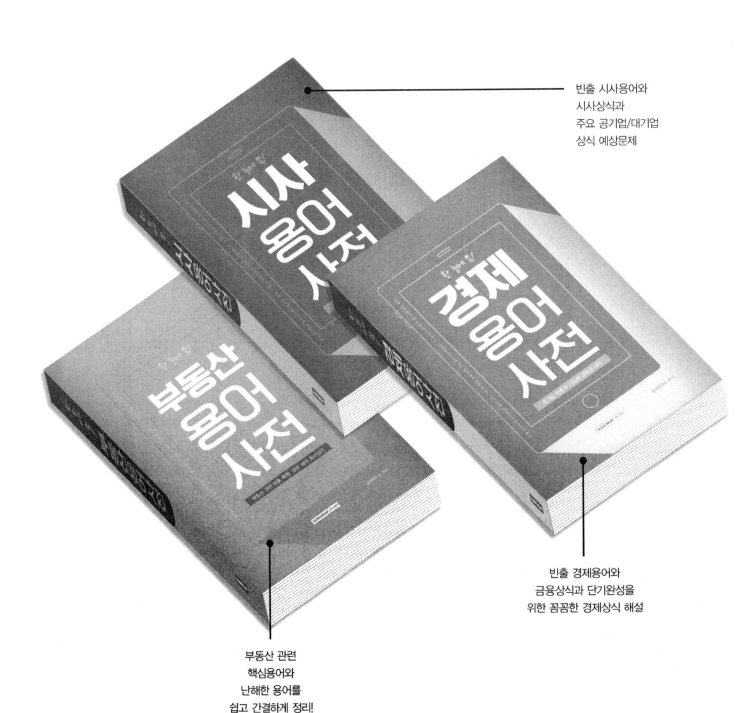

빈출 시사용어와
시사상식과
주요 공기업/대기업
상식 예상문제

빈출 경제용어와
금융상식과 단기완성을
위한 꼼꼼한 경제상식 해설

부동산 관련
핵심용어와
난해한 용어를
쉽고 간결하게 정리!

LG그룹

인적성검사 모의고사

[제3회]

영 역	언어이해, 언어추리, 인문역량, 수리력, 도형추리, 도식적추리
문항 수 / 시간	125문항 / 140분
비 고	객관식 5지선다형

>> 언어이해(20문항/25분)

1. 다음 글을 읽고 내린 판단으로 적절하지 않은 것은?

화학은 분자 구조, 분자가 가지는 각종 성질, 분자 구조의 변화, 새로운 분자의 제작 등에 관련된 사항을 다루는 학문이다. 분자란 어떤 물질의 성질을 보유하는 최소 크기의 입자 단위를 일컫는다. 자연계에 존재하는 물질의 대부분은 분자로 구성되어 있다. 크기가 작은 분자의 예로는 공기 중의 산소, 질소, 이산화탄소라든지 물, 알코올, 설탕, 휘발유, 포도당, 아스피린, 페니실린 등을 들 수 있다. 크기가 큰 분자의 예로는 녹말, 단백질, 핵산, 각종 플라스틱, 고무 등을 들 수 있고, 초대형 분자의 예로는 다이아몬드, 암석 등을 들 수 있다.

분자는 원자로 이루어진다. 원자들이 모여서 분자를 구성하는 것은 레고 장난감을 만드는 것에 비유할 수 있다. 몇 가지 기본적인 레고 조각에 해당하는 것이 원자이고, 레고 조각들을 짜맞추어 여러 가지 형태를 가지게끔 만든 것이 분자이며, 레고 조각들끼리 연결하는 부위는 분자 속에서 원자 사이에 형성되는 화학 결합에 해당한다. 레고 조각의 연결 부위를 떼어 내거나 새로운 조각을 붙이면 새로운 모양의 장난감이 생겨난다. 분자 속에서 원자를 연결시켜 주는 화학 결합을 절단하거나 새로운 화학 결합을 형성하면 새로운 분자가 생겨나고 새로운 물질로 바뀌게 된다. 이와 같이 화학 결합을 자르거나 붙이는 것을 화학 반응이라고 부른다.

생체 속에서 일어나는 현상들은 모두 화학 반응의 결과로 일어나는 것이다. 20세기 초까지도 생명력으로 간주되던 모든 현상들도 실은 크고 작은 분자들 사이에서 일어나는 화학 반응에 기인한다. 우리가 밥을 먹으면 소화기관에서 밥에 포함된 큰 분자들이 조그만 조각으로 갈라져서 세포 내로 이동된 뒤, 여러 단계의 구조 변화를 일으켜 마지막으로 탄산가스로 바뀌어 체외로 배출된다. 이러한 과정을 거쳐 생명을 유지하는 데 필요한 에너지를 세포가 흡수하게 된다. 여기서 든 예에서 '밥'이 '탄산가스'로 바뀌는 것은, 분자를 구성하는 화학 결합이 절단되거나 새로 형성되는 일련의 화학 반응에 의하여 진행되는 것이고, 이 화학 반응의 결과로 밥이 가지고 있던 화학 에너지는 다른 형태의 에너지로 세포에 전달된다. 이밖에도 호흡, 생식, 운동, 감각, 병균 퇴치, 노화, 광합성 등 모든 생명 현상에 관련된 화학 반응의 본질에 관한 지식이 계속 축적되고 있다. 먼 장래에 자연 과학이 더욱 발전하면 사고 활동에 관련된 화학 반응까지 밝힐 수 있게 될 것이다.

고전적인 학문 분류에 따르면, 생체와 관련된 자연 현상은 생물학 및 이에 관련된 의학, 농학, 약학 등 응용 분야에 속하는 것으로 인식되어 왔다. 그러나 학문이 발전함에 따라 생체와 관련된 제반 현상이 각종 분자에 기인한 것임을 알게 되었다. 모든 산업에서 핵심적인 요소는 소재이다. 모든 소재는 분자로 구성된다. 생명 과학과 재료 과학에 관련된 학문적인 돌파구는 화학의 영역과 깊은 관련을 가지고 있다. 따라서, 분자를 다루는 학문인 화학의 영역은 생명 과학과 재료 과학을 포괄하는 범위로까지 확장되어 나갈 것이다.

분자들이 인류의 복지에 중요한 역할을 담당하는 또 다른 예로 각종 소재를 들 수 있다. 플라스틱, 합성수지, 합성섬유 등과 같은 고분자 소재는 인공적으로 거대한 탄소 화합물을 합성하는 방법을 화학자들이 발견함으로써 대량 생산의 길이 열리게 되었다. 지금도 화학자들은 이러한 합성 고분자가 전기 이동, 촉매 작용, 고강도, 생분해 등의 새로운 성질을 가질 수 있도록 분자 차원에서 구조를 설계하고 있다. 이밖에도 금속 소재, 무기 재료 등도 분자 차원에서 물성이 결정되기 때문에 새로운 기능을 가진 물질을 발명하기 위해서는 우선 분자에 대한 지식이 필요하다. 금속 공학, 고분자 공학, 섬유 공학, 무기 재료 공학, 재료 공학 등의 명칭을 가진 응용과학의 여러 분야와 화학 공학, 공업 화학, 환경 공학 등에 관련된 학문적인 돌파구는 화학의 영역과 깊은 관련을 가지고 있다.

① 분자의 크기는 물질마다 일정하지 않다.
② 화학의 영역은 과학의 발전에 따라 확대되고 있다.
③ 화학은 인류의 복지 증진에 상당한 역할을 할 수 있다.
④ 화학적 접근은 생명현상의 본질을 밝히는 데 필수적이다.
⑤ 새로운 물질은 분자의 결합이나 단절을 통해서 생성된다.

2. 다음 글에 대한 설명으로 적절하지 않은 것은?

꼭 필요한 사람이 되라는 의미로 쓰이는 '소금 같은 사람이 되어라.'라는 말이 있을 정도로 소금은 우리의 건강이나 식생활과 밀접한 관련을 맺고 있다. 이제부터, 조그마한 흰 알갱이에 불과한 소금이 우리의 몸과 생활에 어떤 영향을 미치는지 자세히 알아보도록 하자.

소금은 짠맛을 지닌 백색의 물질로 나트륨 원자 하나가 염소 원자 하나와 결합한 분자들의 결정체이다. 사람에게 필요한 소금의 양은 하루에 3그램 정도로 적지만, 소금이 우리 몸에 들어가면 나트륨이온과 염화이온으로 나뉘어 생명 유지는 물론, 신진대사를 촉진시키기 위한 많은 일들을 한다. 예를 들어, 소금은 혈액과 위액 등 체액의 주요 성분일 뿐만 아니라 우리 몸에 쌓인 각종 노폐물을 배출시킴으로써 생리 기능을 조절하는 역할을 한다. 그러므로 사람뿐만 아니라 모든 동물이 소금 없이는 생명을 유지할 수 없는 것이다.

소금은 음식 본래의 맛과 어울려 맛을 향상시키는 작용을 한다. 소금은 고기뿐만 아니라 곡식, 채소 등 다양한 재료와 어울리며 우리의 입맛을 돋운다. 그냥 먹으면 너무 짜고 쓰기까지 하지만 다른 맛과 적절히 어울리면 기가 막힌 맛을 내는 것이 바로 소금이다. 실제로 우리가 먹는 음식 가운데 차, 커피, 과일과 같은 몇몇 기호 식품을 빼고는 거의 모든 음식에 소금을 넣는다.

생선을 소금에 절이면 보존 기한이 매우 길어진다. 그 이유는 소금이 음식을 썩게 하는 미생물의 발생을 막기 때문이다. 냉장 시설이 발명되기 전까지는 생선에 소금을 뿌려 보존한 덕분에 내륙 사람들도 생선 맛을 볼 수 있었던 것이다. 냉장 시설이 없던 옛날에는 생선뿐만 아니라 고기를 보존할 때도 소금이 꼭 필요했다. 고기를 소금에 절여 보관하거나 소금에 절인 고기를 연기에 익혀 말리는 방식인 훈제 등을 통해 고기를 오랫동안 보존할 수 있었기 때문이다.

소금은 우리 몸을 위해서, 또 맛이나 식량의 보존을 위해서 중요한 역할을 한다. 이뿐만 아니라 소금은 그 불순물까지도 요긴하게 사용된다. 정제 과정을 거치지 않은 소금 중에 천일염은 바닷물을 햇볕과 바람에 증발시켜 만든 소금으로, 그 안에 마그네슘, 칼륨, 칼슘과 같은 미네랄이 많이 포함되어 있다. 이처럼 정제되지 않은 소금은 오히려 우리 몸에 미네랄을 공급해 줄 수 있기 때문에, 최근에는 천일염에 대한 관심이 매우 높아지고 있다.

① 구체적인 예를 들어 대상을 설명한다.
② 설명 대상에 대한 과학적인 정의를 제시한다.
③ 주장에 대한 다양한 근거를 제시하여 설득력을 높인다.
④ 체계적이고 쉬운 말로 설명하여 정보에 대한 이해도를 높이고 있다.
⑤ 일상생활과 관련된 흥미로운 소재를 설명하여 독자의 호기심을 유발한다.

3. 다음 글을 바탕으로 짐작해 볼 때, 대답할 수 없는 질문은?

"은행 문은 왜 안쪽으로 열릴까?"

비 오는 날, 한 손엔 우산과 가방을 들고, 다른 한 손으론 유모차를 밀며 은행 문을 나서던 젊은 주부의 푸념이다. 생각해 보니 불평할 만도 하다. 그러나 세상에 원인 없는 결과는 없다. 반드시 그렇게 해야 할 이유가 따로 있을 것이다.

문은 여닫는 방법에 따라 크게 옆으로 밀어 여는 미닫이문과 안팎으로 여닫는 여닫이문이 있는데, 여닫이문은 다시 실내를 기준으로 하여 문이 안쪽으로 열리는 안여닫이와 바깥쪽으로 열리는 밖여닫이, 그리고 안팎으로 모두 열리는 양 여닫이로 나뉜다. 그런데 이러한 문들은 건물의 쓰임새에 따라 어떤 건물에는 안여닫이문이, 어떤 건물에는 밖여닫이문이 사용된다.

문이 열리는 방향은 왜 이렇게 다른 것일까? 그리고 무엇을 기준으로 안과 밖으로 나뉘는 것일까? 여기에는 사회적 관습이나 개인적 기호 등 다양한 변수가 작용한다. 그러나 이를 기능적인 측면으로만 국한했을 때, 건축에서 문의 방향을 결정짓는 요인은 크게 세 가지 정도로 꼽을 수 있다. 첫째는 공간의 활용, 둘째는 비상시의 대피, 셋째는 행동 과학이 그것이다.

은행은 무엇보다도 안전과 신용을 가장 중시하는 곳이다. 다른 건축물도 은행과 마찬가지로 사람들의 안전을 전제하지만, 다른 건축물들이 '재난'으로부터의 대피가 주 관심사인 반면, 은행은 '도난'으로부터의 안전이 주 관심사인 점이 다르다.

이와 같이 우리 생활 주변의 문을 살펴보면 문이 열리는 방향은 문의 기능적 측면에서 공간의 활용, 비상시 대피, 행동 과학 등 다양한 요소가 작용함을 알 수 있다. 특히 대다수의 현관문이 사람들의 대피를 고려하여 바깥쪽으로 열리는 것으로 볼 때, 현대에 와서 문은 들어오는 것보다는 나가는 것에 더 큰 관심을 두고 있는 것으로 보인다. 그리고 보면 문은 단순히 드나드는 데 필요한 것처럼 보이지만 그 안에는 사회적 관습, 개인적 기호, 과학적 원리 등이 담겨 있어서 인간의 삶을 배려하는 역할을 한다.

① 문의 방향은 어떻게 결정될까?
② 문은 왜 열리는 방향이 다를까?
③ 은행 문은 왜 안쪽으로 열릴까?
④ 현관문은 왜 바깥쪽으로 열릴까?
⑤ 문의 디자인과 방향은 관련이 있을까?

4. ⓐ~ⓔ를 의미가 유사한 것끼리 분류한 것으로 적절한 것은?

까치와 가까운 새인 어치는 마음 상태나 사회적 지위에 따라 ⓐ<u>머리 깃털을 세우는 각도</u>가 달라진다. 어치는 기분이 좋지 않을 때나 공격하려 할 때면 머리 깃털을 90도 각도로 곧추세운다. 힘이 없는 놈은 늘 머리 깃털을 낮추고 있어야 된다. 힘도 없으면서 머리 깃털을 잘못 세웠다가는 더러 혼쭐이 나는 수가 있다. 곧 지위가 높은 새일수록 머리 깃털을 높이 세우는 경우가 많고, 지위가 낮은 새일수록 머리 깃털을 감추고 살살 기는 경우가 많다. 실제로 이 머리 깃털의 각도를 30도, 60도, 90도로 측정해 본 결과 각각의 각도는 그들의 사회적 지위와 거의 정확하게 맞아떨어졌다.

개나 늑대의 사회에서는 ⓑ<u>꼬리의 위치나 모습</u>을 보고 상태나 지위를 알 수 있다. 지위가 높아야만 꼬리를 세울 수 있다. 지위가 낮은 개체는 항상 꼬리를 감아 말고 있어야 한다. 힘도 없는 놈이 꼬리를 바짝 세우면, 제일 힘 있는 놈이 "지금 나한테 덤비겠다는 거야?" 하고 싸움을 걸어온다. 그러니까 자기 지위에 맞게 행동해야 하는 것이다.

ⓒ<u>소리를 질러 자기를 표현</u>하는 고릴라를 보자. 인간과 아주 가까운 영장류인 침팬지나 고릴라, 오랑우탄 등은 모두 청각이 대단히 발달한 동물이다. 청각을 통해 얘기를 나누며 사는 동물이라고 할 수 있다. 지금은 연구가 꽤 진행되어 이 동물들이 내는 소리가 무엇을 뜻하는지 적잖게 밝혀졌다. 심지어 아프리카에서 오랫동안 침팬지를 연구한 제인 구달 박사는 온갖 침팬지 소리를 흉내 내는데, 침팬지가 그 소리를 듣고 답을 할 정도에까지 이르렀다. 현재 연구자들은 침팬지가 내는 소리가 무슨 뜻이고, 그런 단어 몇 개를 어떻게 붙이면 어떤 문장이 된다는 수준까지 이들의 소리를 이해하고 있다.

중남미에 서식하는 퉁가라개구리는 ⓓ<u>우는 소리</u>가 아주 재미있다. 그냥 귀로 들으면 전자오락실에서 오락할 때 나는 소리 같은 "삐융, 삐융, 삐융" 하는 소리가 난다. 저녁때 밖에 나가면 여기저기서 "삐융, 삐융, 삐융" 하는 소리가 난다. 퉁가라개구리를 연구한 텍사스 주립 대학의 마이클 라이언 교수가 퉁가라개구리의 소리를 분석해 보니, 앞부분에 "으으윽" 하는 소리가 나고 뒤에 "끅, 끅, 끅" 하는 짧은소리들이 따라온다는 것을 알아냈다. 우리 귀에 "삐융" 하고 들리는 소리를 분석해 보면 이처럼 ⓔ<u>복합적인 구조</u>로 이루어져 있다는 것이다.

① ⓐ, ⓑ
② ⓐ, ⓒ
③ ⓑ, ⓒ
④ ⓑ, ⓓ
⑤ ⓑ, ⓔ

---

5. 다음 글의 내용과 일치하지 않는 것은?

온돌방과 대청이 모두 있는 것이 한옥의 기본 형태이다. 구들 드린 온돌방은 북쪽 지방에서 발전했고 마루를 깐 대청은 남쪽 지방에서 비롯하였는데, 한옥은 이 두 가지가 한 건물에 함께 있다. 서로 대립되는 구조인 폐쇄적인 온돌방과 개방적인 대청이 서로 개성을 살리면서 공존하는 것인데, 이는 북방 문화와 남방 문화의 연합이라는 점에서 문화사적 의의가 크다. 일본의 집은 마루나 다다미를 깐 방이 있을 뿐 구들과 대청이 없고, 중국 한족의 집은 구들 드린 방도 대청도 없는 맨바닥 방이거나 마루를 설비한 다락집인 점이 한옥과 다르다. 그렇다면 한옥의 특징으로는 어떤 것이 있을까?

첫째, 한옥은 기단이 높다. 습기가 많지 않은 기후라 하더라도 집이 땅에 가깝게 자리하면 습기가 올라오기 마련이다. 여름철이면 더 심해서 눅눅하기 짝이 없다. 한옥은 움집을 땅 위로 드러낸 다음 차츰 바닥을 높이면서 집을 땅에서 떨어뜨리는 방법을 취하였다. 기단이라고 부르는 댓돌을 여러 겹 쌓아 높게 만들고, 그 위에 기둥 밑에 괴는 주춧돌을 놓아 집을 짓는 것이다. 그럼으로써 땅의 습기를 줄여 쾌적하게 살 수 있게 했다.

둘째, 한옥은 구들을 드려 난방을 한다. 구들의 구조는 크게 불을 때는 곳인 아궁이, 열기가 지나가는 통로인 고래, 그리고 연기가 밖으로 나가는 굴뚝으로 나뉜다. 한옥의 구들은 여러 면에서 매우 뛰어난 장점이 있는 난방 시설이다. 구들은 장작을 잠시만 때도 열이 오래도록 지속되며, 방 밖의 아궁이에서 불을 피우는 것이어서 연기가 자욱하거나 재가 날릴 염려가 없고 화재의 위험에서도 안전하다. 이웃 나라에서는 구들을 활용하여 방 밖에 부뚜막을 시설한 사례도 보기 어렵다.

셋째, 한옥은 개성 있는 굴뚝이 많다. 고장에 따라 여러 굴뚝이 있어서 그것만 분류해도 꽤 다양하다. 이웃 나라에서는 굴뚝을 보기가 어렵고, 있다고 해도 아주 간단하다. 하지만 우리 굴뚝은 국가 보물로 지정된 것이 있을 정도이다.

이러한 특징을 지닌 한옥의 장점은 무엇보다도 자연 친화적이라는 점이다. 예컨대 현대 건축에서 자주 문제가 되는 환경 파괴가 한옥에는 거의 없다. 한옥은 짓는 터전을 훼손하지 않으며, 터가 생긴 대로 약간만 손질하면 집을 지을 수 있기 때문이다. 또한 한옥을 짓는 데 사용되는 천연 건축 자재는 공해를 일으키지 않는다. 아토피성 피부염 등의 현대 질병에 한옥이 좋은 이유가 여기에 있다. 재활용이 가능한 것도 한옥의 장점이다. 예를 들어 수명이 다한 집을 헐어 내어 자재를 폐기하면 흙이나 거름이 되고, 땔나무 등으로 다시 쓸 수도 있다.

① 한옥은 천연 건축 자재를 사용한다.
② 한옥은 북쪽 지방으로부터 발전하였다.
③ 한옥은 화재의 위험에서 비교적 안전하다.
④ 한옥은 중국, 일본의 집과 구조가 다르다.
⑤ 한옥은 현대 질병에 좋다.

6. 다음 글의 내용 전개 방식을 〈보기〉에서 골라 바르게 묶은 것은?

20세기 초에 새로움을 갈구하였던 예술가들을 통틀어 우리는 흔히 전위 예술가라고 부른다. 프랑스어인 '아방가르드'를 번역한 전위(前衛)라는 용어는 특정한 시대의 예술 사조나 양식을 가리키는 용어라기보다는 혁신적인 정신을 가리키는 말로 이해할 수 있다.

아방가르드 정신은 20세기 초에 잠깐 나타났던 일시적인 유행이 아니라, 그때부터 시작하여 20세기에 상존했던 정신이다. 전혀 다른 사상과 음악 양식을 추구했던 바그너와 드뷔시뿐만 아니라 쇤베르크, 베베른 등도 모두 새로움을 추구하였다는 점에서는 공통점을 찾을 수 있을 것이다. 제2차 세계 대전이 종료되자 많은 작곡가가 음악의 사상적, 양식적 개혁을 추구하여 새로운 전위 활동을 적극적으로 재개하였는데, 그중 가장 획기적인 실험 정신으로 음악의 개념에 대한 전통적 해석을 깬 인물이 미국의 작곡가 케이지였다.

케이지는 1950년대 이후 숱한 화제를 뿌리며 20세기 후반 음악의 흐름에 지대한 영향을 미쳤다. 케이지는 코웰과 쇤베르크에게 작곡을 배웠기 때문에 그의 초기 작품에는 코웰과 쇤베르크의 영향이 나타난다. 그러나 이후 그는 음악의 기본 구조에 대한 발상과 개념의 대전환이 필요하다고 생각하게 된다. 케이지의 수많은 실험 음악의 근저에 공통으로 깊게 깔려 있는 기본적 사고는 '음악의 무목적성'이다. 음악은 소리일 뿐이며, 작곡가는 소리를 지배하려는 욕심을 가져서는 안 된다는 것이다. 마음을 비우고 소리를 소리 그 자체로 놓아 두는 완전한 평정 상태의 음악을 추구했던 케이지의 철학은 그가 1940년대 후반에 몰입했던 선불교의 영향을 받은 것으로 보인다. 어찌되었든 20세기 후반의 서양 고전 음악사에 케이지만큼 전위의 첨단을 걸으면서 동료 작곡가들에게 커다란 영향을 미치고, 음악에 대한 기본적 발상에 커다란 전환의 계기를 제공한 인물은 없을 것이다.

케이지의 작품 중 가장 큰 물의를 불러일으킨 작품은 「4분 33초」라는 작품인데, 그 악보를 보면 보표나 음표는 없고 숫자만 쓰여 있다. 이 숫자는 모두 각 악장의 소요 시간이며, 이 숫자들을 모두 합치면 4분 33초가 된다. 그러고는 악보에 음표 대신 '침묵을 지키고 있으라(tacit)'는 지시가 되어 있다. 결국 연주가는 4분 33초 동안 침묵으로 일관해야 하기 때문에 "음악에는 소리만이 있을 뿐"이라는 케이지의 소신과는 모순된 것으로 보일 수도 있지만 실상은 그렇지 않다. 케이지에 따르면 소리에는 악보에 지시된 소리가 있고 그렇지 않은 소리가 있는데, 우리는 후자의 역할과 기능을 경시할 수 있다는 것이다.

따라서 작곡가의 의도가 담긴 소리를 완전히 없앰으로써 악보에는 기록되지 않은 나머지 소리들을 체험할 수 있다는 것이다. 연주가가 아무런 소리를 내지 않더라도 연주회장에서는 프로그램 넘기는 소리, 움직이는 소리 등 여러 소리가 나게 마련이고 4분 33초 동안의 이러한 소리가 바로 작품이라는 것이다. 「4분 33초」는 케이지의 생각을 있는 그대로 반영한 작품이며 그 자신도 가장 중요한 작품으로 생각하고 있지만, 이 작품 이후 그는 어려운 선택의 갈림길에 서야 했다. 만약 작곡가가 완전히 마음을 비울 수 있고, 소음을 포함한 모든 소리가 음악일 수 있다면 작곡가란 따로 필요하지 않으며, 작곡가인 그 자신 역시 이제 할 일이 없어지는 것이기 때문이다.

〈보기〉

㉠ 대조의 방법을 활용하여 대상 간의 차이를 선명하게 드러내고 있다.

㉡ 통시적 관점을 통해 대상의 변화 과정을 세밀하게 보여 주고 있다.

㉢ 용어에 대한 이해를 바탕으로 설명 대상에 대한 이해를 돕고 있다.

㉣ 특정 작품에 초점을 맞추어 설명한 내용을 구체화하고 있다.

㉤ 전문가의 견해를 인용하여 내용에 신빙성을 더하고 있다.

① ㉠, ㉡   ② ㉠, ㉢

③ ㉡, ㉤   ④ ㉢, ㉣

⑤ ㉢, ㉤

7. 내용 전개상 단락 배열이 가장 적절한 것은?

㈎ 삼국시대 가야 영역에서 만들어진 고분들을 통틀어 가야고분이라 한다.

㈏ 이러한 고분들을 만든 가야국은 우리나라 역사에서 삼국시대 낙동강 서쪽의 영남지방에 자리하고 있던 여러 정치집단의 통칭으로 삼한 가운데 변한의 소국들로부터 발전하였으나 하나의 국가로 통합되지 못한 채 분산적으로 존재하다가 6세기 중엽 신라에 모두 흡수되었다.

㈐ 이에 따라 가야고분의 중심지도 한 군데가 아니라 여러 곳에 분산적으로 존재한다.

㈑ 대표적인 것으로 금관가야의 중심지인 김해의 대성동고분군, 대가야의 중심지인 고령 지산동고분군, 아라가야의 중심지인 함안 말산리고분군·도항리고분군, 그리고 소가야의 중심지인 고성 송학동고분군 등이 있다.

㈒ 한편 최근에는 호남 동부지역에서도 가야고분이 조사되어 가야의 영역이 이곳까지 뻗쳐 있었던 것으로 밝혀지고 있다.

① ㈐-㈒-㈑-㈎-㈏   ② ㈎-㈏-㈐-㈑-㈒

③ ㈎-㈑-㈐-㈏-㈒   ④ ㈐-㈎-㈑-㈒-㈏

⑤ ㈒-㈑-㈐-㈏-㈎

8. 다음 글의 설명으로 옳지 않은 것은?

노르웨이는 북위 50°에서 71°에 걸쳐 있어 북부 지방에서는 4월 말에서 7월 말까지 해가 지지 않는 백야 현상이, 11월 말부터 1월 말까지는 해가 뜨지 않고 밤만 지속되는 극야 현상이 나타난다. 알래스카와 거의 비슷한 위도에 있으며 일본과 면적이 비슷한 노르웨이는 그러나 멕시코 만류의 영향으로 알래스카보다 따뜻하며 해안선의 길이는 약 1만 8,000km에 달한다. 이처럼 노르웨이가 좁은 국토 면적에 비해 긴 해안선을 가지게 된 이유는 '피오르'라는 빙하 지형 때문인데 이 지형은 특히 북해와 맞닿은 노르웨이 남서해안에 발달해 있다. 피오르는 노르웨이어로 '내륙 깊이 들어온 만'이라는 뜻이다. 즉, 빙하가 깎아 만든 U자 골짜기에 바닷물이 유입되어 형성된 좁고 기다란 만을 말하는 것이다. 중력에 의해 비탈 경사면을 따라 빙하가 이동하게 되면 지표의 바닥과 측면이 깎여 나가 U자형의 골짜기가 형성되고 이후 해수면이 상승하면서 바닷물이 들어와 과거 빙하가 흐르던 골짜기를 메우면 좁고 긴 협만이 생겨난다.

오늘날 노르웨이의 남서 해안선이 복잡한 것은 약 200만 년 전부터 이렇게 여러 번 빙하로 뒤덮이며 침식을 받아 형성된 피오르가 발달했기 때문이며 현재도 노르웨이에는 만년설을 포함하여 약 1,700여개의 빙하가 발달해 있다. 또한 피오르는 약 1,000~1,500m 높이의 절벽으로 이루어져 있어 수심도 깊은 편으로 노르웨이의 대표적인 피오르인 송네피오르는 가장 깊은 곳의 깊이가 1,300m에 달한다.

이 외에도 전 세계적으로 노르웨이와 같이 빙하에 의한 빙식곡에 바닷물이 들어와 형성된 피오르로는 알래스카 남부 해안, 캐나다 동부 해안, 그린란드 해안 등을 들 수 있다.

① 노르웨이는 알래스카와 비슷한 위도에 위치해 있지만 멕시코 만류의 영향으로 알래스카보다 따뜻하다.
② 노르웨이의 복잡한 남서 해안선은 약 200만 년 전부터 여러 차례 빙하의 침식으로 인해 피오르가 형성된 까닭이다.
③ 알래스카 남부해안, 캐나다 동부 해안, 그린란드 해안 등은 노르웨이처럼 빙식곡에 바닷물이 들어와 형성된 피오르이다.
④ 노르웨이의 북부지방은 4월 말에서 7월 말까지 해가 뜨지 않고 밤만 지속되는 극야현상이 나타난다.
⑤ 피오르는 빙하가 깎아 만든 U자 골짜기에 바닷물이 유입되어 형성된 좁고 기다란 만을 말한다.

9. 다음 제시문에서 ㉠, ㉡에 대한 설명으로 적절하지 않은 것은?

일반적으로 기억은 인간의 도덕적 판단이나 행동, 자아의 정체성을 확립하는 데 필수적이라는 점에서 긍정적으로 인식되지만 반복은 부정적인 의미를 지니기 마련이다. 다시 말해 인간은 기억을 통해 자신의 잘못된 행동을 반성하고 이를 반복하지 않도록 노력함으로써 도덕적인 행동을 할 수 있으며 이를 통해 도덕적으로 진보할 수 있는 가능성을 지니게 된 것이다.

그러나 기억과 반복에 관련한 이와 같은 통념은 최근 들어 변화하기 시작했다. 과거를 재구성하는 기억에 대한 불신이 커지는 반면 반복의 긍정적 측면이 계속 부각되고 있기 때문이다. 인간의 기억은 컴퓨터처럼 과거 경험을 그대로 불러내어 재현하는 것이 아니라 오히려 과거의 경험을 의도적으로 재구성하고 왜곡하여 허구적으로 구성해 내는 것이라는 생각이 점차 설득력을 얻고 있는 것이다. 즉, 우리의 기억이란 우리가 기억해야 할 것만을 기억하는 것이며 잊고 싶은 ㉠경험들은 기억의 저편으로 몰아내버림으로써 자신의 소망과 기대, 선입견을 중심으로 가공된 ㉡기억이 현재의 기억이 된다는 것이다.

이처럼 과거의 경험을 재구성해 내는 기억의 기능은 있는 그대로 재현하는 것이 아니라는 점에서 그 중요성에 대한 회의가 강화되고 있는 반면 반복의 의미는 새롭게 평가되고 있다. 이전까지 반복이 동일한 것의 되풀이를 의미했다면 오늘날의 반복은 재현이나 되풀이를 의미하는 것이 아니다. 복고의 경우 그것은 단지 과거의 모습을 복원하는 것이 아니라 이를 패러디하거나 유희적으로 다루는 방식을 취하고 있는데 이는 복고라 하더라도 과거의 모습이 단순히 있는 그대로 재현되는 것은 아니기 때문이다. 이러한 의미에서 반복은 이전과는 전혀 다른 의미로 다가올 수밖에 없다.

① ㉡은 ㉠을 바탕으로 한다.
② ㉡은 진리를 판단하는 규범이 된다.
③ ㉡은 경우에 따라 왜곡되기도 한다.
④ ㉠만 있다고 해서 ㉡이 구성되는 것은 아니다.
⑤ ㉠은 과거에 분명히 존재하였던 객관적 사실이다.

10. 다음 제시된 글의 내용과 일치하지 않는 것은?

데이터가 경쟁력인 빅데이터 시대 도래로 데이터 마이닝의 중요성이 강조되고 있으며 데이터 간 연관 관계를 분석, 가치 있는 데이터를 추론·발굴할 수 있는 데이터 사이언티스트가 부상하고 있다. 전 세계 빅데이터 시장은 연평균 26% 성장하는 추세로 2018년에는 415억 달러 규모로 성장할 것으로 예상된다. 빅데이터에서 유용한 정보를 발굴하는 '데이터 사이언티스트'의 수요도 증가하고 있는데 데이터 사이언티스트(Data Scientist)는 데이터 마이닝, 데이터 정보 분석, 시각화 및 트렌드 예측을 담당하는 전문가이다. 맥킨지에 따르면, 미국은 약 19만 명의 데이터 전문 분석가 부족 현상에 직면할 것이라고 예상하기도 했다. 데이터 사이언티스트의 수요 증가에도 불구하고 국내는 공공, 민간에서 형성된 빅데이터 개방 미비와 전문 인력 부족으로 아직 초기단계에 머무르는 수준이다. 빅데이터 산업 및 데이터 사이언티스트 육성은 전 세계적 관심사로 미국의 샌프란시스코 소재 벤처캐피탈 갈바나이즈(Galvanize)와 교육기관 네트워크 연합체는 샌프란시스코 기술 대학 짚피언 아카데미(Zipfian Academy)에 데이터 사이언스 트레이닝 프로그램을 신설하였다. 국내도 산·학·연 등 전문가로 '빅데이터 자문위원회' 구성, 한국데이터베이스진흥원의 '빅데이터 아카데미' 설립, 빅데이터 자격증 도입 등을 계획 중이다. 이와 같이 데이터 발굴로 신사업 모델을 창출하는 데이터 사이언티스트가 유망 직종으로 부상하면서 데이터 사이언티스트는 빅데이터 분석을 통해 사이버 위협, 사기, 침해에 대한 분석이 가능하며, 새로운 비즈니스 모델 창출에도 기여할 전망이다. 따라서 빅데이터 활성화를 위해 데이터 사이언티스트 양성 전략 마련이 필요하며 빅데이터 산업 구축을 위한 빅데이터의 자원 확보 투자 및 빅데이터를 전문적으로 연구하기 위한 데이터 사이언티스트의 지속적인 양성 지원이 중요하다.

① 데이터 사이언티스트의 공급은 수요에 미치지 못할 것으로 전망되고 있다.

② 빅데이터 시장의 성장에 따라 데이터 사이언티스트의 입지가 좁아지고 있다.

③ 빅데이터 활성화를 위해서는 데이터 사이언티스트 양성 전략 마련이 시급하다.

④ 데이터 마이닝, 데이터 정보 분석 등을 담당하는 전문가를 데이터 사이언티스트라고 한다.

⑤ 국내에서도 빅데이터에서 유용한 정보를 발굴하는 데이터 사이언티스트 트레이닝 프로그램 도입을 계획 중이다.

11. 다음 제시된 내용을 미루어 볼 때 ㉠에 들어갈 내용으로 가장 적절한 것은?

공기 중에서 물질이 열을 받아 연소하는 현상은 두드러지는 화학 현상 중의 하나이다. 그것은 18세기 중엽까지 '플로지스톤(phlogiston) 이론'을 통해 설명되었다. 기름이나 나무와 같은 가연성 물질은 모두 '플로지스톤'이라는 성분을 포함하고 있는데 가연성 물질이 연소될 때에는 플로지스톤이 빠져나오게 된다는 것이 이 이론의 핵심이다. 이 이론은 연소뿐만 아니라 금속이 녹스는 현상도 금속에서 플로지스톤이 빠져나오는 것으로 설명했다. 일상적인 경험에 비추어 보면 플로지스톤 이론은 매우 그럴듯해 보인다. 나무나 석탄이 타고 나면 원래 있었던 물질은 거의 없어지고 재만 남기 때문에 무언가가 빠져나가는 것으로 생각하기 쉽다.

라부아지에는 1772 ~ 1774년에 정밀한 실험을 통해 오늘날과 같은 연소 이론을 정립하여 플로지스톤 이론이 잘못되었음을 밝혔다. 그는 생성되는 기체의 무게까지 고려함으로써 금속이 하소(煆燒)하거나 비금속 물질이 연소할 때 무게가 증가한다는 사실을 밝혀냈으며, 수은을 가열하여 수은 금속재를 만드는 실험을 통해 수은이 공기의 특정한 부분과 결합한다는 사실을 알아냈다. 이러한 실험 결과는 라부아지에에게 매우 흥미로운 것이었지만 그것을 해석하는 일은 쉽지 않았다.

비슷한 시기에 영국의 화학자인 프리스틀리 역시 '새로운 공기'에 대한 실험을 하였다. 그는 수은 금속재를 매우 높은 온도로 가열하여 수은 금속과 '새로운 공기'를 얻어 냈던 것이다. 프리스틀리는 자신의 실험 내용을 플로지스톤 이론을 통해 설명했다. 그는 수은 금속을 얻는 동안에 생성된 '새로운 공기'는 전체 공기 중에서 플로지스톤이 빠져나가고 남은 부분에 해당할 것이기 때문에 이 '새로운 공기'를 '플로지스톤이 없는 공기'라고 이름 붙였다.

라부아지에는 프리스틀리가 말한 '플로지스톤이 없는 공기'가 자신이 찾던 새로운 기체라는 것을 알게 되었고, 실험을 통해 이를 확인하였다. 그리고 그는 그 기체가 비금속 물질과 반응해서 산(酸)을 만든다는 사실을 발견한 후 '산을 만드는 원소'라는 뜻에서 그 기체에 '산소'라는 이름을 붙였다. 라부아지에에 의해 연소와 하소는 물질이 산소와 결합하는 현상임이 밝혀진 것이다. 그런데 새로운 연소 이론이 만들어지는 과정에서 우리는 흥미로운 점을 발견할 수 있다. 그것은 바로 라부아지에와 프리스틀리가 [㉠   ].

① 실험 결과보다는 실험 과정의 문제점에 주목했다는 점이다.

② 협력을 통해 상대방의 견해를 보완하고 발전시켰다는 점이다.

③ 동일한 실험 결과를 두고 서로 다른 방식으로 해석했다는 점이다.

④ 기존 견해에 대한 부정을 통해 이론을 정립하고자 했다는 점이다.

⑤ 실험 내용이 달랐음에도 불구하고 동일한 결론에 도달했다는 점이다.

아이비콘은 BLE(Bluetooth Low Energy)를 활용한 근거리 데이터 통신 기술로, 근접도 측위를 바탕으로 사물 및 상황인식, 콘텐츠 푸시, 실내위치 측위, 자동 체크인, 지오펜싱(GeoFencing) 등 다양한 응용 서비스를 가능하게 한다. 이전 유사 기술과 비교하면 보다 편리하고, 적은 비용으로 제공 가능하기 때문에 새로운 서비스 시장 형성에 촉매제 역할을 하고 있다. 전통적인 의미에서의 비콘은 어떤 신호를 알리기 위해 주기적으로 전송하는 기기를 모두 의미한다. 따라서 등대나 봉화 같은 것도 전통적인 의미에서는 모두 비콘에 포함된다고 할 수 있다. 이러한 비콘의 개념은 현대에 이르러 IT 기술과 만나 보다 확장되고, 일상 깊숙이 들어왔다. 비콘은 신호를 전송하는 방법에 따라 사운드 기반의 저주파 비콘, LED 비콘, 와이파이 비콘, 블루투스 비콘 등으로 나눌 수 있다. 아이비콘은 비콘의 전통적인 개념만 따왔을 뿐 기술적으로는 기존의 비콘과는 많이 다르다. 아이비콘은 BLE 4.0의 애드버타이징 패킷(Advertising Packet) 전송 표준을 활용, 이를 iOS 기기에 적용한 것이다. 아이비콘 장치의 비콘 신호 영역 안에 iOS 기기를 소지한 사람이 들어오면 해당 애플리케이션에 신호(Beacon)을 보내게 된다. 예를 들어 특정 상점 근처를 지나갈 때 상점에 설치된 비콘이 할인 쿠폰을 보내준다거나 박물관에서 특정 전시물 앞에 가면 관련된 내용을 iOS 기기로 보내주는 식이다. 이때 신호 송수신에 쓰이는 데이터 통신 프로토콜이 BLE의 표준 규격을 준수하기 때문에 BLE 4.0을 지원하는 단말이라면 iOS 기기가 아니더라도 모두 지원 가능한 확장성을 가지게 됐다. 이를 아이비콘 컴퍼터블(Compatible)이라고 한다. 이런 이유로 아이비콘 신호를 안드로이드 기기에서도 받을 수 있다.

① 현대에 이르러 비콘 기술의 개념은 보다 확장되고 일상에 밀착된 형태를 보인다.

② 어떤 신호를 알리기 위해 주기적으로 전송하는 기기는 전통적 의미의 비콘에 포함된다.

③ 아이비콘은 비콘의 전통적인 개념만 차용했을 뿐 기술적으로는 다른 양상을 보여주고 있다.

④ BLE 4.0을 지원하는 단말이라도 안드로이드 기기일 경우 아이비콘 신호를 받는데 제약을 받는다.

⑤ 비콘 기술은 적은 비용으로 다양한 서비스를 가능하게 하여 새로운 서비스 시장 형성을 기대하게 한다.

혈액형에 대한 우리의 상식에 따르면 부모가 모두 O형이면 아기도 O형이어야 하지만 이 상식도 예외가 있다. O형 부모 사이에서도 A형이나 B형 자녀가 태어날 수 있는 것이다. 부모의 어느 한쪽 혈액형이 '봄베이(Bombay) O'형인 경우다. 그리고 부모가 모두 봄베이 O형이라면 AB형 아기도 가능하다. 봄베이 O형은 처음 발견된 인도의 봄베이 지역을 따서 이름을 붙였다.

봄베이 O형이란 무엇일까? 봄베이 혈액형을 이해하려면 '유전자형'과 '표현형'에 대해 알아야 한다. 유전자형은 유전인자에 의해서 생물 내부적으로 결정되는 형질을 말하며, 그것이 겉으로 드러나는 것이 표현형이다. ABO 혈액형에서 우리가 흔히 일컫는 A, B, AB, O형은 혈액형을 표현형으로 부르는 명칭이다. 표현형으로는 같은 A형일지라도 유전자형은 AA와 AO가 있을 수 있다. 봄베이 O형은 분명히 A형 또는 B형 '유전자'를 갖고 있지만 적혈구에는 A형 또는 B형 '항원'이 없는 경우다. 따라서 유전자형은 A 또는 B형이지만 표현형은 O형이 되는 것이다.

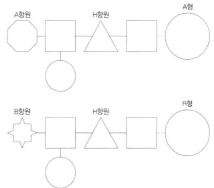

왜 이런 현상이 벌어질까? 항원의 구조를 살펴보면 적혈구 표면에 H 항원이 먼저 만들어진 뒤에야 A, B 항원이 붙어 있을 수 있다. 봄베이 O형은 아직 밝혀지지 않은 어떤 이유로 인해 H 항원이 만들어지지 않아 다음에 만들어져야 할 A 항원이나 B 항원이 만들어지지 않은 것이다. 그런데 A 항원 또는 B 항원을 만드는 유전자가 있으니 자식에게 유전자는 그대로 이어져 부모의 혈액형이 표현형으로 O형인 경우에도 자식은 A형이나 B형, 또는 AB형이 될 수 있는 것이다.

봄베이 O형의 경우 수혈은 어떻게 할 수 있을까? 먼저 혈액의 구성 성분을 살펴보자. 혈액을 가만히 두면 혈구와 혈청으로 나누어지는데, 혈구는 적혈구와 백혈구 같은 고체 성분이고 혈청은 맑은 노란색 액체다. 혈구는 항원(응집원)으로, 혈청은 항체(응집소)로 작용해 수혈에 적합하지 않은 피를 받게 되면 혈구와 혈청이 한 덩어리가 되어 굳어지게 된다. A형 적혈구에는 A 항원이, B형 적혈구에는 B 항원이, 그리고 AB형 적혈구에는 A, B 항원이 모두 있으며, O형 적혈구에는 A, B 항원이 모두 없다. 한편 A형 혈청과 B형 혈청에는 각각 anti-B 항체와 anti-A 항체가 있고, AB형 혈청은 anti-A 항체와 anti-B 항체를 모두 가지지 않으며, O형의 경우 anti-A 항체와 anti-B 항체를 모두 가진다. ABO식 혈액형끼리 수혈을 할 때 A 항원과 anti-A 항체가 만나거나, B 항원과 anti-B 항체가 만나면 항원과 항체가 서로 엉겨 굳어지게 된다. 봄베이 O형의 경우 A, B, H 항원이 모두 없기 때문에 anti-A, anti-B, anti-H 항체를 가진다. 따라서 봄베이 O형은 봄베이 O형으로부터만 수혈을 받을 수 있다.

① 봄베이 O형의 경우 H 항원이 만들어지지 않는다.

② A 항원과 anti-A 항체가 만나면 서로 엉기게 된다.

③ O형과 봄베이 O형은 표현형은 다르지만 유전자형은 서로 같다.

④ 혈액은 고체 성분의 혈구와 액체 성분의 혈청으로 구성되어 있다.

⑤ 봄베이 O형에서 A 또는 B 항원을 만드는 유전자는 자식에게 전달된다.

14. 다음 글의 내용을 자료로 하여 해결할 수 없는 물음은?

(가) 기술의 발전은 인간 생활의 변화와 연관지을 수 있으며, 인류의 발자취는 공간 혁명에 대한 도전이라고 볼 수 있다. 도시 혁명, 산업 혁명, 정보 혁명을 거쳐 이제는 유비쿼터스라 불리는 IT 혁명으로 이어진다. 도시 혁명은 물리 공간을 원시적 평면에서 도시적 방식으로 창조한 1차 공간 혁명이고, 산업 혁명은 도시 공간을 중심으로 물리 공간의 생산성을 고도화시킨 2차 공간 혁명이다. 이에 대해 정보 혁명은 인터넷과 같은 완전히 새롭고 보이지도 않는 전자 공간을 창조한 3차 공간 혁명을 일컫는다. 그리고 이제 유비쿼터스 혁명은 물리적 공간에 전자 공간을 연결해 물리 공간과 전자 공간을 하나로 통합, 함께 진화할 수 있게 하는 4차 공간 혁명이라 할 수 있다.

(나) 유비쿼터스(Ubiquitous)를 영어 사전에서 찾아보면 '어디에나 있는'이라는 뜻을 가지고 있다. 철학적이고 종교적인 어감을 가진 유비쿼터스라는 단어를 IT 분야의 신개념 명칭으로 사용한 사람은 1988년 미국 제록스사의 마크 와이저 박사이다. 그는 '유비쿼터스 컴퓨팅'이라는 내용으로 차세대 컴퓨팅을 제안하였으며, 주변의 모든 사물에 칩을 넣어 언제 어디서나 사용이 가능한 컴퓨팅 환경이라는 개념을 만들었다. 그리고 1999년, 일본에 의해 '유비쿼터스 네트워크'로 개념이 확장되었다. 이는 휴대 전화, PDA와 같은 휴대용 컴퓨터를 이용해 멀리 떨어져 있는 각종 사물과 연결하여 사용한다는 개념으로까지 확장된 것이다.

(다) 유비쿼터스 컴퓨팅은 벽에 걸려 있거나, 손목에 차고 있는 장치, 또는 주변에 놓여 있는 각종 컴퓨터 장치들을 이용하여 컴퓨터에 액세스가 가능하다. 이러한 유비쿼터스 컴퓨팅의 특징을 몇 가지로 정리하면 이렇다. 첫째, 네트워크에 접속되어야 한다. 통신을 통해 모든 기기들이 연결이 되어 어느 곳에서나 정보를 얻을 수 있어야 한다. 둘째, 컴퓨터는 사용자에게 보이지 않아야 한다. 주변 물리적 환경 속에 컴퓨터를 사용할 수 있게 함으로써 컴퓨터 활용도가 증가하지만, 사용자는 컴퓨터의 존재를 의식하지 않으면서 자연스럽게 컴퓨터를 사용할 수 있어야 한다. 셋째, 현실 세계 어디서나 컴퓨터 사용이 가능해야 한다. 유비쿼터스 컴퓨팅은 가상 현실이 아닌 현실 세계에 정보를 표현할 수 있는 증강 현실이 되어야 한다.

(라) 미국, 유럽, 일본 등의 선진국에서는 이러한 유비쿼터스 컴퓨팅의 실현을 위한 활발한 연구를 진행해 오고 있다. 미국에서는 제록스, IBM, HP, 인텔 등의 기업과 MIT대학, NIST와 같은 국가 연구소를 중심으로 유비쿼터스 컴퓨팅 기술을 연구하고 있다. 연구 중인 프로젝트로는 UC버클리의 '스마트 먼지(smart dust)' 프로젝트, MIT 미디어·랩의 '생각하는 사물(things that think)' 프로젝트 등이 있다. 유럽에서는 '사라지는 컴퓨팅(Disappearing Computing)'이라는 개념으로 유비쿼터스 컴퓨팅 기술을 연구하고 있다. '사라지는 컴퓨팅'은 정보 기술을 일상 사물과 환경 속에 내장하여 인간의 생활을 지원하고 개선하려는 취지를 담고 있다.

(마) 우리 주변에서 접할 수 있는 유비쿼터스 시스템으로는 ITS(지능형 교통 시스템), 홈 네트워크 등이 있다. 지능형 교통 시스템은 도로 곳곳에 설치되어 있는 교통 정보 수집기를 이용하여 교통의 흐름을 파악하여 도로상의 전광판을 통하여 운전자들에게 도로 상황을 알려 주거나, 시내버스의 위치 정보를 파악하여 승강장의 승객들에게 알려 주는 것들이다. 홈 네트워크는 집안의 가전기들이 서로 유기적으로 연결되어 TV를 이용하여 냉장고를 제어한다거나 하는 것들이다. 또한 휴대 전화를 통하여 외부에서도 제어가 가능하다. 이러한 시스템들은 현재 국내에서 시범적으로 서비스되고 있다.

① 유비쿼터스의 유래와 그 특징은 무엇인가?

② 유비쿼터스 컴퓨팅이 현재 적용되는 분야는 무엇인가?

③ 유비쿼터스라는 용어를 처음 사용한 사람은 누구인가?

④ 유비쿼터스 시대에 산업 공학이 해야 할 역할은 무엇인가?

⑤ '유비쿼터스 컴퓨팅'과 '유비쿼터스 네트워크'란 어떤 개념인가?

현대 사회는 수없이 많은 광고로 가득 차 있지만, 소비자들이 봐 주는 광고만이 설득을 시도할 수 있으며, 궁극적으로 광고 목표를 달성할 수 있다. 소비자들이 본다는 것은 단지 수동적으로 광고에 노출된다는 것이 아니라 광고에 주목하고 광고의 의미를 이해하는 것을 말한다. 이를 설명하기 위해서는 우선 광고가 제시하는 자극이나 정보가 소비자들에게 어떻게 지각되는지를 살펴볼 필요가 있다.

광고의 자극이나 정보는 소비자의 감각 기관을 거쳐 지각된다. 그러나 자극이나 정보의 양이 많을 경우 소비자들이 이를 모두 지각할 수 없는데, 그 이유는 무엇일까? 이는 바로 소비자의 인지 능력의 한계 때문이다. 소비자들은 특별한 주의를 기울이지 않은 상태에서 다양한 자극을 접하게 되는데, 이 과정에서 자신에게 의미 있는 것에 대해서만 주의를 기울이게 된다. 이처럼 자극의 특정 대상이나 속성에 대해서만 주의를 기울이고 정보를 처리하는 것을 '선택적 지각'이라고 한다.

그렇다면 소비자들은 광고를 볼 때 어떤 자극에 주의를 기울일까? 소비자들이 자극을 선택하는 데는 자신의 이전 경험이 중요한 역할을 하게 된다. 이전에 보았던 것이나 알고 있는 것 등의 경험 세계가 지각 필터의 역할을 하기 때문에 소비자들은 자신이 이전에 경험한 것에 더 많은 주의를 기울이게 된다. 광고에서도 이를 이용하여 유명한 배우나 스포츠 스타 등을 내세우게 된다. 특히 슈퍼스타라고 힐 정도로 매우 유명한 사람이나 소비자 자신이 무척 좋아하는 사람이라면 단순히 눈에 띄는 것에 그치지 않고 같이 제시되는 자극들도 함께 긍정적인 정보로 처리되기가 쉽다.

선택적 지각의 기준은 지각적 경계심과도 관련이 있다. 이는 욕구를 충족시키기 위해서 우리의 지각은 항상 깨어 있고, 주위를 탐색하고 있다는 가정이다. 이와 같은 가정 하에서 소비자는 여러 가지 자극들 가운데 자신의 현재 욕구와 관련된 자극을 더욱 잘 인식할 가능성이 높다. 또한 선택적 지각의 가능성을 높이기 위해서는 광고가 무작정 노출되어서는 안 되며, 표적이 되는 소비자들을 한정하여 그들이 접하기 쉬운 시간대에 적절한 매체 활용을 통해 적합한 메시지를 전달해야 한다.

한편 소비자들은 선택되어야 할 자극만이 아니라 거부해야 할 자극도 선별하는데, 이를 ㉠지각적 방어라고 한다. 예를 들어, 사회적으로 물의를 일으킨 연예인이 나오는 광고에 대해 소비자들은 의식적·무의식적으로 거부하는 반응을 보이는데, 이는 광고가 일방적으로 자신의 얘기를 해서는 안 되며, 시청자인 소비자가 원하는 내용으로 채워져야 한다는 것을 시사한다.

광고의 노출과 주목에 관련된 다른 설명 기제는 '순응'이다. 순응은 동일한 자극이 계속적으로 노출되면, 그 자극에 익숙해져 주목이 일어나지 않는 것을 의미한다. 따라서 자극의 순응을 극복하기 위해 차별과 대비의 방식이 사용되게 된다. 예를 들어, 예측 불가능한 패턴으로 이루어진 자극들은 여전히 주의를 끌 것이며, 크기와 색채의 차이를 통해 대비를 이루는 것은 순응을 극복하는 강력한 방법이 된다.

15. 윗글을 참고할 때, 〈보기〉의 광고 전략 기획 회의에 대해 보인 반응으로 적절하지 않은 것은?

〈보기〉

* 상품 : 공기 청정기

사원 1 : 이 제품은 가정에서 사용되는 제품입니다. 따라서 광고의 표적이 되는 소비자는 주부입니다. 주부에게 인지도가 높은 배우를 광고 모델로 쓰면 어떨까요?

사원 2 : 좋은 생각입니다. 기왕이면 주부들이 좋아하는 배우를 쓰는 것이 좋을 것 같아요. 그리고 이 제품은 봄철 황사 기간에 집중적으로 광고를 하는 것이 매출에 도움이 되리라 생각합니다.

사원 3 : 봄철에 집중하되, 그 광고 시간은 가족이 함께 TV를 볼 수 있는 시간이 좋지 않을까요? 가족 모두를 위한 제품이니까 가족 모두에게 필요성을 강조할 수 있어야 된다고 생각합니다.

사원 4 : 하나의 광고만을 집중적으로 제시하면 광고에 대한 반응이 유지되지 않을 수 있으니 두 가지 상황을 설정한 광고를 따로 만드는 것을 제안합니다.

① 봄철에 집중적으로 광고를 편성하는 것은 욕구 충족을 위한 지각적 경계심과 관련이 높겠군.

② 두 가지 상황을 설정한 광고를 따로 만드는 것은 자극의 순응을 극복하기 위한 방법이겠군.

③ 주부에게 인지도가 높은 배우를 모델로 쓰는 것은 그 배우를 본 경험이 지각 필터로 작용하기 때문이겠군.

④ 주부들이 좋아하는 배우를 광고 모델로 쓰면 함께 제시되는 광고도 긍정적인 정보로 처리될 가능성이 높겠군.

⑤ 가족이 모두 모이는 저녁 시간에 광고를 편성하는 것은 인지 능력의 한계로 인한 선택적 지각을 극복하기 위해서겠군.

16. ㉠의 사례로 적절한 것은?

① 신문 지면을 통해 노트북의 첨단 기능을 광고했더니 소비자들이 주의를 기울이지 않았다.

② 담배를 즐겨 피는 사람은 담배가 인체에 미치는 영향을 보여 주는 광고를 보려 하지 않는다.

③ 광고 모델이 사막에서 땀 흘리는 장면을 배경으로 한 청량음료의 광고를 보고 그 음료가 먹고 싶어졌다.

④ 드라마 속의 주인공이 입고 있는 옷의 로고가 너무 작아서 소비자들이 그 옷을 제대로 인식하지 못했다.

⑤ 전통 기법으로 된장을 만든다는 것을 강조하기 위해 컬러가 아닌 흑백으로 광고를 제작했더니 제품에 대한 신뢰도가 높아졌다.

17. '갑'과 '을'의 대화에서 '갑'이 우려하는 점으로 가장 적절한 것은?

갑 : 나는 이렇게 말하고 싶습니다. 인간을 지배하는 제도로부터 비롯된 권력은 철학의 용어로 '타율적'이라고 불립니다. 제도는 인간과 맞닥뜨려 있는 낯설고 위협적인 권력입니다. 당신은 불안정한 인간의 본성 때문에 그와 같은 불행을 운명적인 것으로 받아들이는 것 같습니다. 그러나 우리 인간들이 불완전하기는 하나 서로를 믿지 못하여 제도의 권력을 용납하게 된 것은 비판받아야 합니다. 그리고 제도가 변경될 수 있는 것인지, 아니면 인간에게 엄청난 중압이 되어 개인을 말살하는 위협적인 것이 되어 마침내는 인간의 자유로운 활동을 더 이상 용납하지 않는 것이 되는지 물어야 할 것입니다. 또한 제도가 인간의 본성으로부터 필연적으로 생겨날 수밖에 없는 것인지, 아니면 경우에 따라서 변경될 수도 있는 역사적 발전의 산물인지 물어야 할 것입니다.

을 : 동감입니다. 가족·법·결혼·사유 재산 등과 같은 인간의 근본적인 제도나 경제는 역사상 다양한 모습을 보여 주고 있습니다. 이러한 제도는 언젠가 해체되어 버릴지도 모릅니다. 아마 계속 바뀌겠지요. 그러나 당신은 그 이상으로 묻고 있습니다. "왜 당신은 제도를 옹호하느냐."라고 말이죠.

갑 : 오해하지 마십시오. 나 역시 어떤 점에서는 제도를 옹호합니다. 오늘의 상황에서 우리가 당면한 문제 해결의 열쇠는 인간을 지배하는 제도라고 믿기 때문입니다. 그러나 우리는 서로 다른 결론에 도달하는 것 같습니다.

을 : 좋습니다. 어디 봅시다. 우리는 어쨌든 논쟁점을 찾아야 합니다. 나는 아리스토텔레스와 마찬가지로 안전의 관점을 중요시하는 편입니다. 제도는 인간이 스스로 멸망할 수도 있는 것을 막고 인간이 서로 해치는 것으로부터 보호해 주는 장치라고 생각합니다. 물론 자유는 제한되지요.

---

① 인간의 불완전한 속성
② 가족제도의 해체 가능성
③ 개인과 사회제도와의 갈등
④ 인간끼리 서로 해치는 상황
⑤ 제도 권력에 의한 인간 지배 현상

18. 다음 제시된 글은 '사이시옷 표기'에 대하여 설명한 글이다. 〈보기〉에서 사이시옷을 바르게 표기한 것을 모두 고른 것은?

〈한글 맞춤법〉 제30항에는 사이시옷 표기에 관한 규정이 있다. 우리가 '회' 먹는 '집'을 [회찝/휃찝]으로 발음하면서 '횟집'으로 적고, '나무'의 '가지'를 [나무까지/나묻까지]라고 소리 내면서 '나뭇가지'로, '수도'에서 나오는 '물'을 [수돈물]로 말하고 '수돗물'로 적는 것이 바로 이 사이시옷 규정에 의한 표기이다. 이렇게 사이시옷을 받쳐 적는 이유는 두 명사가 결합되어 하나의 합성 명사를 만들 때 두 말 사이에서 생기는 발음의 변화를 표기에 반영하려는 의도이다. 즉 합성어를 이루는 두 명사 중 뒤에 오는 명사의 첫소리가 된소리로 변하거나, 두 말 사이에서 'ㄴ'이나 'ㄴㄴ' 소리가 덧나는 등 발음상의 변화가 있을 때 그 현상을 표기에 반영하기 위하여 사이시옷을 받쳐 적는 것이다. 그럼 어떤 경우에 사이시옷을 적어야 하는지 구체적으로 알아보도록 하자. 사이시옷은 이 말 자체에서 알 수 있듯이 두 명사 A와 B가 결합하여 하나의 합성 명사를 만들 때를 위하여 고안된 표기이다. 그런데 사이시옷을 받쳐 적으려면 합성 명사를 이루는 두 명사 A, B가 다음의 두 가지 조건에 모두 맞아야 한다.

(1) 합성 명사를 이루는 명사 A, B의 조건
　ㄱ. A, B 가운데 앞 말(A)이 모음으로 끝나야 한다.
　ㄴ. A, B가 모두 순우리말이거나 순우리말과 한자어의 합성어이어야 한다.
(2) 사이시옷을 받쳐 적어야 하는 경우
　ㄱ. 뒷말(B)의 첫소리 'ㄱ, ㄷ, ㅂ, ㅅ, ㅈ'이 'ㄲ, ㄸ, ㅃ, ㅆ, ㅉ'으로 변하는 것
　ㄴ. 뒷말(B)의 첫소리 'ㄴ, ㅁ' 앞에서 'ㄴ' 소리가 덧나는 것
　ㄷ. 뒷말(B)이 모음으로 시작할 때 'ㄴㄴ' 소리가 덧나는 것
그러므로 뒷말의 첫소리가 된소리로 나더라도 위 (1)의 조건을 충족시키지 못하면 사이시옷을 붙일 수 없다. 또한 두 명사가 결합할 때 아무런 발음의 변화가 나타나지 않으면 이때도 역시 사이시옷을 쓰지 않는다. 한편, 위 (1)의 조건으로 보면 한자로만 구성된 단어에는 사이시옷을 쓸 수 없게 되어 있다. 그러나 〈한글 맞춤법〉 제30항에서 '곳간(庫間), 셋방(貰房), 숫자(數字), 찻간(車間), 툇간(退間), 횟수(回數)'의 여섯 단어는 예외적으로 사이시옷을 인정하고 있으므로 각별히 주의해야 한다.

〈보기〉
ㄱ 바닷가　　　　ㄴ 나뭇가지
ㄷ 윗층　　　　　ㄹ 냇가
ㅁ 나뭇다리

---

① ㄱ, ㄴ, ㄷ
② ㄱ, ㄴ, ㄹ
③ ㄴ, ㄷ, ㄹ
④ ㄴ, ㄷ, ㅁ
⑤ ㄷ, ㄹ, ㅁ

19. 다음 글에서 제재를 다루는 글쓴이의 태도로 알맞은 것은?

런던 템스 강 밑으로 처음 터널을 뚫는 데 성공한 토목 기술자는 프랑스 혁명을 피해 영국으로 이주한 왕당파 해군 장교 브루넬이었다. 조선 기사였던 그는 어떻게 하면 공사 중에 흙이 무너져 내리는 것을 막을 수 있을까를 골똘히 생각하며 조선소 안을 거닐다가 선체 목재 조각에 눈길이 끌렸다.

낡은 나무 조각에는 좀조개라는 작은 조개처럼 생긴 목재 해충이 뚫어 놓은 구멍이 있었는데, 관찰 결과 그 해충은 톱니가 달린 두 개의 껍질로 보호를 받으면서 구멍을 파고 있었다. 영양분을 섭취한 뒤 나무 가루는 소화관을 통해 뒤로 배출하면서 전진한다는 것을 알아냈다. 특기할 만한 것은 몸에서 나오는 액체를 새로 판 터널의 표면에 발라 단단한 내장 벽을 만들고, 그것으로 굴이 새거나 무너지는 것을 방지하고 있다는 사실이었다. 브루넬은 이 원리를 템스 강의 연약한 지반 굴착에 응용해 실드(방패) 공법의 창안자가 되었다.

1993년 발생한 경부선 철도 붕괴 사고 지점에서 사용한 나틈(New Austrian Tunneling Method)이라는 공법은 한 단계 더 발전된 것으로 지반이 단단한 곳에서 사용한다. 발파 직후 노출된 암벽에 콘크리트나 우레탄을 뿜어 토사나 물이 새어나오는 것을 방지한다. 이 붕괴 사고는 연약 지반에 나틈 공법을 채택하는 잘못을 저질렀을 뿐 아니라 그 공법마저 반드시 지켜야 할 철칙을 지키지 않았다는 점에서 100% 사람이 빚은 사고라고 규정할 수 있다. 좀조개로부터 터널을 파는 기술은 배웠으나 미물도 준수하는 안전 수칙을 사람들이 지키지 않았던 것이다. 설계와 감리를 맡은 업체도 책임을 면할 수 없다. 설계를 맡은 주식회사 ○○기술은 100m 간격으로 시추를 했으나 북쪽 시추공의 경우 철도 제방으로부터 65m나 떨어져 있어 사고 지점의 정확한 지질을 파악하지 못했다.

두 시추공의 암반 노출 지점을 직선으로 이은 엉성한 지질 단면도에 따르더라도 철도 밑은 암반 두께가 가장 얇아 5m 정도밖에 안 되었고 그것도 단단하지 않은 연암 층이었다. 굴착 지점 외에는 불과 25m의 토사 층과 5m의 연암 층이 열차의 하중을 떠받치게 돼 있었으니 공법 채택상 문제가 많았다. 사고 지점 쪽 철로 변에도 시추공을 뚫어 보고 비용이 더 들더라도 철로 교차 구간에서는 실드 공법으로 전환했어야 한다는 지적이다. 특히 토사가 흘러내리는 사실을 발견한 사고 당일에도 철도청에 통보하지 않고 사고 열차 통과 직전까지 발파 작업을 강행한 것은 인간의 요행심이 어떤 무서운 결과를 가져오는가를 보여주었다. 철도청에 알려져 열차가 서행했더라면 78명이 숨지는 대참사는 면했을 것이다. 사고 열차 기관사는 아무것도 모르고 사고 장소에 이르러 50m 전방에서 급제동을 걸었기 때문에 오히려 하중이 커져 지반 붕괴가 가속화됐다는 지적도 있다.

줄 베른의 소설 '80일간의 세계 일주'에는 붕괴될 위험이 있는 다리를 열차에 가속도를 붙여 건너가는 장면이 나온다. 그러나 그런 요행은 소설에나 통하는 것이다. 모든 사고의 가능성에 철저히 대비하지 않으면 사고는 잦을 수밖에 없다. 무엇보다도 사고 방지 비용을 줄여 이익을 늘리겠다는 의식 구조가 바뀌지 않으면 안 된다.

① 사건에 대한 원인 파악에 대해서 기존의 관점을 비판한다.
② 문제가 발생한 원인을 분석하여 재발되지 않도록 일깨운다.
③ 자신의 체험을 통해 알게 된 사실과 정보를 독자에게 전달한다.
④ 다른 사람들의 견해를 제시하고 있을 뿐 자신의 견해는 숨긴다.
⑤ 여러 가지 객관적인 자료를 제시한 뒤에 독자의 판단에 맡긴다.

20. 다음 글을 가장 잘 이해하고 있는 것은?

생태계는 인위적 단위이므로 얼마든지 쪼갤 수 있다. 또 쪼개낸 각각의 생태계를 합쳐 더 큰 생태계를 만들어 낼 수도 있다. 다시 말하면 생태계를 전부 연결할 수 있다는 것이다. 쉽게 말하면 관악산, 한강, 북한산을 합쳐서 경기도의 산과 강으로 표시할 수 있고, 그것이 합쳐져서 우리나라가 되기도 하는 식으로 이합집산이 가능한 단위이다. 이를 두고 생태계는 계층적 구조를 가진다고 말한다. 우선 생태계는 단위가 커질수록 안정되는 성격을 가진다.

어항을 예로 들어 보면, 어항은 잠깐만 잘못 관리해도 그 생태계가 균형을 잃게 된다. 만일 그 어항이 좀 더 커서 연못 정도의 크기가 되면 쉽게 균형을 잃지는 않는다. 상당히 안정된다는 것을 누구나 상상할 수 있을 것이다. 그 이유를 수용 능력의 성질에서 찾는 학자들도 있다. 계의 규모가 커질수록 보통의 힘으로는 변형을 가할 수 없을 정도의 수용 능력을 갖게 된다고 한다. 아마도 자연이 가진 힘이 무섭다는 뜻도 될 것이다. 관악산 정도의 규모가 되면 산불이 나더라도 크게 영향을 받지는 않는다. 이렇듯 계의 규모가 커지면 균형을 잃지 않는 이유를 생태계의 원리에서 찾아볼 수 있다. 우선 구성원이 다양해지는 것을 하나의 원인으로 본다. 군집을 살펴보면 비록 몇몇 종만 우세하지만 그 밖의 많은 다른 종도 함께 존재한다고 할 수 있다. 바로 이들 숫자는 많지 않지만 종류가 많은 종이 생태계를 뒷받침한다고 볼 수 있는 것이다.

이처럼 개체수가 적은 종들을 희귀종이라고 부르는데 이 희귀종의 역할은 대단히 크다. 어떤 종이라도 그 종은 계를 유지하기 위한 공존의 역할을 한다. 예를 들어 관악산에서 낙엽 밑을 들추어 보았다고 하자. 곰팡이나 박테리아가 있어 썩은 냄새가 풀풀 날 것이다. 비록 이들 곰팡이나 박테리아는 아카시아에 비하면 훨씬 생물량이 적지만 낙엽을 썩히고 분해하여 아카시아 나무에 영양을 공급해 준다. 물론 이때도 여러 가지 박테리아가 다양하게 존재한다. 낙엽을 어느 한 종류의 박테리아가 혼자서 다 분해하여 영양분으로 만드는 것은 아니다. 나무 줄기를 분해하는 박테리아, 이파리를 분해하는 박테리아가 모두 다르다. 학술적으로 말하면 탄수화물을 분해하는 박테리아, 단백질을 분해하는 박테리아, 지방을 분해하는 박테리아가 다르다. 아주 여러 종류의 박테리아가 협동을 해서 결국은 낙엽 하나를 분해해 내는 것이다.

낙엽이 떨어지면 낙엽을 갉아먹고 사는 곤충들이 모이기도 한다. 곤충들이 낙엽을 갉아먹으면서 제 역할이 없다고는 말할 수 없다. 해충이 나무를 공격론 스스로가 살아가기 위해서 먹이를 취한 것이지만 자기도 모르게 다른 생물을 위해 이로운 역할을 한 것이다. 자기 할 일을 다 하고 죽어버린 후에도 스스로 썩어서 다시 영양분으로 바뀌어 나무를 살리는 것이다.

① 생태계의 순환을 위해서는 생산과 소비와 분해를 담당하는 종들이 다양할수록 좋겠군.
② 생태계에서 보면 인간은 소비자에 불과하므로 단일한 종으로 존재하는 것이 필요하겠군.
③ 생태계라는 하나의 큰 틀에서 인간이 맡은 역할은 아무것도 없다고 해도 과언이 아니군.
④ 생태계에서 보면 생산자가 가장 많아야 하고, 소비자는 그 다음이고, 분해자는 아주 적어야 하겠군.
⑤ 인간은 분해 및 환원의 대상을 제공해 준다는 점에서 생태계의 유일한 창조자라고 말할 수 있겠군.

>> 언어추리(20문항/25분)

21. 다음 다섯 사람 중 오직 한 사람만이 거짓말을 하고 있다. 거짓말을 하고 있는 사람은?

- A : C는 거짓말을 하고 있다.
- B : C의 말이 참이면 E의 말도 참이다.
- C : B는 거짓말을 하고 있지 않다.
- D : A의 말이 참이면 D의 말은 거짓이다.
- E : C의 말은 참이다.

① A   ② B
③ C   ④ D
⑤ E

22. A, B, C, D가 한 번에 한 명씩 출장을 교대로 가려고 한다. 조건이 다음과 같을 때, 옳은 것은?

- B는 반드시 세 번째로 가야 한다.
- C는 첫 번째 아니면 마지막으로 가야 한다.
- A는 D보다 늦게 가야 한다.

① A가 마지막으로 출장을 간다.
② B가 마지막으로 출장을 간다.
③ C가 마지막으로 출장을 간다.
④ C가 가장 먼저 출장을 갈 경우 D는 마지막으로 출장을 간다.
⑤ D가 가장 먼저 출장을 갈 경우 C는 마지막으로 출장을 간다.

23. 가족과 같은 한 작은 출판사가 런던에 있다. 여기에는 Mr. 보스톡, Mr. 우드, Mr. 케니, Mrs. 크라우트, Miss 알렉스, Miss 어윈이 일하고 있다. 이들이 맡고 있는 직책은 사장, 부사장, 재무, 편집책임자, 북 디자이너, 유통담당자이다. 다음의 내용에 따를 때 크라우트와 케니의 직책을 순서대로 나열한 것은?

> (가) 부사장은 사장의 손자이다.
> (나) 재무는 편집책임자의 사위이다.
> (다) 보스톡은 총각이다.
> (라) 우드는 22살이다.
> (마) 알렉스는 북 디자이너와 이복 자매이다.
> (바) 케니는 사장의 친구이다.
> (사) 20세 이전에 결혼한 사람은 없다.

① 사장, 편집책임자
② 사장, 유통담당자
③ 유통담당자, 재무
④ 편집책임자, 유통담당자
⑤ 유통담당자, 편집책임자

24. 다음 조건과 같을 때, 항상 옳은 것은?

> • 아시안컵 축구대회에서 한국은 일본보다 득점이 많지만 실점은 적다.
> • 일본은 이라크보다 득점과 실점이 많다.
> • 사우디아라비아는 이라크보다 득점도 적고 실점도 적다.
> • 중국은 한국보다 득점이 적지만 실점은 많다.

① 일본이 실점이 가장 많다.
② 한국은 사우디아라비아보다 득점이 많다.
③ 한국은 이라크보다 실점이 많다.
④ 중국이 실점이 가장 많다.
⑤ 이라크는 일본보다 득점이 많다.

25. 다음 조건에 맞는 문장을 고르면?

> • 치킨이 좋은 사람은 삼겹살을 좋아한다.
> • 스테이크를 좋아하지 않는 사람은 연어회를 좋아한다.
> • 육회를 좋아하지 않으면 삼겹살을 좋아하지 않는다.
> • 육회를 좋아하면 스테이크를 좋아하지 않는다.

① 스테이크를 좋아하는 사람은 치킨을 좋아한다.
② 연어회를 좋아하지 않는 사람은 치킨을 좋아하지 않는다.
③ 육회를 좋아하면 삼겹살을 좋아한다.
④ 육회를 좋아하지 않으면 연어회를 좋아한다.
⑤ 삼겹살을 좋아하는 사람은 연어회를 좋아하지 않는다.

26. 다음 조건과 같을 때, 항상 옳은 것은?

> • 철수의 아버지는 운전을 한다.
> • 운전하는 모든 사람이 난폭하지는 않다.
> • 난폭한 사람은 참을성이 없다.
> • 영수의 아버지는 난폭하다.

① 철수의 아버지는 난폭하다.
② 철수의 아버지는 난폭하지 않다.
③ 영수의 아버지는 참을성이 없다.
④ 참을성이 없는 사람은 운전을 하지 않는 사람이다.
⑤ 참을성이 있는 사람은 난폭한 사람이다.

27. 다음 조건에 따라 판단할 때 옳지 않은 것은?

> • 프로젝트는 A부터 E까지의 작업만으로 구성되며, 모든 작업은 동일 작업장 내에서 행해진다.
> • A작업은 4명의 인원과 9일의 기간이 소요된다.
> • B작업은 2명의 인원과 18일의 기간이 소요되며, A작업이 완료된 이후에 시작할 수 있다.
> • C작업은 4명의 인원과 50일의 기간이 소요된다.
> • D작업과 E작업은 각 작업당 2명의 인원과 18일씩의 기간이 소요되며, D작업이 완료된 이후에 E작업을 시작할 수 있다.
> • 각 인력은 A부터 E까지 모든 작업에 동원될 수 있으며, 각 작업에 투입된 인력의 생산성은 동일하다.
> • 프로젝트에 소요되는 비용은 1인당 1일 10만 원의 인건비와 하루 50만 원의 작업장 사용료로 구성된다.
> • 각 작업의 소요인원은 증원 또는 감원될 수 없다.

① 프로젝트 완료에 소요되는 최소인력은 4명이다.
② 프로젝트 완료에 소요되는 최단기간은 50일이다.
③ 프로젝트 완료에 소요되는 최소비용은 6천만 원 이하이다.
④ 프로젝트의 최단기간 완료에 소요되는 최소인력은 10명이다.
⑤ 프로젝트를 최소인력으로 완료하는 데 소요되는 최단기간은 95일이다.

28. 다음 발표 순서에 따라 발표를 한다면, 두 번째 순서에 발표할 수 있는 사람을 모두 고르면?

인문학 강의에서 6명의 학생이 발표를 하려고 한다. 한 번에 오직 한 명의 학생만이 발표를 할 수 있고, 오직 한 번만 발표를 할 수 있다. 6명의 학생은 이순정, 김석진, 정용호, 조세정, 박수미, 서정원이며 다음과 같은 발표 순서가 지켜져야 한다.
• 이순정은 김석진 다음의 어느 순서에 발표한다.
• 정용호는 박수미 다음의 어느 순서에 발표한다.
• 조세정은 박수미보다 먼저 발표하며, 조세정과 박수미 사이에는 두 명의 학생이 발표한다.
• 김석진은 첫 번째 또는 세 번째 순서에 발표한다.

① 조세정, 이순정
② 서정원, 이순정
③ 조세정, 서정원, 박수미
④ 조세정, 서정원
⑤ 조세정, 서정원, 이순정

29. 다음 〈조건〉에 따를 때 바나나우유를 구매한 사람을 바르게 짝지은 것은?

〈조건〉
• 남은 우유는 10개이며, 흰우유, 초코우유, 바나나우유, 딸기우유, 커피우유 각각 두 개 씩 남아 있다.
• 독미, 민희, 영진, 호섭 네 사람이 남은 열 개의 우유를 모두 구매하였으며, 이들이 구매한 우유의 수는 모두 다르다.
• 우유를 전혀 구매하지 않은 사람은 없으며, 같은 종류의 우유를 두 개 구매한 사람도 없다.
• 독미와 영진이가 구매한 우유 중에 같은 종류가 하나 있다.
• 영진이와 민희가 구매한 우유 중에 같은 종류가 하나 있다.
• 독미와 민희가 동시에 구매한 우유의 종류는 두 가지이다.
• 독미는 딸기우유와 바나나우유는 구매하지 않았다.
• 영진이는 흰우유와 커피우유는 구매하지 않았다.
• 호섭이는 딸기우유를 구매했다.
• 민희는 총 네 종류의 우유를 구매했다.

① 민희, 호섭　　　② 독미, 영진
③ 민희, 영진　　　④ 영진, 호섭
⑤ 독미, 민희

30. 우리 사무실은 나를 포함하여 총 16명의 기술직 직원과 사무직 직원으로 구성되어 있으며, 다음과 같은 내용이 모두 참이다. 그런데 재미있는 사실은 나를 빼고 15명의 직원만을 고려하여도 그 내용이 역시 모두 참이라는 점이다. 나의 직종과 성별은?

㉠ 사무직 직원의 수가 기술직 직원의 수보다 많다.
㉡ 남자 기술직 직원의 수가 남자 사무직 직원의 수보다 많다.
㉢ 남자 사무직 직원의 수가 여자 사무직 직원의 수보다 많다.
㉣ 여자 기술직 직원이 적어도 한 명은 있다.

① 나의 직종과 성별은 기술직 남자이다.
② 나의 직종과 성별은 기술직 여자이다.
③ 나의 직종과 성별은 사무직 남자이다.
④ 나의 직종과 성별은 사무직 여자이다.
⑤ 위의 내용만으로는 알 수 없다.

31. L사의 사옥 11층에는 6개의 사무실(A~F)이 있는데 다음 제시된 그림과 같이 복도를 사이에 두고 마주보고 나열되어 있다. 주어진 〈조건〉에 따를 때, 확실히 말할 수 있는 것은?

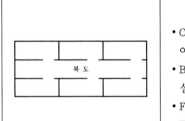

〈조건〉
• C 사무실의 옆 사무실은 B이다.
• B 사무실의 정면은 D 사무실이다.
• F 사무실의 옆 사무실의 맞은편은 A 사무실이다.

① F 사무실은 중앙의 방이다.
② E 사무실은 F 사무실과 마주 보고 있다.
③ A 사무실과 C 사무실은 서로 이웃하고 있다.
④ B 사무실과 E 사무실은 구석에 위치해 있다.
⑤ A 사무실은 D 사무실과 E 사무실 사이에 끼어 있다.

32. 다음 글에서 찾을 수 있는 논리적 오류로 적절한 것은?

- 최근 버스 운전기사의 과실로 인한 사고가 많이 발생하고 있어. 버스는 위험하니까 타지 않는 게 좋겠지?
- 자신의 일에서 성공한 사람은 대부분 배우자가 없더라고. 결혼을 하지 않아야 성공할 수 있나봐.

---

① 논점 일탈의 오류

② 원천 봉쇄의 오류

③ 성급한 일반화의 오류

④ 의도 확대의 오류

⑤ 흑백사고의 오류

33. 다음 글에서 제시하는 논리적 오류의 사례와 그 오류를 바르게 연결한 것은?

- ㉠ 어린 시절 가난하다는 이유로 친구들에게 심한 따돌림을 받았고, 그러한 가난을 벗어나기 위해 범죄를 저지르게 되었습니다.
- ㉡ 예로부터 암탉이 울면 집안이 망한다고 했어. 그러니 당신은 가만히 있어.
- ㉢ 기술의 발전은 음악의 아름다움에 퇴보를 가져올 거라고 저명한 언어학자가 말했다.
- ㉣ 그 이론은 다양한 연구 결과로 새롭게 발전된 이론이니까 당연히 이전의 그것들보다는 신빙성이 높지.
- ㉤ 전 세계 사람들은 환경오염에 의해 머지않아 멸망이 올 것이라는데 동의하고 있다.

---

① 대중에 호소하는 오류 – ㉠

② 권위에 호소하는 오류 – ㉡

③ 전통에 호소하는 오류 – ㉢

④ 새로움에 호소하는 오류 – ㉣

⑤ 감정에 호소하는 오류 – ㉤

34. A, B, C, D, E, F가 달리기 경주를 하여 A – D – C – B – E – F의 순서로 결승점을 통과하였다. 경주 결과를 올바르게 추론하기 위해 추가할 내용은 무엇인가?

- A는 D보다 먼저 결승점에 도착하였다.
- E는 B보다 더 늦게 도착하였다.
- D는 C보다 먼저 결승점에 도착하였다.
- B는 A보다 더 늦게 도착하였다.
- E가 F보다 더 앞서 도착하였다.
- _____

---

① C보다 늦게 도착한 사람은 3명이다.

② E는 D보다 늦게 도착하였다.

③ A가 F보다 먼저 결승점에 도착하였다.

④ F가 제일 마지막에 도착하였다.

⑤ D는 상위권에 속한다.

35. 다음 문장을 통해 추론할 수 있는 것은?

2014년 3월 비정규직 근로자 수는 지난해에 비해 40만 명 (5.7%) 증가했지만, 이들이 받는 임금은 평균 6.2% 감소한 것으로 보고됐다.

---

① 비정규직 근로자가 해마다 계속 감소하였다.

② 비정규직 근로자가 해마다 계속 증가하였다.

③ 어떤 비정규직 근로자의 임금은 감소하였다.

④ 어떤 비정규직 근로자의 임금은 증가하였다.

⑤ 모든 비정규직 근로자의 임금은 감소하였다.

36. 식당 A, B, C, D, E, F는 다음의 조건에 따라 문을 연다. A 이외에 문을 연 식당을 모두 고르면?

- B가 문을 열면 A는 열지 않는다.
- B가 문을 열면 F는 열지 않는다.
- B가 문을 열지 않으면 C나 D가 문을 연다.
- C가 문을 열면 E는 열지 않는다.
- D가 문을 열면 E는 열지 않는다.
- A가 문을 열었고 C가 문을 열지 않았다.

---

① B   ② D

③ E   ④ F

⑤ D, F

37. 다음의 사실이 전부 참일 때 항상 참인 것은?

- A와 B는 같은 의자에 앉는다.
- A와 C는 다른 의자에 앉는다.
- D는 혼자 앉는다.
- E는 B와 다른 의자에 앉는다.
- 의자는 총 5개이다.

① E는 혼자 앉는다.

② E는 C와 같은 의자에 앉는다.

③ 한 개의 의자는 비어있다.

④ 두 개의 의자는 비어있다.

⑤ C는 B와 다른 의자에 앉는다.

38. 다음의 사실이 전부 참일 때 항상 참인 것은?

- 회사에 가장 일찍 출근하는 사람은 부지런하다.
- 여행을 갈 수 있는 사람은 명진이와 소희.
- 부지런한 사람은 특별 보너스를 받을 것이다.
- 특별 보너스를 받지 못하면 여행을 갈 수 없다.

① 회사에 가장 늦게 출근하는 사람은 게으르다.

② 특별 보너스를 받는 방법은 여러 가지이다.

③ 회사에 가장 일찍 출근하지 않으면 특별 보너스를 받을 수 없다.

④ 소희는 부지런하다.

⑤ 명진이는 회사에 가장 일찍 출근한다.

39. L상사의 영업부서는 해외 영업팀을 새로 조직하고자 한다. 9명의 사원을 세 명씩 나누어 1, 2, 3 세 개의 팀을 만들 예정이다. 9명의 사원 중 4명(A, B, C, D)은 한국인이고, 나머지 5명(E, F, G, H, I)은 외국인이다. 팀 구성에 있어 〈조건〉을 만족해야 한다. C, E가 2팀에 속할 때 1팀에 속해야 할 사원들은? (각 사원은 반드시 세 팀 중 한 곳에 속해야 한다)

〈조건〉
㉠ 각 팀에는 적어도 한 명의 한국인 직원이 포함되어야 한다.
㉡ A는 반드시 두 명의 외국인과 같은 팀에 속해야 한다.
㉢ F는 반드시 3팀에 속해야 한다.
㉣ H는 반드시 1팀에 속해야 한다.
㉤ A, D, C, G, H 중 누구도 F와 같은 팀에 속해서는 안 된다.

① A, D, H

② A, G, H

③ A, H, I

④ D, G, I

⑤ D, H, I

40. 다음 조건을 읽고 옳은 설명을 고르면?

- A는 붉은 구슬 1개, B는 흰 구슬 2개를 가지고 있고, C는 붉은 구슬 2개를 가지고 있다.
- A, B, C는 가위, 바위, 보 게임을 하여 이긴 사람이 진 사람에게 구슬을 하나씩 주기로 한다.
- 무승부일 경우에는 각자 가지고 있는 구슬 하나를 바닥에 버린다.
- 가위, 바위, 보는 같은 사람과 반복하지 않는다.
- C는 A에게 이기고 B와 비겼다.
- 그 다음으로, B는 A에게 졌다.

A : A가 가지고 있는 구슬 중 흰 구슬 1개가 있다.
B : A가 가지고 있는 구술 중 붉은 구슬 1개가 있다.

① A만 옳다.

② B만 옳다.

③ A와 B 모두 옳다.

④ A와 B 모두 그르다.

⑤ A와 B 모두 옳은지 그른지 알 수 없다.

41. 2018년을 간지(干支)로 옳게 표현한 것은?

① 辛丑年   ② 戊戌年

③ 丙申年   ④ 丁酉年

⑤ 庚子年

42. 총획이 서로 다른 한자끼리 짝지어진 것은?

① 並 － 乳   ② 丘 － 主

③ 亂 － 像   ④ 修 － 振

⑤ 軋 － 京

|43~45| 다음 글을 읽고 물음에 답하시오.

제18호 태풍 탈림이 여전히 무서운 속도로 북동진하고 있다. 기상청에 따르면 현재 중국 상하이 앞 바다에서 북동진해 일본 본토로 무섭게 진격하고 있다.

특히 제18호 태풍인 탈림의 세기는 945 ⑦hPa로 여전히 위협적인 모양새로, 내일인 16일 오후 9시경 제주 먼 바다를 지나칠 것으로 예상된다. 이후 17일에는 ⓒ본격적으로 큐슈지역에 상륙해 많은 비바람을 뿌릴 전망이다.

동해 중 ⓒ보 해상의 물결은 16~17일에 2.0~4.0m로 매우 높게 일겠고, 그 밖의 날은 1.0~1.5m로 일겠다. 파도에 유의해야 한다.

43. ⑦ 'hPa'와 의미상 가장 관련 있는 한자어는?

① 溫度   ② 氣壓

③ 速度   ④ 水深

⑤ 時間

44. ⓒ을 한자로 바르게 옮긴 것은?

① 本格的   ② 本擊的

③ 畉格的   ④ 畉擊的

⑤ 絑隔的

45. ⓒ의 한자어로 옳은 것은?

① 釜   ② 夫

③ 附   ④ 富

⑤ 部

46. 다음 한자들의 공통적인 의미로 옳은 것은?

侃 勍 桓

① 굳세다   ② 조용하다

③ 견디다   ④ 멈추다

⑤ 날카롭다

47. 다음 밑줄 친 부분에 공통으로 들어갈 한자로 적절한 것은?

放＿, ＿池

① 體   ② 價

③ 壓   ④ 部

⑤ 電

48. 다음 밑줄 친 부분의 한자로 적절한 것은?

LG 사랑의 다문화 학교 첫 수업

① 多文化   ② 多文和

③ 多問和   ④ 茶文化

⑤ 茶文和

국가와 언어의 관계는 ㉠<u>單純</u>하지가 않다. 오늘날 우리나라는 단일민족 국가로 단일한 언어가 사용되고 있다. 우리나라 사람들은 이것을 당연한 일로 생각하고 있으나, 다른 국가들의 경우를 보면 ㉡<u>單一</u> 언어를 사용하는 것이 결코 당연하다거나 일반적인 사실이 아님을 느끼게 된다. 한 ㉢<u>國家</u> 안에 여러 언어를 말하는 사람들이 살고 있는 경우가 결코 드물지 않은 것이다.

49. ㉠과 유사한 의미를 가진 단어는?

① 簡單   ② 複雜

③ 亂雜   ④ 混雜

⑤ 煩雜

50. ㉡과 ㉢을 바르게 읽은 것은?

① ㉡ : 단일 ㉢ : 국경

② ㉡ : 합일 ㉢ : 국가

③ ㉡ : 단일 ㉢ : 국가

④ ㉡ : 차일 ㉢ : 국고

⑤ ㉡ : 합일 ㉢ : 국경

51. 다음 제시된 자료의 밑줄 친 '이것'에 참여한 인물을 〈보기〉에서 고르면?

'이것'은 한국 임시정부 수립 문제를 해결할 목적으로 중도파와 좌우 정치인들이 중심이 되어 1946년 5월 25일 구성되었다. 1946년 초 서울에서 열린 제1차 미소공동위원회가 아무 성과도 없이 결렬되고 좌·우익의 대립이 격화되면서 중도파 세력들은 위기감을 느꼈다. 좌우파의 중도계열 인사들은 좌·우파 협의기구 설립에 나섰고 미군정 당국도 이를 지원하여 이에 '이것'이 구성되었다.

〈보기〉

㉠ 김구   ㉡ 여운형

㉢ 이승만   ㉣ 김규식

① ㉠, ㉡   ② ㉡, ㉢

③ ㉠, ㉢   ④ ㉡, ㉣

⑤ ㉢, ㉣

52. 다음 설명과 관련된 나라를 고른 것은?

• 책화라는 풍속이 있어 읍락을 함부로 침범하면 노비와 소·말로 변상하였다.

• 해마다 10월이면 하늘에 제사를 지내는데, 밤낮으로 노래를 부르고 춤추니 이를 무천이라 하였다.

• 왕이 없었고 읍군, 삼로라고 불리는 군장이 각 읍락을 다스렸다.

① 옥저   ② 동예

③ 부여   ④ 삼한

⑤ 고구려

53. 다음에서 설명하는 사건에 대한 설명으로 옳지 않은 것은?

어영청에서 아뢰기를 '방금 신영(新營)의 입직(入直) 천총(千總)과 동별영(東別營)의 입직 천총이 보고한 것을 보니, "반란을 일으킨 군졸(軍卒)들이 군영(軍營)에 들이닥쳐 각종 창고를 부수고 환도(環刀)와 유삼(環刀)을 탈취한 후 이어 군기고(軍器庫)를 부수고 조총(鳥銃)과 환도를 또한 탈취해 갔습니다."라고 하였습니다. 듣기만 해도 몹시 놀랍고 두려운 일입니다. 금지시키지 못한 해당 천총 이근석(李根奭)과 홍규(洪圭)를 모두 유사(攸司)로 하여금 품처(稟處)하게 할 것입니다. 신도 황송한 마음으로 대죄(待罪)합니다.'라고 하였다.

① 수구파와 개화파의 대립이 심화되면서 발생한 사건이다.

② 이 후 청나라와 '제물포 조약'을 맺게 되었다.

③ 이로 인해 일본의 상업 활동을 보장하는 '수호조규속약'을 체결하였다.

④ 군인들에게 겨와 모래가 섞인 쌀을 지급한 것이 이 사건을 초래하였다.

⑤ 이 사건은 신식 군대인 별기군의 창설이 그 원인이었다.

54. 다음에서 설명하는 인물은?

예종과 인종 때에 거듭된 외척이 되어 최고의 권력자로 행사한 그는 마침내 왕이 되려는 야심을 품고 난을 일으켰다.

① 이자겸   ② 김부식

③ 정지상   ④ 척준경

⑤ 묘청

55. 다음 두 시조 (가)와 (나)와 관련 있는 정치적 상황으로 옳은 것은?

> (가) 이런들 어떠하리 저런들 어떠하리
> 만수산 드렁칡이 얽어진들 어떠하리
> 우리도 이같이 얽어져 백년까지 누리리라.
>
> (나) 이 몸이 죽고 죽어 일백 번 고쳐 죽어
> 백골이 진토(塵土)되어 넋이라도 있고 없고
> 임 향한 일편단심이야 가실 줄이 있으랴.

① 공민왕의 개혁 정책에 권문세족이 반발하였다.

② 요동 정벌을 둘러싸고 각 세력 간의 대립이 나타났다.

③ 무신들이 정권을 장악하기 위해 정변을 일으키려 하였다.

④ 신흥무인세력과 급진파 사대부가 새 왕조를 개창하려 하였다.

⑤ 금이 사대를 요구하자, 묘청에 의해 서경천도운동이 일어났다.

56. 다음 글의 밑줄 친 '이 단체'는 무엇인가?

> 이 단체는 김원봉·윤세주 등이 중심이 되어 만주 지린성에서 만든 단체로, 일본인들에게 공포심을 주어 식민 통치를 포기하도록 유도하는 한편 민중의 직접 혁명을 통한 일제 타도를 추구하기 위해 만들어졌다. 신채호가 저술한 〈조선 혁명 선언〉을 활동지침으로 삼았으며 김익상은 조선총독부에, 김상옥은 종로 경찰서에 폭탄을 투척하는 등 활발한 무력 투쟁을 벌였다.

① 신간회　　　　　② 보안회

③ 한인애국단　　　④ 의열단

⑤ 신민회

57. 다음에서 설명하는 역사서는 무엇인가?

> 이 역사서는 조선시대에 왕명(王命)의 출납(出納)을 관장하던 기관에서 취급한 문서(文書) 및 사건을 기록한 역사서이다. 국보 제303호로 지정되어 있으며, 세계 최대 및 1차 사료로서의 가치를 인정받아 2001년 9월 유네스코세계기록유산으로 등재되었다. 임진왜란과 이괄의 난을 거치면서 소실되어 인조 대부터 순종 대까지의 기록만이 남아있다.

① 승정원일기　　　② 난중일기

③ 조선왕조실록　　④ 일성록

⑤ 비변사등록

58. 다음은 고대 국가의 발전 과정을 나타낸 것이다. 빈칸에 알맞은 단계에 관한 설명을 〈보기〉에서 골라 묶은 것은?

> 군장 국가→(　　　　)→중앙 집권 국가

> 〈보기〉
> ㉠ 오곡이 잘 익지 않으면 왕에게 책임을 묻기도 하였다.
> ㉡ 왕이 존재하나 족장 세력이 자기 부족에 대한 지배권을 행사하였다.
> ㉢ 불교 수용을 통해 사상적 통일을 이루었다.
> ㉣ 왕위의 부자 세습이 이루어졌으며 관등이 제정되었다.
> ㉤ 철기 문화를 바탕으로 성립하였다.

① ㉠, ㉡, ㉢　　　　　② ㉠, ㉡, ㉤

③ ㉠, ㉢, ㉣　　　　　④ ㉡, ㉢, ㉤

⑤ ㉢, ㉣, ㉤

59. 다음은 〈황성신문〉에 게재되었던 논설의 일부이다. 이 글이 쓰여지게 된 배경으로 가장 적절한 것은?

> 지난 날 후작이 한국에 옴에 어리석은 우리 국민이 서로 서로 모여 말하기를 "이토 후작이 평시에 동양 3국의 안정과 안녕을 맡아 주선하던 인물이라. 금일에 한국에 옴에 반드시 우리나라의 독립을 공고하게 세울 방략을 권고하리라." 하여 항구로부터 서울에 이르기까지 관민 상하가 크게 환영하였더니, 세상일이 예측하기 어려운 일도 많도다…
>
> 이것은 비단 우리 대한 뿐 아니라 동양 3국의 분열하는 조짐을 만들어 낸 것인 즉, 이토 후작의 본래의 의도가 어디에 있었는가.…
>
> 아아, 분하도다! 우리 2천만, 타국인의 노예가 된 동포여! 살았는가! 죽었는가! 단군 기자 이래 4천년 국민정신이 하룻밤 사이에 졸연히 멸망하고 말 것인가! 원통하고 원통하다! 동포여! 동포여!

① 군대 해산　　　　② 을사조약 체결

③ 한일 의정서 체결　④ 조선 총독부 설치

⑤ 고종 황제 강제 퇴위

60. 다음 제도를 실시한 공통된 목적으로 가장 적절한 것은?

- 지방 호족의 자제를 수도에 머물게 하며 출신 지역의 일을 자문하게 하였다.
- 중앙의 관리를 출신 지역의 사심관으로 임명하여 견제하였다.

① 영토 확장　　　　② 호족 통제
③ 교육 장려　　　　④ 지방 문화 발달
⑤ 국가 재정 확충

>> 수리력(30문항/35분)

┃61~70┃ 일정한 규칙을 찾아 빈칸에 들어갈 알맞은 숫자를 고르시오.

61.

| 582 ( ) 289 285 142.5 138.5 |

① 579　　　　② 578
③ 577　　　　④ 576
⑤ 575

62.

| 143　161　177　191　203　( )　221 |

① 210　　　　② 211
③ 212　　　　④ 213
⑤ 214

63.

| 5　13　37　109　325　( ) |

① 941　　　　② 957
③ 973　　　　④ 989
⑤ 1005

64.

| 5　12　26　54　( )　222 |

① 99　　　　② 100
③ 105　　　　④ 110
⑤ 112

65.

| 23 12 ( ) 19 17 26 14 33 |

① 20 ② 21
③ 22 ④ 23
⑤ 24

66.

| 1 2 −1 −2 −5 ( ) |

① −13 ② −10
③ −7 ④ −4
⑤ −1

67.

| 2 5 14 41 ( ) 365 1094 |

① 119 ② 120
③ 121 ④ 122
⑤ 123

68.

| 4 7 29 3 9 28 2 8 ( ) |

① 15 ② 17
③ 19 ④ 21
⑤ 23

69.

| 4 6 3 72 9 2 3 54 4 8 ( ) 224 |

① 5 ② 6
③ 7 ④ 8
⑤ 9

70.

| $\dfrac{1}{4}$ 1 ( ) $\dfrac{5}{2}$ $\dfrac{13}{4}$ 4 |

① $\dfrac{5}{4}$ ② $\dfrac{3}{2}$
③ $\dfrac{7}{4}$ ④ 2
⑤ $\dfrac{9}{4}$

71. 다음 자료는 주요 시도별 대형소매점 판매액에 관한 자료이다. 이에 대한 설명으로 적절하지 않은 것은?

(단위 : 백만 원)

시도별	2015. 04		2016. 04	
	백화점 경상금액	대형마트 경상금액	백화점 경상금액	대형마트 경상금액
전국	2,347,285	3,962,048	2,447,918	4,123,570
서울특별시	1,039,926	1,155,583	1,059,311	1,204,147
부산광역시	227,677	265,321	232,294	278,833
대구광역시	158,784	156,489	158,156	156,246
인천광역시	72,519	342,131	70,032	347,577
광주광역시	73,696	91,897	76,494	93,544
대전광역시	80,731	100,650	86,175	99,644
울산광역시	75,013	79,416	74,033	81,130
경기도	415,699	1,014,419	482,238	1,065,501
경상남도	75,595	158,423	74,880	162,221

※ 대형소매점 경상금액=백화점 경상금액+대형마트 경상금액
※ %를 구할 때는 소수 첫째 자리에서 올림한다.

① 2016년 4월 광주광역시의 백화점 경상금액은 전국 백화점 경상금액의 4%를 차지한다.

② 2015년 4월 전국 대형마트 경상금액 중 서울시가 차지하는 비율은 30%이다.

③ 경기도의 경우 대형소매점 경상금액이 1년 동안 총 117,621백만 원 증가했다.

④ 대형마트 경상금액은 유일하게 대전광역시에서만 감소하였다.

⑤ 2015년 4월 경상남도의 대형소매점 경상금액은 234,018 백만 원이다.

72. 다음 자료는 온라인쇼핑몰의 운영형태와 상품군별 거래액에 관한 자료이다. 이에 대한 설명으로 적절한 것은?

(단위 : 백만 원)

상품군별	운영형태별	2016. 02	2016. 03	2016. 04
컴퓨터 및 주변기기	계	367,989	401,443	300,391
	Online몰	286,476	309,652	221,955
	On/Offline몰	81,513	91,791	78,435
소프트웨어	계	5,635	5,331	4,621
	Online몰	4,061	3,670	3,003
	On/Offline몰	1,573	1,661	1,618
음반·비디오·악기	계	16,055	17,684	15,192
	Online몰	14,027	15,858	13,350
	On/Offline몰	2,028	1,825	1,842
의류·패션 및 관련 상품	계	666,330	833,677	769,769
	Online몰	420,644	534,534	433,691
	On/Offline몰	245,686	299,142	336,077
농축수산물	계	132,862	134,086	122,255
	Online몰	69,947	69,391	49,204
	On/Offline몰	62,915	64,695	73,051
여행 및 예약서비스	계	861,309	770,930	772,954
	Online몰	362,059	354,555	282,888
	On/Offline몰	499,251	416,375	490,066

※ 단, %는 소수 둘째자리에서 반올림한다.

① 음반·비디오·악기에서는 운영형태와 상관없이 2016년 4월의 거래액이 가장 적다.

② 조사기간 동안 여행 및 예약서비스는 On/Offline몰에서 점점 거래액이 증가했다.

③ 의류·패션 및 관련 상품의 총 거래액은 2016년 2월보다 3월에 167,347만원 증가했다.

④ 2016년 4월에 거래액이 가장 많은 상품군은 의류·패션 및 관련 상품이다.

⑤ 2016년 3월에 여행 및 예약서비스 총 거래액 중 On/Offline몰이 차지하는 비중은 50%를 넘는다.

---

73. 다음 〈표〉는 중학생의 주당 운동시간 현황을 조사한 자료이다. 이에 대한 〈보기〉의 설명 중 옳지 않은 것을 모두 고르면?

(단위 : %, 명)

구분		남학생			여학생		
		1학년	2학년	3학년	1학년	2학년	3학년
1시간 미만	비율	10.0	5.7	7.6	18.8	19.2	25.1
	인원수	118	66	87	221	217	281
1시간 이상 2시간 미만	비율	22.2	20.4	19.7	26.6	31.3	29.3
	인원수	261	235	224	312	353	328
2시간 이상 3시간 미만	비율	21.8	20.9	24.1	20.7	18.0	21.6
	인원수	256	241	274	243	203	242
3시간 이상 4시간 미만	비율	34.8	34.0	23.4	30.0	27.3	14.0
	인원수	409	392	266	353	308	157
4시간 이상	비율	11.2	19.0	25.2	3.9	4.2	10.0
	인원수	132	219	287	46	47	112
합계	비율	100.0	100.0	100.0	100.0	100.0	100.0
	인원수	1,176	1,153	1,138	1,175	1,128	1,120

〈보기〉

㉠ 1시간 이상 2시간 미만 운동하는 남학생은 1학년이 다른 학년보다 인원수가 많지만, 여학생은 2학년이 다른 학년보다 인원수가 많다.

㉡ 여학생은 학년이 높아질수록 3시간 이상 4시간 미만 운동하는 학생의 비율이 낮아지지만, 남학생은 학년이 높아질수록 3시간 이상 4시간 미만 운동하는 학생의 비율이 높아진다.

㉢ 1학년의 남학생과 여학생을 비교하면, 2시간 이상 3시간 미만 운동하는 학생의 비율은 남학생이 더 높다.

㉣ 4시간 이상 운동하는 2학년 남학생 수는 1시간 미만 운동하는 2학년 여학생 수보다 적다.

① ㉠, ㉡　　　　　　② ㉠, ㉣

③ ㉡, ㉣　　　　　　④ ㉢, ㉣

⑤ ㉡, ㉢, ㉣

74. 다음 제시된 〈표1〉과 〈표2〉는 '개발팀 팀원의 보유 역량 및 '수행 업무별 필요 역량에 대한 자료이다. 이에 대한 설명으로 적절한 것을 〈보기〉에서 모두 고른 것은?

〈표1〉 개발팀 팀원의 보유 역량

(● : 보유)

역량＼팀원	김 대리	이 대리	박 차장	최 과장
자기개발	●	●		
의사소통	●		●	●
수리활용		●		●
정보활용	●		●	
문제해결		●	●	
자원관리	●			
기술활용	●	●		
대인관계			●	●
문화이해	●		●	
변화관리	●	●	●	●

〈표2〉 수행 업무별 필요 역량

(● : 필요)

업무＼역량	A	B	C	D	E	F	G
자기개발					●		
의사소통				●		●	●
수리활용	●					●	
정보활용				●			
문제해결		●	●		●		
자원관리			●	●			
기술활용							●
대인관계	●	●				●	
문화이해		●					
변화관리	●			●	●		●

※ 각 업무별 필요 역량을 모두 보유해야만 해당 업무를 수행할 수 있음

〈보기〉
㉠ 개발팀 팀원 가운데 C업무를 수행할 수 있는 사람은 없다.
㉡ 개발팀 팀원 가운데 D업무를 수행할 수 있는 사람은 G업무도 수행할 수 있다.
㉢ 개발팀 팀원 가운데 E업무를 수행할 있는 사람은 다른 업무를 수행할 수 없다.
㉣ 개발팀 팀원 가운데 A업무를 수행할 수 있는 사람이 F업무를 수행하기 위해서는 기존 보유 역량 외에 '의사소통' 역량이 추가로 필요하다.

① ㉠, ㉡
② ㉡, ㉢
③ ㉠, ㉡, ㉢
④ ㉡, ㉢, ㉣
⑤ ㉠, ㉡, ㉢, ㉣

75. 다음 〈표〉는 L사와 S사의 A/S 접수 및 처리 현황에 대한 자료이다. 이에 대한 설명으로 옳은 것은?

〈표〉 L사와 S사의 민원접수 및 처리 현황

(단위 : 건)

구분	A/S접수	처리 상황		처리된 A/S의 결과	
		미처리	처리	만족	불만족
L사	19,699	1,564	18,135	14,362	3,773
S사	40,830	8,781	32,049	23,637	8,412

※ 접수된 A/S의 처리 상황은 '미처리'와 '처리'로만 구분되며, 처리된 A/S의 결과는 '만족'과 '불만족'으로만 구분됨

※ 만족비율(%) = $\dfrac{만족건수}{처리건수} \times 100$

① '미처리' 건수는 S사가 L사의 5배를 넘지 않는다.
② S사의 'A/S접수' 건수 대비 '만족' 건수의 비율은 50% 미만이다.
③ '만족' 건수는 S사가 L사에 비해 많고, 만족비율도 S사가 L사에 비해 높다.
④ L사와 S사 각각의 'A/S접수' 건수 대비 '미처리' 건수의 비율은 10%p 이상 차이가 난다.
⑤ L사는 S사에 비해 'A/S접수' 건수가 적고, 고객 1인당 'A/S접수' 건수도 S사에 비해 적다.

76. 다음 〈표〉는 2004년과 2014년의 전국의 지역별·산업별 고용 인원에 대한 자료이다. 이에 대한 〈보기〉의 설명 중 옳지 않은 것을 모두 고르면?

(단위 : 천명)

	수도권		중부권		영남권		호남권	
	2004년	2014년	2004년	2014년	2004년	2014년	2004년	2014년
농업/임업/어업	194	166	434	358	650	484	547	444
제조업	2,170	2,209	399	538	1,329	1,441	279	322
건설업	893	896	244	239	456	424	225	236
도소매/숙박/음식점업	2,932	3,142	729	714	1,566	1,445	634	588
사업/개인/공공서비스	3,297	4,825	813	1,271	1,512	2,018	692	965
전기/운수/통신/금융	1,411	1,778	290	317	595	667	255	279
합계	10,897	12,836	2,909	3,437	6,108	6,479	2,632	2,834

※ 전국은 수도권, 중부권, 영남권, 호남권으로 구성됨

〈보기〉
㉠ 2004년 대비 2014년에 호남권 고용증가인원은 영남권 고용증가인원보다 많다.
㉡ 2004년 대비 2014년에 전기·운수·통신·금융의 전국고용인원은 증가하였다.
㉢ 전국으로 봤을 때, 2004년 대비 2014년에 농업·임업·어업의 고용인원은 감소하고 사업·개인·공공서비스 고용인원은 증가하였다.
㉣ 2004년 대비 2014년 수도권의 사업·개인·공공서비스 고용인원은 50% 이상 증가하였다.

① ㉠, ㉡
② ㉠, ㉣
③ ㉡, ㉢
④ ㉡, ㉣
⑤ ㉢, ㉣

77. 다음 제시된 〈도표1〉과 〈도표2〉는 2011년부터 2015년까지의 주택건설 현황과 상수도 보급 현황에 관한 것이다. 이에 대한 설명으로 옳은 것은?

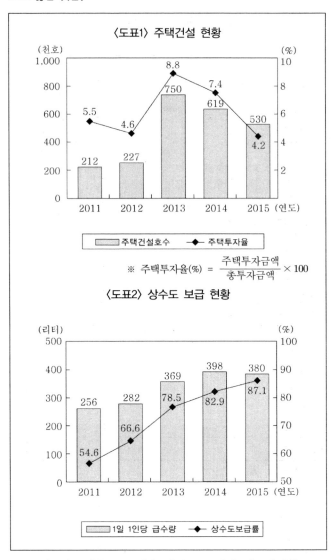

〈도표1〉 주택건설 현황

※ 주택투자율(%) = $\frac{주택투자금액}{총투자금액} \times 100$

〈도표2〉 상수도 보급 현황

① 주택투자금액은 2013년을 기점으로 매년 감소하였다.
② 주택투자율과 상수도보급률이 가장 높은 해는 2013년이다.
③ 주택건설호수의 전년대비 증가분이 가장 큰 해는 2011년이다.
④ 1일 1인당 급수량의 전년대비 증가분이 가장 큰 해는 2013년이다.
⑤ 주택건설호수와 주택투자율은 2013년까지는 매년 증가하다가 2014년 이후 감소하였다.

78. 다음 제시된 〈표1〉과 〈표2〉는 A~G 구역의 재활용품 수거에 관한 자료이다. 이에 대한 설명 중 옳은 것은?

〈표1〉 수거된 재활용품의 유형별 비율

(단위 : %)

유형 \ 구역	A	B	C	D	E	F	G
종이류	70.6	58.2	25.0	40.4	19.0	26.1	25.5
병류	9.9	6.8	6.5	21.6	44.7	11.6	17.4
고철류	8.3	25.7	58.1	13.8	24.8	11.9	25.9
캔류	2.7	2.6	1.7	6.8	4.4	4.5	7.9
플라스틱류	6.2	5.0	3.2	11.4	5.5	6.9	8.3
기타	2.3	1.7	5.5	6.0	1.6	39.0	15.0
전체	100.0	100.0	100.0	100.0	100.0	100.0	100.0

〈표2〉 재활용품 수거량과 인구 특성

항목 \ 구역	A	B	C	D	E	F	G
재활용품 수거량(톤/일)	88.8	81.8	70.8	62.9	45.3	21.5	21.0
1인당 재활용품 수거량(g/일)	328.1	375.8	362.5	252.8	323.7	244.4	232.9
인구(천 명)	270.6	217.7	195.4	248.7	140.0	87.8	90.0
인구밀도 (명/km²)	970.0	664.6	584.0	681.4	415.6	161.0	118.6
1차산업 인구구성비(%)	6.5	5.7	13.3	8.4	14.3	37.9	42.0
2차산업 인구구성비(%)	21.6	14.3	23.9	23.6	15.4	11.4	13.8
3차산업 인구구성비(%)	71.9	80.0	62.8	68.0	70.3	50.7	44.2

① 3차산업 인구구성비가 높은 구역일수록 재활용품 수거량이 많다.

② 2차산업 인구구성비가 높은 구역일수록 수거된 재활용품 중 고철류 비율이 높다.

③ 1인당 재활용품 수거량이 가장 적은 구역은 수거된 재활용품 중 종이류 비율이 가장 높다.

④ 1차산업 인구구성비가 가장 높은 지역은 플라스틱류의 재활용 비율이 A~G 구역 중에서 가장 높다.

⑤ 인구밀도가 높은 상위 3개 지역과 수거된 재활용품 중 종이류 비율이 높은 상위 3개 지역은 동일하다.

┃79~80┃ 다음은 한국의 세계유산 현황과 세계유산 국제 비교를 나타내는 표이다. 물음에 답하시오.

〈표1〉 한국의 세계유산 현황

구분	1999	2000	2001	2002	2003	2004	2005	2006	2007	2008
(개)	2	2	4	4	4	4	4	4	6	6
(나)	–	–	1	1	2	2	3	3	3	3
(다)	5	7	7	7	7	7	7	7	8	8
계	7	9	12	12	13	13	14	14	17	17

〈표2〉 세계유산 국제비교

구분	한국	미국	일본	독일	프랑스	이탈리아	영국	세계평균
세계유산	8	20	14	32	33	43	27	6.0
기록유산	6	2	0	10	6	2	2	2.3
무형유산	3	0	3	0	1	2	0	1.5

79. 위의 자료를 보고 다음의 설명을 통해 ㈎, ㈏, ㈐에 해당하는 유산을 올바르게 짝지은 것은?

- 2008년 한국의 세계유산은 8개로 등재되어 있다.
- 한국의 기록유산은 2002~2006년까지 등재 건수가 없다.
- 한국의 무형유산은 2001년부터 등재되어 지정 건수를 증가시키고 있다.

① ㈎ 무형유산, ㈏ 기록유산, ㈐ 세계유산

② ㈎ 기록유산, ㈏ 세계유산, ㈐ 무형유산

③ ㈎ 기록유산, ㈏ 무형유산, ㈐ 세계유산

④ ㈎ 세계유산, ㈏ 기록유산, ㈐ 무형유산

⑤ ㈎ 세계유산, ㈏ 무형유산, ㈐ 기록유산

80. 위의 표에 대한 해석이 적절하지 않은 것은?

① 한국은 2008년 세계유산 8건, 기록유산 6건, 무형유산 3건 총 17건을 등재하고 있다.

② 한국은 기록유산과 무형유산 모두 등재 건수가 독일, 프랑스, 이탈리아, 영국보다 높다.

③ 한국의 기록유산 및 무형유산은 미국, 일본 등의 선진국보다 우수한 수준이다.

④ 한국의 세계유산은 일찍부터 등재를 추진한 선진국에 비해 등재 실적이 다소 떨어지지만, 세계평균보다는 높다.

⑤ 한국의 세계유산, 기록유산, 무형유산은 모두 세계평균보다는 높다.

81. L그룹에서 올해 채용한 남녀 신입사원 수는 작년에 비하여 각각 2%, 4%씩 감소하였다. 작년에 채용된 신입사원은 모두 1,300명이었고, 올해는 작년보다 35명 적게 신입사원을 채용하였다. 올해 L그룹에서 채용한 남자 신입사원의 수는?

① 800명
② 816명
③ 820명
④ 833명
⑤ 850명

82. 집에서 도서관에 갈 때는 시속 3km로 걷고, 도서관에서 집에 올 때는 3km 더 긴 길을 따라 시속 4km로 걸어서 총 3시간 5분이 걸렸다. 도서관에서 집에 올 때 걸어온 거리는 몇 km인가?

① 3km
② 4km
③ 5km
④ 6km
⑤ 7km

83. 순수한 물 100g에 36%의 설탕물 50g과 20%의 설탕물 50g을 모두 섞으면, 몇 %의 설탕물이 되는가?

① 10%
② 12%
③ 14%
④ 16%
⑤ 18%

84. 휴대전화의 부품을 생산하는 공장에서 A기계는 1분에 12개의 부품을, B기계는 1분에 8개의 부품을 생산한다. A기계의 부품 생산량이 B기계의 부품 생산량의 2배가 되는 것은 몇 분 후인가? (단, 현재 A기계는 120개, B기계는 20개의 부품을 만들었다)

① 10분 후
② 15분 후
③ 20분 후
④ 25분 후
⑤ 30분 후

85. 수정이는 50원, 100원, 500원짜리 동전들을 합하여 3,600원을 가지고 있다. 동전은 모두 28개이고 500원짜리 동전을 최대한 많이 사용하였다. 이 때 수정이가 가지고 있는 세 종류의 동전의 개수는?

	50원	100원	500원
①	22	1	5
②	16	8	4
③	8	17	3
④	2	24	2
⑤	1	26	1

86. 원가가 4,500원인 물건을 정가의 10%를 할인하여 팔아서 원가의 30% 이상의 이익을 얻으려고 할 때, 정가는 얼마 이상으로 정하면 되는가?

① 6,000원
② 6,300원
③ 6,500원
④ 6,800원
⑤ 6,900원

87. A 회사와 B 회사의 제품 생산량의 비율은 3 : 7이다. A 회사의 불량률이 2%, B 회사의 불량률이 3%라면, 부품 하나를 선정했을 때 그것이 B회사 제품이 불량일 확률은?

① $\frac{3}{7}$
② $\frac{1}{9}$
③ $\frac{2}{9}$
④ $\frac{5}{9}$
⑤ $\frac{7}{9}$

88. 학민이가 학교를 나서고 10분 후에 선수가 따라 나섰다. 학민이는 매분 80m의 속력으로 걷고, 선수는 매분 120m의 속력으로 걷는다면 학민이가 집을 나선 지 몇 분 후에 학민이와 선수가 만나는가?

① 20분   ② 25분

③ 30분   ④ 35분

⑤ 40분

89. 2016년 박 부장의 나이는 42세이고, 아들의 나이는 12세이다. 박 부장의 나이가 아들의 나이의 두 배가 되는 해는 몇 년도인가?

① 2030년   ② 2031년

③ 2032년   ④ 2033년

⑤ 2034년

90. 목수 두 사람이 있다. 목수 A는 집을 짓는데 6개월, 목수 B는 9개월이 걸린다. 처음 한 달은 목수 B만 일하고, 나머지 기간 동안 목수 A도 같이 일을 했다. 집을 짓는데 얼마나 걸렸는가?

① 3개월 4일   ② 3개월 6일

③ 3개월 20일   ④ 4개월 4일

⑤ 4개월 6일

〉〉 도형추리(20문항/20분)

▌91~100▌ 다음 〈보기〉에 제시된 각 기호의 규칙에 따른 도형의 변화를 보고 ?에 들어갈 알맞은 모양을 고르시오.

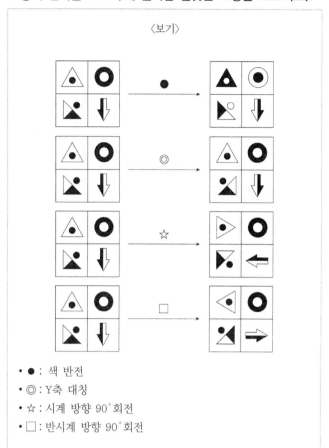

- ● : 색 반전
- ◎ : Y축 대칭
- ☆ : 시계 방향 90°회전
- □ : 반시계 방향 90°회전

91.

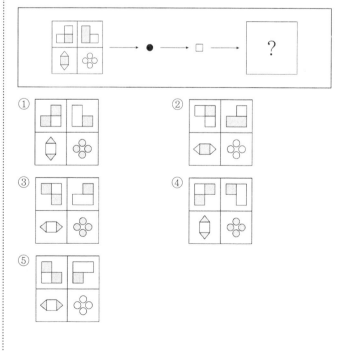

92.

⑤

93.

94.

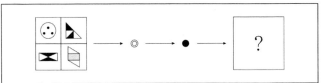

95.

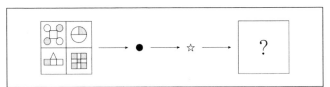

96.

①   ②

③   ④

⑤

98.

①   ②

③   ④

⑤

97.

①   ②

③ ④

⑤

99.

①   ②

③   ④

⑤

100.

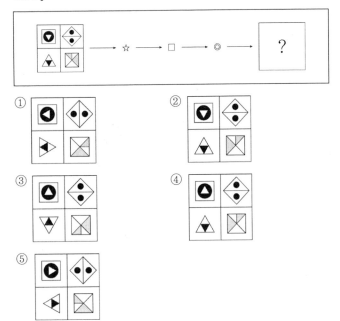

① ② ③ ④

⑤

┃101~110┃ 다음 〈보기〉에 제시된 각 기호의 규칙에 따른 도0형의 변화를 보고 ?에 들어갈 알맞은 모양을 고르시오.

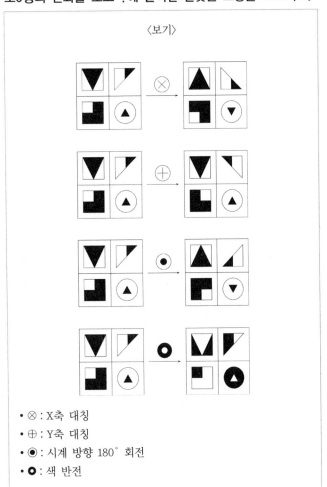

〈보기〉

- ⊗ : X축 대칭
- ⊕ : Y축 대칭
- ◉ : 시계 방향 180° 회전
- ○ : 색 반전

101.

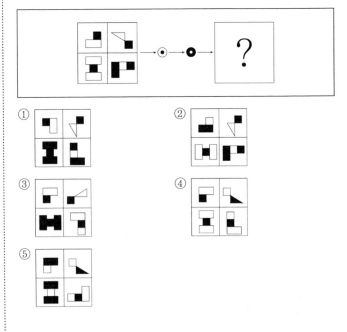

① ② ③ ④

⑤

102.

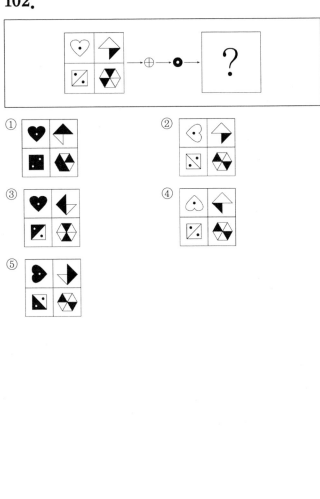

① ② ③ ④

⑤

103.

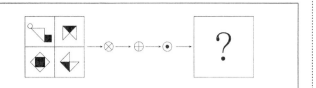

①

②

③

④

⑤

104.

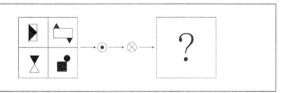

① ② ③ ④ ⑤

105.

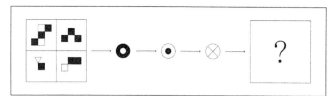

①

②

③

④

⑤

106.

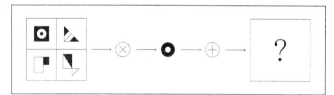

① ② ③ ④ ⑤

107.

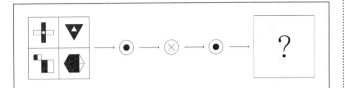

① ② ③ ④ ⑤

108.

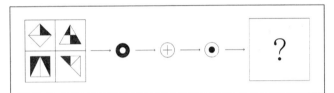

① ② ③ ④ ⑤

109.

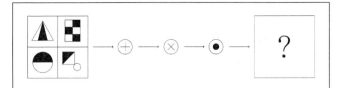

① ② ③ ④ ⑤

110.

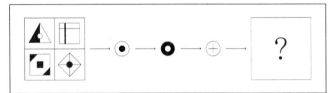

① ② ③ ④ ⑤

▌111~125▐ 다음 주어진 조건에 따라 변환했을 때, '?'에 들어갈 알맞은 수를 구하시오.

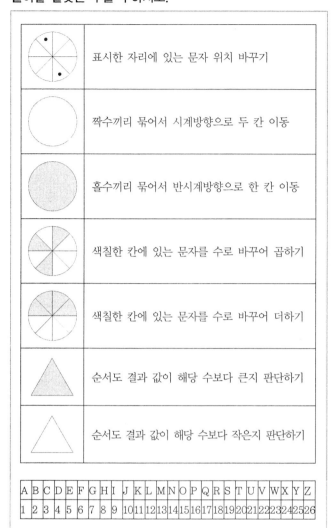

	표시한 자리에 있는 문자 위치 바꾸기
	짝수끼리 묶어서 시계방향으로 두 칸 이동
	홀수끼리 묶어서 반시계방향으로 한 칸 이동
	색칠한 칸에 있는 문자를 수로 바꾸어 곱하기
	색칠한 칸에 있는 문자를 수로 바꾸어 더하기
	순서도 결과 값이 해당 수보다 큰지 판단하기
	순서도 결과 값이 해당 수보다 작은지 판단하기

A	B	C	D	E	F	G	H	I	J	K	L	M	N	O	P	Q	R	S	T	U	V	W	X	Y	Z
1	2	3	4	5	6	7	8	9	10	11	12	13	14	15	16	17	18	19	20	21	22	23	24	25	26

111.

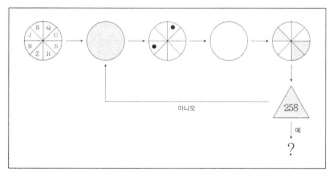

① 270　　　　　② 272

③ 282　　　　　④ 290

⑤ 295

112.

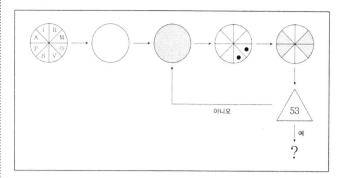

① 48　　　　　② 49

③ 50　　　　　④ 51

⑤ 52

113.

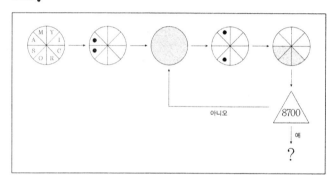

① 8650　　　　② 8600

③ 8550　　　　④ 8500

⑤ 8450

114.

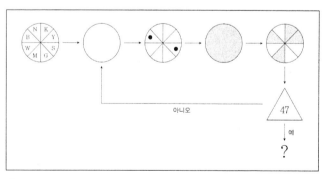

① 43　　　　　② 42

③ 41　　　　　④ 40

⑤ 39

115.

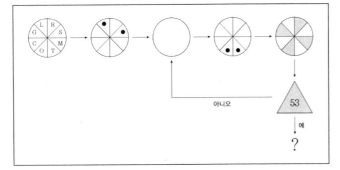

① 55　　　　② 56

③ 57　　　　④ 58

⑤ 59

116.

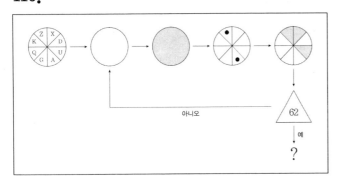

① 58　　　　② 48

③ 38　　　　④ 28

⑤ 18

117.

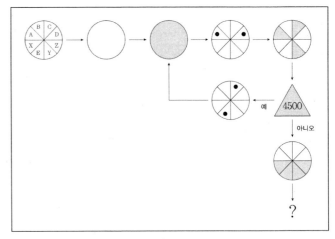

① 10　　　　② 11

③ 12　　　　④ 13

⑤ 14

118.

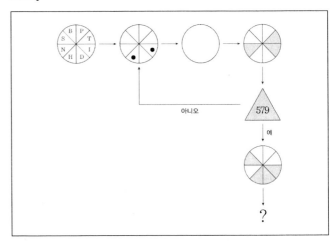

① 24　　　　② 44

③ 64　　　　④ 84

⑤ 104

119.

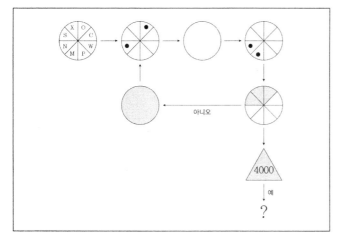

① 4253   ② 4254

③ 4255   ④ 4256

⑤ 4257

120.

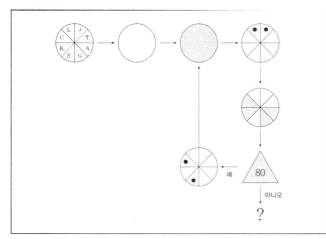

① 10   ② 20

③ 30   ④ 40

⑤ 50

121.

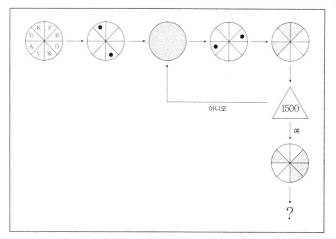

① 56   ② 57

③ 58   ④ 59

⑤ 60

122.

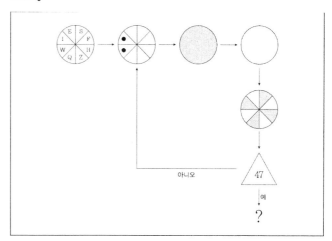

① 39   ② 40

③ 41   ④ 42

⑤ 43

123.

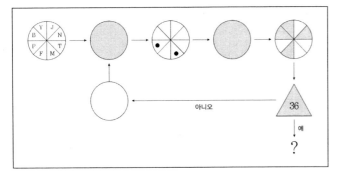

① 37

② 47

③ 57

④ 67

⑤ 77

124.

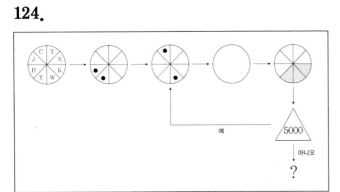

① 5020

② 5030

③ 5040

④ 5050

⑤ 5060

125.

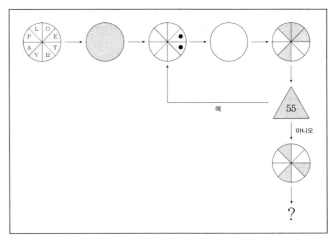

① 2550

② 2560

③ 2570

④ 2580

⑤ 2590

"일반상식"

꼭 알아야하는 알짜 일반상식만 담았다!

공사공단 일반상식

공사공단 채용대비
핵심상식 + 기출유형문제 + 논술
한 권으로 일반상식 준비 끝낸다!

**공기업/공공기관 채용
빈출 일반상식**

공기업/공공기관 채용에 꼭 필요한
영역별 일반상식 빈출만 담았다!
기출유형문제로 구성한 한국사까지
함께 공부한다!

LG그룹

인적성검사 모의고사

[정답 및 해설]

>> 언어이해

1 ③

아리스토텔레스는 모든 자연물이 목적을 추구하는 본성을 타고나며, 외적 원인이 아니라 내재적 본성에 따른 운동을 한다는 목적론을 제시하였다. 아리스토텔레스에 따르면 이러한 본성적 운동의 주체는 단순히 목적을 갖는 데 그치는 것이 아니라 목적을 실현할 능력도 타고난다.

2 ⑤

⑤ 국내 통화량이 증가하여 유지될 경우 장기에는 자국의 물가도 높아져 장기의 환율은 상승한다.

3 ④

①⑤ 소스 부호화는 데이터를 압축하기 위해 기호를 0과 1로 이루어진 부호로 변환하는 과정이다. 오류를 검출하고 정정하기 위하여 부호에 잉여 정보를 추가하는 과정은 채널 부호화이다.
② 송신기에서 부호를 전송하면 채널의 잡음으로 인해 오류가 발생한다.
③ 잉여 정보는 오류를 검출하고 정정하기 위하여 부호에 추가하는 정보이다.

4 ②

② 기호 집합의 평균 정보량을 기호 집합의 엔트로피라고 하는데 모든 기호들이 동일한 발생 확률을 가질 때 그 기호 집합의 엔트로피는 최댓값을 갖는다. 기호들의 발생 확률이 서로 다르므로 평균 정보량이 최댓값을 갖지 않는다.

5 ⑤

⑤ 삼중 반복 부호화는 0을 000으로 부호화하는데, 두 개의 비트에 오류가 있으면 110, 101, 011이 되어 1로 판단하므로 오류는 정정되지 않는다.

6 ③

③ (가)는 석회 동굴이 생기는 과정을, (나)는 용암 동굴이 생기는 과정을 설명하였다. '과정'의 설명 방식은 물건이나 음식을 만들 때에 많이 사용된다.
① 분류 ② 분석 ④ 예시 ⑤ 대조

7 ①

(다) 가계조사의 정의 → (나) 가계조사의 용도 → (가) 우리나라 최초의 가계조사 → (라) 1954년~1959년까지의 우리나라 가계조사 → (마) 1960년 이후의 우리나라 가계조사

8 ②

② 바이오 인식은 사람의 신체, 지문, 홍채, 정맥, 안면, 음성 등 신체적 식별성을 자동화된 장치로 추출하여 개인을 식별ㆍ인증하는 기술이다.

9 ⑤

⑤ '다각화를 하는 이유에 대해서는 여러 가지 설명들이 제시되었는데 크게 보자면 <u>주주들의 이익에서 그 이유를 찾는 설명들</u>과 <u>경영자들의 이익에서 그 이유를 찾는 설명들</u>로 나눌 수 있다.'라는 부분을 통해 제시문에서 다각화의 이유를 설명하는 두 가지 관점이 제시될 것임을 파악할 수 있다. 먼저 '주주들의 이익 추구가 다각화의 목적'이라는 입장이 제시되었으므로 이어질 내용은 '경영자들의 이익 추구가 다각화의 목적'이라는 입장이다.

10 ③

③ 이 글에서는 삼림 개발로 인한 개마고원 지대 목재의 운반경로는 언급하고 있으나 개마고원과 동해안 지방 간의 교통에 대해서는 언급하고 있지 않다.

11 ④

포퍼는 가설로부터 논리적으로 도출된 예측을 관찰이나 실험 등의 경험을 통해 맞는지 틀리는지 판단함으로써 그 가설을 시험하는 과학적 방법을 제시한다. 콰인은 개별적인 가설뿐만 아니라 기존의 지식들과 여러 조건 등을 모두 포함하는 전체 지식이 경험을 통한 시험의 대상이 된다는 총체주의를 주장한다. 따라서 포퍼와 콰인 모두 '경험을 통하지 않고 가설을 시험할 수 있는가?'라는 질문에 '아니요'라고 답변을 할 것이다.

①②③⑤의 질문에 대해서는 포퍼는 긍정의, 콰인은 부정의 답변을 할 것이다.

12 ①

② 반추 동물이 짧은 시간에 과도한 양의 비섬유소를 섭취하면 급성 반추위 산성증을 유발한다.

③ 반추위 미생물은 산소가 없는 환경에서 왕성하게 생장한다.

④ 반추 동물도 셀룰로스와 같은 섬유소를 분해하는 효소를 합성하지 못한다.

⑤ 사람은 효소를 이용하여 비섬유소를 포도당으로 분해하고 이를 소장에서 흡수하여 에너지원으로 이용한다.

13 ③

③ 희토류와 관련된 우리 삶에 대한 긍정적인 전망은 제시하고 있지 않다.

① 이 발표의 목적은 '희토류가 무엇이고 어떻게 쓰이는지 등에 대해 알려 드리고자 함'이다.

② 산업 분야에서 희토류의 역할을 '산업의 비타민'이라고 비유적 표현으로 제시하였다.

④ 청자의 이해를 돕기 위해 영상 및 표를 효과적으로 제시하고 있다.

⑤ 발표 마지막에서 희토류가 실제로 얼마나 다양하게 활용되고 있는지 관심을 갖고 찾아보길 촉구하고 있다.

14 ②

보고서 작성 개요에 따르면 결론 부분에서 '공공 데이터 활용의 장점을 요약적으로 진술'하고 '공공 데이터가 앱 개발에 미칠 영향 언급'하고자 한다. 따라서 ②의 '공공 데이터는 앱 개발에 필요한 실생활 관련 정보를 담고 있으며 앱 개발 비용의 부담을 줄여 준다(→공공 데이터 활용의 장점을 요약적으로 진술). 그러므로 앱 개발 시 공공 데이터 이용이 활성화되면 실생활에 편의를 제공하는 다양한 앱이 개발될 것이다(→공공 데이터가 앱 개발에 미칠 영향 언급).'가 결론으로 가장 적절하다.

15 ⑤

⑤ 형태가 일정한 물체의 회전 운동 에너지는 회전 속도의 제곱에 정비례하므로 물체의 회전 속도가 2배가 되면 회전 운동 에너지는 4배가 된다.

16 ④

① 돌림힘의 크기는 회전축에서 힘을 가하는 점까지의 거리와 가해 준 힘의 크기의 곱으로 표현된다. 따라서 갑의 돌림힘의 크기는 $1m \times 300N = 300N \cdot m$이고, 을의 돌림힘의 크기는 $2m \times 200N = 400N \cdot m$이다. 따라서 갑의 돌림힘의 크기가 을의 돌림힘의 크기보다 작다.

② 두 돌림힘의 방향이 서로 반대이므로 알짜 돌림힘의 방향은 더 큰 돌림힘의 방향과 같다. 따라서 알짜 돌림힘의 방향의 을의 돌림힘의 방향과 같다.

③ 두 돌림힘의 방향이 반대이지만, 돌림힘의 크기가 다르므로 알짜 돌림힘은 0이 아니고, 돌림힘의 평형도 유지되지 않는다.

⑤ 두 돌림힘의 방향이 서로 반대이면 알짜 돌림힘의 크기는 두 돌림힘의 크기의 차가 된다. 따라서 알짜 돌림힘의 크기는 $400 - 300 = 100N \cdot m$이다.

17 ①

1문단에서 고전 역학은 빛을 연속하는 파동으로 인식하고 있음을 알 수 있다. 그리고 5문단에서 양자론은 빛을 불연속적인 입자의 덩어리로 파악하고 있음을 알 수 있다.

18 ③

㉠의 앞에서 언급했듯이 상품의 가격 조정이 일어나도 국내외의 상품 수요가 가격에 민감하게 반응하는지 아닌지에 따라 경상 수지는 개선될 수도 있고 개선되지 못할 수도 있다. 즉, 환율이 상승하더라도 국내외 상품의 수요가 가격에 민감하지 않을 수도 있으며 이 때 경상 수지는 개선되지 못한다.

① 가격 조정의 신속성과 수요의 변화 사이의 관계에 대해서는 언급되지 않았다.

② 제시문을 통해서 국내외 상품 수요가 가격에 얼마나 민감한가에 따라 경상 수지의 개선이 영향을 받고 있음을 알 수 있다.

④ 환율이 상승할 때 상품의 수요 구조에 따라 가격이 조정되는 것이 아니라 상품의 가격 조정이 일어난 후에 국내외 상품 수요가 가격에 얼마나 민감하게 반응하는가 하는 수요 구조에 따라 경상 수지가 개선되지 못하기도 한다는 내용이 제시되어 있다.

⑤ 국내 기업이 환율의 안정성을 살펴본 후 가격 조정을 한다는 내용은 언급되지 않았다.

19 ③

인상파 화가들과 관련된 내용은 넷째 문단에 제시되어 있다. 넷째 문단의 '인상파 화가들은 광학 지식의 발달에 힘입어 ~ 고정 불변하는 사물의 고유색이란 존재하지 않는다는 인식으로 이어졌다.'라는 내용으로 미루어 볼 때, ③은 이 글의 내용과 일치하지 않는다.

20 ②

② 이 글에서는 서양적인 아름다움과 한국인의 심미 의식이라는 대상을 거론하여 둘 사이에 존재하는 차이점을 주로 부각하고 있다. 윤리 의식이 개입되어 있느냐 그렇지 않으냐의 여부가 둘 사이의 차이를 가져오는 요인이라고 할 수 있다.

〉〉 언어추리

21 ③

① 오렌지, 귤 : 네 번째 조건에 따라 귤을 사려면 사과와 오렌지도 반드시 사야 한다.

② 배, 딸기 : 두 번째 조건에 따라 배와 딸기 중에서는 한 가지밖에 살 수 없으며, 세 번째 조건에 따라 딸기와 오렌지를 사려면 둘 다 사야 한다.

④ 사과, 딸기, 귤 : 세 번째 조건에 따라 딸기와 오렌지를 사려면 둘 다 사야 하며, 네 번째 조건에 따라 귤을 사려면 사과와 오렌지도 반드시 사야 한다.

⑤ 사과, 배, 귤 : 네 번째 조건에 따라 귤을 사려면 사과와 오렌지도 반드시 사야 한다.

22 ③

대회 종류 후 나눈 대화가 성립하려면 다음의 두 가지 조건이 만족되어야 한다.

• B와 E를 제외한 A, C, D는 적어도 한 게임은 이기고, 한 게임은 져야 한다.

• B는 한 게임 이상 이겨야 하고, E는 한 게임 이상 져야 한다.

각 선수가 얻은 점수의 총합이 큰 순으로 매긴 순위가 A > B이므로 A는 6점(3승 1패), B는 5점(1승 3무)를 받는다. B가 C, D, E와 모두 비긴 조건에서 D가 적어도 한 게임은 이겨야 하므로 D는 최소 3점 이상을 획득하는데 점수의 총합이 C > D이므로 C는 4점(1승 2무 1패), D는 3점(1승 1무 2패)을 받는다. 이를 정리하면 다음과 같다.

	A	B	C	D	E
A	–	B승(2점)	C패(0점)	D패(0점)	E패(0점)
B	A패(0점)	–	무(1점)	무(1점)	무(1점)
C	A승(2점)	무(1점)	–	D패(0점)	무(1점)
D	A승(2점)	무(1점)	C승(2점)	–	E패(0점)
E	A승(2점)	무(1점)	무(1점)	D승(2점)	–
총점	6점	5점	4점	3점	2점

색이 칠해진 칸과 칠해지지 않은 칸은 중복이므로 총 10번의 게임 중 4번의 게임이 비긴 카드 게임이다.

23 ①

甲과 丙의 진술로 볼 때, C = 삼각형이라면 D = 오각형이고, C = 원이라면 D = 사각형이다. C = 삼각형이라면 戊의 진술에서 A = 육각형이고, 丁의 진술에서 E ≠ 사각형이므로 乙의 진술에서 B = 오각형이 되어 D = 오각형과 모순된다. 따라서 C = 원이다. C = 원이라면 D = 사각형이므로, 丁의 진술에서 A = 육각형, 乙의 진술에서 B = 오각형이 되고 E = 삼각형이다. 즉, A = 육각형, B = 오각형, C = 원, D = 사각형, E = 삼각형이다.

24 ④

총 30회의 가위바위보 게임에서 모두 이길 경우 얻을 수 있는 점수는 150점이다.

- 甲, 乙 : 29회를 이길 경우 145점을 얻는데, 30번째에서 비길 경우 146점을, 질 경우 144점을 얻을 수 있다. → 甲, 乙 거짓
- 丙, 丁, 戊 : 28회를 이길 경우 140점을 얻는데, 29~30번째 모두 비길 경우 142점, 1번 비기고 1번 질 경우 140점, 2번 모두 질 경우 138점을 얻을 수 있다. → 丙, 戊 거짓, 丁 참

25 ②

- 36개의 로봇을 6개씩 6팀으로 나눠 각 팀의 1위를 가린다. → 6경기
- 각 팀의 1위 로봇끼리 재경기를 해 1위를 가린다. → 1경기(가장 빠른 로봇이 가려짐)
- 가장 빠른 로봇이 나온 팀의 2위 로봇과 나머지 팀의 1위 로봇을 재경기해 1위를 가린다. → 1경기(두 번째로 빠른 로봇이 가려짐)

따라서 36개의 로봇 중 가장 빠른 로봇 1, 2위를 선발하기 위해서는 최소 8경기를 해야 한다.

26 ①

- 목수는 이씨이고, 대장장이와 미장공은 김씨가 아니라는 조건에 의해 대장장이와 미장공은 박씨와 윤씨임을 알 수 있다. 그런데 마지막 조건에 따라 윤씨는 대장장이가 아니므로 대장장이는 박씨이고 미장공은 윤씨임을 알 수 있다. 따라서 2명의 김씨의 직업은 단청공과 벽돌공이다.

- 어인놈은 단청공이며, 상득은 김씨라는 조건에 따라 어인놈은 김씨이며 단청공이고, 상득은 김씨이며 벽돌공임을 알 수 있다.
- 어인놈이 단청공이고 상득이 벽돌공인 상황에서 2전 5푼의 일당을 받는 정월쇠는 대장장이이며 박씨이다.
- 좀쇠는 박씨도 이씨도 아니라는 조건에 의해 윤씨이며 직업은 미장공이다.
- 마지막으로 남은 작은놈이 이씨이며 목수이다.

이름을 기준으로 일당을 정리하면,

- 좀쇠(윤씨, 미장공) : 동원된 4일 중 3일을 일하고 1일을 쉬었으므로 4 × 4전 2푼 + 1전 = 17전 8푼을 받는다.
- 작은놈(이씨, 목수) : 동원된 3일을 일하였으므로 3 × 4전 2푼 = 12전 6푼을 받는다.
- 어인놈(김씨, 단청공) : 동원된 4일을 일하였으므로 4 × 2전 5푼 = 10전을 받는다.
- 상득(김씨, 벽돌공) : 동원된 4일을 일하였으므로 4 × 2전 5푼 = 10전을 받는다.
- 정월쇠(박씨, 대장장이) : 동원된 6일 중 5일을 일하고 1일을 쉬었으므로 5 × 2전 5푼 + 1전 = 13전 5푼을 받는다.

27 ④

단식을 하는 날 전후로 각각 최소 2일간은 정상적으로 세 끼 식사를 하므로 2주차 월요일에 단식을 하면 전 주 토요일과 일요일은 반드시 정상적으로 세 끼 식사를 해야 한다. 이를 바탕으로 조건에 따라 김 과장의 첫 주 월요일부터 일요일까지의 식사를 정리하면 다음과 같다.

월	화	수	목	금	토	일
○		○	○	○	○	○
○		○	○		○	○
○	○	○	○		○	○

28 ①

조건에 따라 甲의 도서 대여 및 반납 일정을 정리하면 다음과 같다.

월	화	수	목	금	토 (9.17)	일
					1권 대출	휴관
·1권반납 ·2~3권 대출 (3일)		·2~3권 반납 ·4~6권 대출 (5일)				휴관
·4~6권 반납 ·7~10권 대출 (7일)						휴관
·7~10권 반납						휴관

29 ②

- 甲이 착한 호랑이일 경우, 곶감의 위치를 안다고 말한 乙, 丁, 戊는 모두 나쁜 호랑이가 되고 丙만 착한 호랑이가 되는데, 丙이 착한 호랑이일 경우 甲이 거짓말을 하는 것이 되므로 모순된다.
- 乙이 착한 호랑이일 경우, 곶감의 위치를 안다고 말한 甲, 丁, 戊는 모두 나쁜 호랑이가 된다. 丙이 착한 호랑이이며, 곶감은 소쿠리에 있다.
- 丙이 착한 호랑이일 경우, 甲은 반드시 나쁜 호랑이가 되고 곶감은 아궁이가 아닌 꿀단지나 소쿠리에 있게 된다. 곶감이 꿀단지에 있다고 하면 丙과 戊가 착한 호랑이가 되고, 곶감이 소쿠리에 있다면 丙과 乙 또는 丁이 착한 호랑이가 된다.
- 丁이 착한 호랑이일 경우, 곶감의 위치를 안다고 말한 甲, 乙, 戊는 모두 나쁜 호랑이가 된다. 丙이 착한 호랑이이며, 곶감은 소쿠리에 있다.
- 戊가 착한 호랑이일 경우, 곶감의 위치를 안다고 말한 甲, 乙, 丁은 모두 나쁜 호랑이가 된다. 丙이 착한 호랑이이며, 곶감은 꿀단지에 있다.

따라서 보기 중 가능한 조합은 ②이다.

30 ④

과거부터 최근으로 B→C→A→D→E의 순서가 된다.

31 ③

A의 자리를 중심으로 살펴보면 다음과 같다.

A가 2쪽을 향하고 있다면 A와 2는 같은 방향이 되므로 모순이 되어 A는 1쪽을 향할 수밖에 없다.

이와 같은 방식으로 그 방향과 위치를 그림으로 표현하면 다음과 같다.

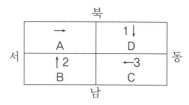

따라서 D는 남쪽을 향하고 있는 것이 되므로 ③이 정답이 된다.

32 ④

- 패스워드로 사용 가능한 숫자는 소수(2, 3, 5, 7)를 제외한 (9, 8, 6, 4, 1, 0)이다.
- 주어진 〈조건〉에 따르면 짝수로 시작하므로 9로 시작할 수 없고, 큰 수부터 순서대로 배열되며 숫자가 중복되지 않는다.

따라서 패스워드로 가능한 조합은 '8410, 6410' 두 종류만 가능하다.

33 ①

두리와 네리는 두리가 범인이 아니라고 말하고 있고, 하나는 두리가 범인이라고 말하고 있다. 다섯명 중 한 명만이 거짓말을 하고 있으므로 이 때 거짓말을 하는 사람은 하나라는 것을 알 수 있다.

34 ⑤

P : 슬픔을 나눌 수 있는 가족이 있다.

Q : 즐거움을 나눌 수 있는 친구가 있다.

R : 행복한 사람이다.

주어진 진술의 논리적 구조는 $(P \lor Q) \to R$이다.

$(P \to R)(Q \to R)$의 논리적 구조를 가지고 있는 ⑤가 정답이 된다.

35 ⑤

- 주어진 조건 ㉠과 ㉢을 고려하여 벤다이어그램을 그리면 다음과 같다.

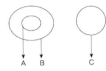

- 주어진 조건 ㉡에 따라 D를 고정해서 그릴 수 없다. 조건을 통해 알 수 있는 것은 C와 겹쳐진 D의 영역이 분명히 있다는 것이다. 따라서 항상 참인 것은 '모든 A는 C가 아니다.'이다.

36 ⑤

1쪽의 문장은 거짓이다. 그 다음 2쪽의 문장이 참이라면 2쪽부터 99쪽까지 모두 참이어야 한다. 그러나 2쪽과 3쪽은 동시에 참이 될 수 없다. 즉, 거짓인 문장이 1개이면서 동시에 2개일 수는 없다. 그러므로 2쪽이 참이 될 수 없다. 이런 식으로 따져나가면 98쪽까지는 모두 거짓인 문장이고 99쪽만 참인 문장임을 알수 있다.

37 ③

월	화	수	목	금
조 대리	김 사원, 이 대리	한 팀장	출장 없음	최 사원

38 ①

	가연	나미	다희	라영
심리학	×	○	○	○
교육학	○	×	○	×
행정학	○	○	×	○
경제학	×	×	○	×
경영학	○	○	×	×

39 ④

C는 D의 어머니이고, A의 어머니와 D의 어머니는 서로 자매 간이므로, B는 C의 어머니이다.

40 ②

'병 – 갑 – 을 – 정'의 순이다.

>> 인문역량

41 ⑤

⑤ 부수가 손 수(手)가 아닌 한자를 고르는 문제이며, 收(거둘 수)의 부수는 攴(등글월 문)이다.

42 ①

① 社務(모일 사, 힘쓸 무)
② 勤務 ③ 業務 ④ 實務 ⑤ 公務

43 ①

① 千載一遇(천재일우)란 천 년에 한 번 만난다는 뜻으로, 좀처럼 얻기 어려운 좋은 기회(機會)를 이르는 말이다.
② 인연 ③ 노력 ④ 시간 ⑤ 조건

44 ①

調査(고를 조, 조사할 사) : 사물의 내용을 명확히 알기 위해 자세히 살펴보거나 찾아봄

45 ④

等(무리 등), 類(무리 류), 衆(무리 중)

46 ①

佳(아름다울 가)의 부수는 '亻(사람인 변)'이고 架(시렁 가)의 부수는 '木(나무 목)'이다. 따라서 두 한자의 부수를 결합해서 만든 한자는 休(쉴 휴)가 된다.
① 엎드릴 복 ③ 구덩이 감 ④ 들 경 ⑤ 다스릴 리

47 ③

年俸(연봉)은 月給(월급)과 관계가 있다.
① 취미 ② 여행 ④ 특기 ⑤ 교통

48 ④
- 季節(계절 계, 마디 절) : 규칙적으로 되풀이되는 자연 현상에 따라서 일 년을 구분한 것
- 四季(넉 사, 계절 계) : 봄, 여름, 가을, 겨울의 네 철

49 ⑤

강원도 평창군은 江原道 平昌郡으로 쓴다.

50 ③

誠實(정성 성, 열매 실) … 정성스럽고 참됨

51 ②

② 공납에서는 중앙 관청의 서리들이 공물을 대신 내고 수수료를 챙기는 방납이라는 폐단이 나타났다. 이에, 이이와 유성룡 등은 공물을 쌀로 내는 수미법을 주장하기도 하였다.

52 ②

제시문은 고구려에 대한 내용이다.
ⓛⓒⓜ 고구려 ⊙ 부여 ⓔ 동예 ⓗ 삼한

53 ⑤

⊙ 위만의 집권→ⓒ 중계 무역 발달→ⓔ 한의 침략으로 멸망→ⓒ 한 군현 설치 순서이다.

54 ③

⊙ 광개토대왕릉비를 통해 확인할 수 있다.
ⓒ 북한산비, 단양 적성비, 중원 고구려비 등을 통해 확인할 수 있다.
ⓔ 북한산비를 통해 확인할 수 있다.

55 ④

④ 주먹도끼, 찌르개 등을 이용하여 사냥한 시기는 구석기시대이다.

56 ③

① 법흥왕에 의해 복속된 것은 금관가야이다. 대가야가 병합된 것은 562년 진흥왕 때이다.
② 우산국 복속은 신라 내물왕이다.
④ 가야는 지역적으로 백제와 신라의 중간에 있어 이들의 압력을 받았기 때문에 연맹국가의 단계에서 신라에 복속되었다.
⑤ 발해에 대한 내용이다.

57 ④

농민의 생활 안정을 통해 궁극적으로는 지배 체제를 유지하기 위한 목적이다.
- 의창 : 평상시에 곡물을 비축해놓고 흉년에 빈민을 구제
- 상평창 : 물가 조절 기관
- 구제도감 : 병자와 빈민의 구제를 목적으로 설치한 임시기관
- 구급도감 : 백성의 재난을 구휼할 목적으로 설피한 임시관청
- 동서대비원 : 의료 중심의 구제기관

58 ③

'기인제도'는 지방의 호족 자제를 인질로 상격을 숙위하게 하는 제도이며, '사심관제도'는 개경에 거주하면서 출신지방의 고문을 맡는 것으로 두 제도 모두 호족을 견제하는 태조의 정책이다.
① 인조 ② 예종 ④ 충선왕 ⑤ 공양왕

59 ②

6조 직계제는 6조에서 논의한 것이 국왕에게 직접 전달되도록 하는 체제로 의정부 서사제와 대립되는 체제이다. 태종과 세조는 6조 직계제를 통해 왕권을 강화하였다.
① 사간원의 독립 : 태종
③ 집현전 설치 : 세종
④ 의정부 서사제 : 세종
⑤ 유향소 폐지 : 세조

60 ①

다음 그림은 조선 후기 화가인 겸재 정선의 '인왕재색도'이다.

① 조선 후기에는 서얼의 소청운동이 받아들여져 중앙관직진출이 허용되었다.

>> 수리력

61 ⑤

피보나치 수열로, 앞 두 수의 합이 그 다음 항이 된다.

62 ⑤

홀수 항은 $\times 2$, 짝수 항은 $+3$의 규칙을 갖는다.

63 ③

$+2$, $+4$, $+6$, $+8$, $+10$, $+12$, $+14$, $+16$, …의 규칙이다.

64 ①

홀수번째 항끼리, 짝수번째 항끼리 규칙을 따로 찾아야 한다. 홀수번째 항은 2씩 증가하고 있고, 짝수번째 항은 2씩 감소하고 있다.

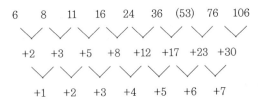

65 ②

6　8　11　16　24　36　(53)　76　106

$+2$　$+3$　$+5$　$+8$　$+12$　$+17$　$+23$　$+30$

$+1$　$+2$　$+3$　$+4$　$+5$　$+6$　$+7$

66 ②

------ $\rightarrow \times 2 + 1$

——— $\rightarrow \div 2 - 1$

········ $\rightarrow + 3$

$8 \div 2 - 1 = 3$

$3 + 3 = 6$

$6 \times 2 + 1 = 13$

$13 \div 2 - 1 = 5.5$

$\therefore 13 + 5.5 = 18.5$

67 ③

——— $\rightarrow n^1$

------ $\rightarrow n^2$

——— $\rightarrow n^3$

$(-1)^3 = -1$

$(-1)^2 = 1$

$\therefore -1 + 1 = 0$

68 ⑤

------ $\rightarrow \times 2$

——— $\rightarrow + 2$

········ $\rightarrow - 1$

$3 \times 2 = 6$

$6 + 2 = 8$

$8 - 1 = 7$

$7 - 1 = 6$

$\therefore 7 + 6 = 13$

69 ②

------ $\rightarrow + 3$

——— $\rightarrow - 2$

········ $\rightarrow \times 1$

$-3 - 2 = -5$

$-5 + 3 = -2$

$-2 + 3 = 1$

$1 \times 1 = 1$

$\therefore 1 + 1 = 2$

70 ⑤

$$\dashrightarrow \ \times 3 + 1$$
$$\longrightarrow \ + 3$$
$$\cdots\cdots\cdots\rightarrow \ \div 3 - 1$$

$-6 \div 3 - 1 = -3$

$-3 + 3 = 0$

$0 \times 3 + 1 = 1$

$1 + 3 = 4$

$\therefore \ 1 + 4 = 5$

71 ④

B생산량 × 5명 + D생산량 × 6 + E생산량 × 2 = 500 × 5 + 700 × 6 + 800 × 2 = 8,300set

72 ②

질량 배합 비율에 따라 제품 A를 300kg 생산하는 데 사용된 개별 금속의 양과 생산 후 남은 금속의 양은 다음 표와 같다.

구분	구리	철	주석	아연	망간
사용된 양	180	15	0	75	30
남은 양	530	0	33	80	0

남은 양으로 만들 수 있는 제품 B는 530kg(구리 424 + 주석 26.5 + 아연 79.5)이다. 따라서 甲급속회사가 생산한 제품은 A 300kg, B 530kg으로 이를 모두 판매하여 얻을 수 있는 최대 금액은 (300 × 300) + (530 × 200) = 196,000원이다.

73 ②

㉠ **설립방식** : {(고객만족도 효과의 현재가치) − (비용의 현재가치)}의 값이 큰 방식 선택
  • (가) 방식 : 5억 원 − 3억 원 = 2억 원 → 선택
  • (나) 방식 : 4.5억 원 − (2억 원 + 1억 원 + 0.5억 원) = 1억 원

㉡ **설립위치** : {(유동인구) × (20~30대 비율) / (교통혼잡성)} 값이 큰 곳 선정(20~30대 비율이 50% 이하인 지역은 선정대상에서 제외)
  • 甲 : 80 × 75 / 3 = 2,000
  • 乙 : 20~30대 비율이 50%이므로 선정대상에서 제외
  • 丙 : 75 × 60 / 2 = 2,250 → 선택

74 ④

BBB등급 기준보증료율인 1.4%에서 지방기술사업과 벤처기업 중 감면율이 큰 지방기술사업을 적용하면 ㈜서원의 보증료율은 1.1%이다. 보증료의 계산은 보증금액 × 보증료율 × 보증기간/365이므로 ㈜서원의 보증료는 5억원 × 1.1% × 365/365 = 5,500천원이다.

75 ①

갑, 을, 병 3개 회사가 보증금액(신규)과 보증기간이 동일하므로 보증료율이 높은 순서대로 정렬하면 된다.
  • 갑 보증료율 : 1.4%(BBB등급) − 0.3%p(감면율이 큰 국가유공자기업 적용) + 0.3%p(고액보증기업 나 + 장기이용기업 가) = 1.4%
  • 을 보증료율 : 1.5%(B등급) − 0.2%(벤처 · 이노비즈기업 중복적용 안 됨) + 0.0%p(장기이용기업 다에 해당하지만 경영개선지원기업으로 가산요율 적용 안 함) = 1.3%
  • 병 보증료율 : 1.5%(B등급) − 0.3%p(감면율이 큰 장애인기업 적용) + 0.0%p(가산사유 해당 없음) = 1.2%

따라서 보증료율이 높은 순서인 갑 − 을 − 병 순으로 보증료가 높다.

76 ④

① 6월은 22.5도였지만 커피의 판매가 많았다.
② 12월은 영하 1도였지만 아이스크림 판매는 500개 이상이다.
③ 커피의 최대 판매량이 보이는 것은 11월이다.
⑤ 아이스크림의 판매량은 8월 이후 감소추세를 보인다.

77 ②

㉠ A카페의 선택 기준이 B카페보다 오른쪽에 있는 것을 찾으면 '맛'과 '가격' 2가지이다.
㉢ 두 카페의 기준 좌표의 좌우 거리가 가장 벌어진 것을 찾는다. 이에 따르면 성과도 차이가 가장 큰 기준은 '가격'이 아닌 '분위기'이다.
㉤ (만족도 = 성과도 − 중요도)이다. 도표에서 각 속성의 위치와 원점을 연결하여 기울기가 가장 작은 것을 찾으면 B카페의 분위기가 만족도가 가장 높음을 알 수 있다.
㉣ 중요도가 가장 높은 기준은 가장 상위에 위치한 '맛' 기준이며, A카페의 '맛' 기준의 좌표가 B보다 오른쪽에 위치하여 성과도가 높음을 알 수 있다.

78 ②

하루에 생산되는 A, B 두 제품의 개수를 각각 x, y 라 하면

$x \geq 0$, $y \geq 0$, $2x + y \leq 10$, $3x + 4y \leq 20$

하루에 생산하는 제품을 통해 얻는 전체 이익을 k라 하면 $3x + 2y = k$이다.

$x = 4$, $y = 2$이므로 이익은 1,600만 원이다.

79 ④

㉠ A 쇼핑몰
- 회원혜택을 선택한 경우 : $129,000 - 7,000 + 2,000$
  $= 124,000$(원)
- 5% 할인쿠폰을 선택한 경우 : $129,000 \times 0.95 +$
  $2,000 = 124,550$(원)

㉡ B 쇼핑몰 : $131,000 \times 0.97 - 3,500 = 123,570$(원)

㉢ C 쇼핑몰
- 회원혜택을 선택한 경우 : $130,000 \times 0.93 + 2,500$
  $= 123,400$(원)
- 5,000원 할인쿠폰을 선택한 경우 : $130,000 - 5,000$
  $+ 2,500 = 127,500$(원)

$\therefore$ C<B<A

80 ②

㉠ 집과 편의점, 회사와 식당 사이는 도보로 표시되어 있다.

㉣ 회사와 식당 사이의 이동경로와 집과 회사 사이의 이동경로를 비교하면 회사-식당 간 이동경로의 기울기가 더 크다. 따라서 걸린 시간이 더 길다는 것을 알 수 있다.

㉡ 제시된 〈자료〉의 거리는 집을 기준으로 한 거리이므로, 마트와 회사 사이의 거리와 마트와 편의점 사이의 거리를 정확히 비교할 수는 없다.

㉢ 오전 중 그래의 이동경로는 '집 - 편의점 - 집 - 회사 - 식당'이다. 따라서 옳지 않은 설명이다.

81 ②

열차가 출발하는 시각까지 남아 있는 1시간 중에서 물건을 고르는 데 걸리는 시간 10분을 뺀 50분 동안 다녀올 수 있는 거리를 구한다.

$(50분) = \left(\dfrac{5}{6}\, 시간\right)$

시속 3km로 $\dfrac{5}{6}$ 시간 동안 갈 수 있는 거리는

$3 \times \dfrac{5}{6} = \dfrac{5}{2} = 2.5$(km)인데

이는 상점까지 다녀오는 왕복거리이므로 상점은 역에서 1.25km 이내에 있어야 한다.

82 ②

A에서 B로 와인 xmL를 옮겼다고 할 때,

$900 - x = 2(300 + x)$

$900 - x = 600 + 2x$

$\therefore$ $x = 100$mL

83 ①

의자의 개수를 x라고 하면

$3x + 5 = 5(x - 3) + 2$

$x = 9$개

$3 \times 9 + 5 = 32$명

84 ⑤

$\dfrac{77}{280 + 490} \times 100 = 10$(%)

85 ④

외할아버지의 자녀의 수를 x 명이라 하면, 한 아들이 낳은 자녀의 수는 $x - 1$ 명이다.

손주의 수 : $x(x - 1)$ (명)

자녀와 손주의 합 : $x + x(x - 1) = x^2$

$50 < x^2 < 80$

$x = 8$

따라서 자녀의 수는 8명이고, 손주의 수는 56명이다.

86 ③

전체 일의 양을 1, 경준이가 하루에 일한 양을 a, 미나가 하루에 일한 양을 b라고 하면

$4a + 4b = 1$

$8a + 2b = 1$

$a = \dfrac{1}{12}$이므로 12일이 걸린다.

87 ②

걸어간 거리를 xm라 하면, 뛰어간 거리는 $(800-x)$m이다.

걸어간 시간+뛰어간 시간=10분이므로

$\dfrac{x}{50} + \dfrac{800-x}{100} = 10$

$2x + 800 - x = 1,000 \quad \therefore x = 200$m

걸어간 거리가 200m이므로, 뛰어간 거리는

$800 - 200 = 600$(m)이다.

88 ④

72와 45의 최소공배수는 360이다. 따라서 두 톱니바퀴가 같은 톱니에서 처음으로 다시 맞물리려면 $360 \div 45 = 8$이므로 8번 회전해야 한다.

89 ④

초대 받은 사람의 수 : x

음식 A, B, C의 접시 수 : a, b, c

$x = 6a$, $x = 4b$, $x = 3c$이다.

$a + b + c = 54$이므로

$\dfrac{x}{6} + \dfrac{x}{4} + \dfrac{x}{3} = \dfrac{2x + 3x + 4x}{12} = \dfrac{9x}{12} = 54$

$\therefore x = 12 \times 6 = 72$(명)

90 ③

두 사람이 만나려면 내일 비가 오지 않고 두 사람 모두 약속을 지켜야 한다.

$\dfrac{70}{100} \times \dfrac{75}{100} \times \dfrac{80}{100} = \dfrac{7}{10} \times \dfrac{3}{4} \times \dfrac{4}{5} = \dfrac{21}{50}$

따라서 42%가 된다.

≫ 도형추리

91 ①

	1열	2열	3열
1행	①	②	③
2행	⑥	⑤	④

1행 1열의 도형이 ①~⑥으로 진행하면서 회전함(시계 방향 90°)

92 ④

	1열	2열	3열
1행	①	②	③
2행	④	⑤	⑥

①＝②＋③ 의 규칙이 성립한다. (단, 원 내부에서 겹치는 부분은 삭제한다.)

④＝⑤＋⑥

93 ②

1열의 도형과 2열의 도형을 합치면 3열의 도형이 된다.

94 ①

• 규칙1(열)

1열	2열	3열
삼각형과 접한 도형 : 0개	삼각형과 접한 도형 : 1개	삼각형과 접한 도형 : 2개

• 규칙2(행) : 1행의 도형 색깔이 2행에서는 반전된다.

95 ②

1행	시계 방향으로 ○→□→☆로 변화
2행	반 시계 방향으로 ○→□→☆로 변화

96 ⑤

• 1행의 규칙 : 1열에서 3열로 갈수록 내부 도형의 색상이 검정색으로 바뀌고 있다.

• 2행의 규칙 : 2행의 각 도형들은 1행의 동일한 열의 도형을 반 시계 방향으로 90°씩 회전한 모양이다.

97 ②

- 1행 : 1열(삼각형) + 2열(오각형) = 3열(8각형)
- 2행 : 1열(삼각형) + 2열(삼각형) = 3열(6각형)

98 ②

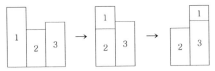

- 규칙1(열) : 도형1은 고정된 상태에서 도형2와 3이 왼쪽으로 한 자리씩 이동하고 있다.
- 규칙2(행) : 2행의 도형은 1행 도형의 색이 반전된 것이다.

99 ③

② - ① = ③ 의 규칙이 성립한다.
⑤ - ④ = ⑥

100 ③

① + ② = ③ 의 규칙이 성립한다.
④ + ⑤ = ⑥

101 ②

102 ⑤

103 ③

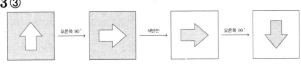

104 ①

105 ②

106 ④

107 ②

108 ⑤

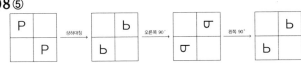

109 ①

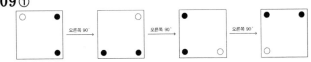

110 ③

111 ③

112 ⑤

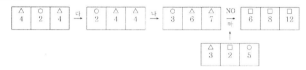

113 ②

114 ①

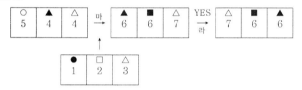

115 ④

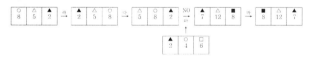

116 ④

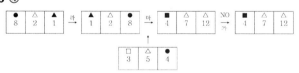

117 ②

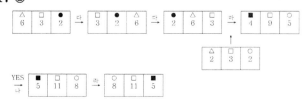

118 ①

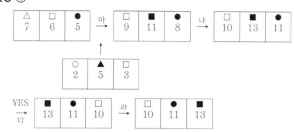

119 ④

120 ⑤

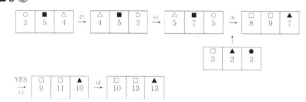

121 ②

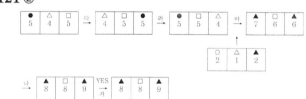

122 ①

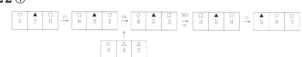

123 ③

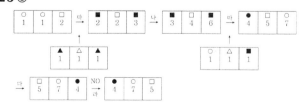

124 ①

125 ①

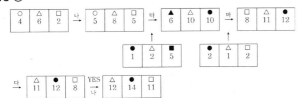

| △
11 | ●
12 | □
8 | $\xrightarrow[\text{나}]{\text{YES}}$ | △
12 | ●
14 | □
11 |

>> 언어이해

1 ①

① 귀납의 정당화에서 나타나는 순환 논리 문제를 현실적 차원에서 해소하려는 시도는 라이헨바흐의 논증이다. 많은 관찰 증거를 확보하더라도 관찰 증거만으로는 여러 가설 중에 어느 하나를 더 나은 것으로 결정할 수 없다는 미결정성의 문제가 있다.

2 ①

① 기한은 효과의 발생이나 소멸이 장래에 확실히 발생할 사실에 의존하도록 하는 것이다. 승소하면 그때 수강료를 내겠다고 할 때 승소는 장래에 일어날 수도 있는 사실에 의존하도록 하는 것으로 수강료 지급 의무에 대한 조건이다.

3 ④

④ 석주명은 나비를 지칭하는 일본어 이름만 있고 우리말 이름이 없는 우리나라 나비 200여 종에 대해 우리말 이름을 직접 짓거나 정리했다. 이는 일본의 연구 성과를 이어받은 것이 아니다.

4 ④

① 애벌랜치 광다이오드의 흡수층에서 생성된 전자와 양공은 각각 양의 전극과 음의 전극으로 이동하며, 이 과정에서 전자는 애벌랜치 영역을 지나게 된다.
② 저마늄은 800~1,600nm 파장 대역의 빛을 검출하는 것이 가능하다.
③⑤ 애벌랜치 광다이오드는 약한 광신호를 측정이 가능한 크기의 전기 신호로 변환해 주는 반도체 소자로서, 충돌 이온화를 반복적으로 일으킴으로써 전자의 수를 크게 늘린다.

5 ③

③ 양자 효율은 흡수층에 입사되는 광자 수 대비 생성되는 전자-양공 쌍의 개수이다.

6 ④

④ 제시문은 적외선 우주 망원경이 열에 민감하기 때문에 엄청난 양과 무게의 냉각 장치가 필요하다는 단점을 제시한 후, 이를 해결하기 위한 구체적인 방법들로 지구 공전형 궤도, 태양광 차단판, 망원경의 관측 각도 제한 등을 제시하고 있다.

7 ③

③ 이 글에서 언급하고 있지 않다.
① 첫 번째 문단
② 세 번째 문단
④ 두 번째 문단
⑤ 첫 번째, 두 번째 문단

8 ④

④ 2문단을 보면, 명제를 단순한 요소 명제로 철저히 분석하는 논리적 원자론은 비트겐슈타인의 전기 철학에 해당한다.

9 ④

(나) 각염법의 정의 → (라) 각염법 실시와 관련된 기록 → (가) 각염법의 시행1 → (다) 각염법의 시행2

10 ③

③ 제시문에서 글쓴이의 주장은 첫 문단에 집약되어 있다고 볼 수 있다. 따라서 첫 문단에서 언급한 자연을 모방한 디자인, 기능에 충실한 디자인을 포함하여 글쓴이의 주장을 정리해야 한다.
①⑤ 글쓴이의 주장과는 거리가 멀다.

② 글쓴이는 자연을 모방하는 것이 바람직하다고 생각하고 있지만 그 형태가 반드시 흡사해야 한다는 것은 아니므로 적절하지 않다.

④ 기능에 충실한 것이 최소한의 기능으로 축소한 이른바 '미니멀리즘'을 의미하는 것은 아니므로 적절하지 않다.

11 ②

제시문은 고대의 문자 기록 매체로부터 종이가 탄생하기까지의 과정과 전자책과의 경쟁에서 종이가 소멸할지도 모른다는 우려와는 달리 오히려 종이가 인류의 문명과 함께 지속될 것이라는 낙관적인 전망을 제시하고 있다.

① 종이의 용도 변화는 제시되어 있지 않으므로 제목으로 적절하지 않다.

③ 글의 중심 소재는 '종이'이므로 '문자 기록 매체'는 범위가 포괄적이다.

④ 종이와 전자 매체의 결합은 언급되지 않았다.

⑤ 문자 매체의 변천은 나타나 있지만 그 장단점은 제시되지 않았다.

12 ④

ⓔ 해외의 자본이 국내로 유입되는 경우에 해당한다.

ⓐ·ⓑ·ⓒ·ⓜ 모두 국내 자본이 해외로 나가는 경우에 해당한다.

13 ④

퍼지 이론의 응용과 전망을 다룬 글이다. 〈보기〉는 변속을 제어하는 시스템에 대하여 상술하고 있으므로 앞서 변속을 제어하는 시스템이 언급된 ⓔ에 위치하는 것이 적절하다.

14 ③

공짜로 디지털 자본을 수입하다 보면, 사람들이 선진국의 것에 익숙해지게 되고, 나중에는 선진국의 문화에 잠식당한다는 것이 제시문의 요지이다. 이와 비슷한 상황은 붕어가 눈앞의 미끼를 덥석 물었다가 낚시꾼에게 잡히는 것이다.

15 ③

어떤 별을 조금씩 압축한다는 가정 하에 그 별이 변화하는 과정을 설명하고 있다. 또한 어떤 별이 조금씩 압축되는 과정에 대한 가정을 통해 빛이 더 이상 빠져나올 수 없게 된 별인 블랙홀이 발생하는 원리를 설명하고 있다.

16 ③

③ DMB 서비스의 실시로 개인 생활의 많은 부분에서 변화가 예상되고 사회적 · 산업적으로도 새로운 일들이 전개되겠지만, 그런 일들은 현대인에게 강요된다기보다는 현대인이 선택하여 누릴 수 있는 서비스에 해당한다.

17 ③

③ ㈐에서는 사람의 '눈'을 '영혼의 창문'으로 비유하여 표현함으로써 외부 세계와 소통할 수 있다는 눈의 이미지를 선명하게 드러내고 있다.

18 ④

④ 5문단의 내용에 의하면 퓨전 재즈는 재즈의 흐름에 록 음악의 요소가 혼합되어 이루어진 음악이라는 것을 알 수 있다.

19 ①

각 단락은 나름대로의 내용과 역할을 수행하면서 서로 유기적으로 맺어져 하나의 글을 형성하게 된다. ㈎는 특별한 문제 제기를 하는 것이 아니라 생물계의 기본 특성처럼 알려진 적자 생존의 내용을 다시 한 번 설명하고 있는 부분이다.

20 ④

④ 버스에 직접 닿아 있는 하체가 먼저 가속되는 것과 달리 상체는 관성에 의해 그 자리에 있으려고 하기 때문에 균형을 잃게 된다는 점에서 현상이 나타나는 원리가 ㉠과 가장 유사하다.

21 ①

중기의 말이 거짓이라면 래원이는 쓰레기를 버리지 않았다. 따라서 래원과 혜교, 신혜의 말은 참이 된다. 따라서 중기는 거짓말을 하고 있고, 쓰레기를 버린 사람은 중기다.

22 ③

A가 가장 앞에 오고 B-C-D, B-D-C, D-B-D의 경우가 가능하므로, 총 3가지의 경우가 가능하다.

23 ③

D는 반대하므로 첫 번째 조건의 대우에 의해서 A와 B는 반대한다.

ⓐ E가 반대할 경우

두 번째 조건의 대우에 의해서 B와 C도 반대한다. 따라서 A, B, C, D, E가 반대하고 F, G가 찬성하는 것이 반대인원이 최소가 된다.

ⓑ F가 반대할 경우

다섯 번째 조건의 대우에 의해 G는 찬성한다. 따라서 A, B, D, F가 반대하고 C, E, G가 찬성하는 것이 반대인원이 최소가 된다.

24 ⑤

다음과 같은 경우가 가능하여 왼쪽 두 번째에 진열된 음료는 알 수 없다.

콜라/ 사이다	우유	사이다/ 콜라	오렌지 주스	이온음료
우유	콜라/ 사이다	오렌지 주스	사이다/ 콜라	이온음료

25 ①

② E가 채용되면 B는 채용되지 않는다.
③ D가 채용되면, F와 G는 둘 다 채용되지 않는다.
④, ⑤ B, C, F 중에서 두 명이 채용된다.

26 ①

	E는 제외
B, C	A, G, H
	A, D, H

27 ②

② E가 채용되면 B가 채용되지 않으므로 B, C, F 중 두 명이 채용된다는 조건에 의해 C, F가 채용된다. D가 채용되면 F와 G가 둘 다 채용되지 않는다고 하였으므로 D는 채용되지 않는다. A와 G가 채용되면 H도 채용되어야 하는데 남은 자리는 2자리이므로 A와 G 둘 중 한명만 채용되고, H가 함께 채용된다는 것을 알 수 있다. 그러므로 반드시 챙용되는 사람은 G, F, H이다.

28 ⑤

⑤ H는 항상 채용된다.

	E는 제외
B, C	A, G, H
	A, D, H
B, F	E와 E는 제외
	A, G, H
C, F	D는 제외
	A, G, H
	A, E, H
	B, G, H

29 ⑤

⑤ 제시문에서 크로이소스 왕은 '강력한 왕국'을 자신과 전쟁할 페르시아로 이해하였지만 신탁에서 말하는 '강역한 왕국'은 크로이소스 자신의 왕국인 리디아였다. 크로이소스 왕은 '애매어의 오류'에 빠진 것이다.
① '정황에의 호소의 오류'를 범하고 있다.
② '분할의 오류' 범하고 있다.
③ '은밀한 재정의의 오류' 범하고 있다.
④ '흑백논리의 오류' 범하고 있다.

30 ②

- 2시, 4시는 E의 면접시간이 아니다.
- E 바로 뒤에 A가 면접을 보므로 E의 면접시간으로 가능한 시간은 1시, 3시, 5시이다.
- E가 3시에 면접을 보면 A가 4시에 면접을 봐야 하므로 제외된다.
- E가 5시에 면접을 본다면 A가 6시에 면접을 봐야 하므로 제외된다. (F보다 A가 먼저여야 함)

따라서 E의 면접시간은 오후 1시이고, A의 면접시간은 오후 2시이다.

31 ②

가능한 면접시간은 각각 다음과 같다.

구분	1시	2시	3시	4시	5시	6시	–
①	A	F	E	B	C	D	C, D는 바뀔 수 있음
②	A	E	F	B	C	D	C, D는 바뀔 수 있음
③	A	C	D	B	F	E	C, D는 바뀔 수 있음
④	A	C	D	B	E	F	E, F는 바뀔 수 있음
⑤	A	F	E	B	D	C	

② E의 면접시간은 오후 2시가 아니라는 조건에 위배되므로 거짓이다.

32 ③

성재와 혁인이를 기준으로 '익제-기찬' 또는 '익제-재욱'이 같은 팀으로 구성되는 4가지의 경우가 가능하다.

성재, 익제, 기찬	혁인, 인수, 재욱
성재, 익제, 재욱	혁인, 인수, 기찬
성재, 인수, 재욱	혁인, 익제, 기찬
성재, 인수, 기찬	혁인, 익제, 재욱

33 ④

미영, 설희 > 도진 > 병욱이지만, 미영이와 설희 중 누가 더 키가 큰지는 알 수 없다.
그러므로 답은 ④번이다.

34 ③

구분	출신	근무지
스타크	제주	대전
티렐	대전	서울
라니스터	서울	제주

35 ③

- 세 번째와 네 번째 조건을 정리하면 다음과 같다.

A, B	1, 3	1, 5	1, 7	1, 9	1, 11	3, 5	3, 7	3, 9	…
C(A+B)	4	6	8	10	12	8	10	12	…

- C는 A와 E가 출생한 달의 중간에 태어났고, A와 C 사이에 B가 출생했으므로 A와 B가 출생한 달의 합은 6을 넘어서는 안 된다.

따라서 A와 B가 출생한 달이 될 수 있는 경우는 1·3월과 1·5월이며, C가 태어난 달은 4월과 6월이 될 수 있다.

36 ①

- ㉠ '연아는 그림을 잘 그린다.'가 참이다.
- ㉡ '운동을 잘하는 사람은 그림을 못 그린다.'가 참이므로 대우인 '그림을 잘 그리는 사람은 운동을 못 한다.' 역시 참이며, '운동선수는 운동을 잘한다.'가 참이므로 대우인 '운동을 못하면 운동선수가 아니다.' 역시 참이 된다.
- ㉢ 연아→그림을 잘 그림→운동을 못함→운동선수가 아님
- ㉣ 연아는 운동선수가 아니다.

37 ②

A는 C와 함께 갈 수 없으므로, F와 함께 간다. 따라서 B는 D와 함께 가고, C는 E와 함께 간다.

38 ④

④ 외국인 노동자들에 의해 발생하는 범죄가 많다는 이야기에서 외국인 노동자가 범죄를 일으킬지 모르니 조심해야겠다고 하는 것은 모든 외국인 노동자가 잠재적 범죄자라고 생각하는 성급한 일반화의 오류를 나타내고 있다.

※ 성급한 일반화의 오류 … 부분적 결과나 우연한 사례를 성급하게 일반화하는 오류

39 ⑤
- 첫번째 문장의 대우 : 자연을 좋아하지 않는 사람은 등산을 좋아하지 않는다.
- 두번째 문장의 대우 : 자연을 좋아하지 않는 사람은 나무를 좋아하지 않는다.

따라서 '자연을 좋아하지 않는 사람은 등산도 나무도 좋아하지 않는다.'라는 내용을 도출할 수 있다.

40 ②
E > B > A > C > D의 순서가 된다.

〉〉 인문역량

41 ③
就業(나아갈 취, 업 업) : 일을 함. 직업을 얻음
① 企業(꾀할 기, 업 업) : 영리를 얻기 위하여 재화나 용역을 생산하고 판매하는 조직체
② 職業(직분 직, 업 업) : 생계를 유지하기 위하여 자신의 적성과 능력에 따라 일정한 기간 동안 계속하여 종사하는 일
④ 事業(일 사, 업 업) : 어떤 일을 일정한 목적과 계획을 가지고 짜임새 있게 지속적으로 경영함
⑤ 罷業(마칠 파, 업 업) : 하던 일을 중지함

42 ①
① 인사 ② 구매 ③ 영업 ④ 총무 ⑤ 홍보

43 ③
③ 紛 : 어지러울, 번잡할 분
　粉 : 가루 분

44 ②
敎(가르칠 교) － 學(배울 학)

45 ④
빈칸에 공통으로 들어갈 한자어는 社(모일 사)이다.
- 會社(모일 회, 모일 사) : 상행위 또는 그 밖의 영리 행위를 목적으로 하는 사단 법인
- 社員(모일 사, 인원 원) : 회사에서 근무하는 사람
- 支社(지탱할 지, 모일 사) : 본사의 관할 아래 일정한 지역에서 본사의 일을 대신 맡아 하는 곳
① 줄 급 ② 나눌 배 ③ 말씀 담 ⑤ 직분 직

46 ⑤
- 出勤(나갈 출, 부지런할 근) : 일터로 근무하러 나가거나 나옴
- 出張(나갈 출, 베풀 장) : 용무를 위하여 임시로 다른 곳으로 나감

47 ③
③ 받을 수
① 칠 타 ② 칠 공 ④ 칠 벌 ⑤ 칠 격

48 ③
自律(스스로 자, 법칠 율) : 스스로 자기의 방종을 억제함
③ 타율 : 자기의 의사에 의하지 않고, 남의 명령이나 속박에 따라 움직임
① 사율 : 사사로운 범죄에 적용하는 형벌의 법칙
② 법률 : 국민이 지켜야 할 나라의 규율
④ 타인 : 다른 사람
⑤ 타자 : 자기 외의 다른 사람

49 ①
- 顧客(고객) : 상점 따위에 물건을 사러 오는 손님
- 價値(가치) : 대상이 인간과의 관계에 의하여 지니게 되는 중요성
- 創造(창조) : 전에 없던 것을 처음으로 만들거나 새로운 성과나 업적 등을 이룩함
- 尊重(존중) : 높이어 귀중하게 대함
- 經營(경영) : 기업이나 사업 따위를 관리하고 운영함

50 ④

相互作用(서로 상, 서로 호, 지을 작, 쓸 용) : 생물체들의 기능 사이에서 이루어지는 일정한 작용

51 ①

제시된 자료는 신채호가 분석한 서경 천도 운동에 대한 내용이다. 서경 천도 운동은 인종이 서경 천도를 포기하자, 묘청 등이 중심이 되어 국호를 '대위', 연호를 '천개'로 하여 일으킨 반란이었다. 서북 지역의 대부분을 점령하기도 하였으나, 결국 김부식이 이끄는 관군에게 진압되고 말았다.
① 이자겸의 난에 대한 내용이다.

52 ①

① 김옥균은 조선 말기의 정치가이자 개화운동가로서 조선의 완전 자주독립과 자주근대화를 외치며 갑신정변을 주도한 인물이다.

53 ①

① 7년 간의 전쟁을 겪은 후 백성들의 생활 안정을 위해 개혁한 점에서 광해군과 관련된 내용임을 알 수 있다. 광해군은 백성들의 공납 부담을 줄여 주기 위해 경기도 지역에 대동법을 실시하였다.

54 ⑤

⑤ (가)에 들어갈 왕호는 마립간이다. 마립간이라는 왕호를 처음 사용한 왕은 신라 내물왕이다. 내물왕은 낙동강 동쪽까지 영토를 확장하였으며, 김씨의 왕위 계승권을 확립하였다.

55 ⑤

제시된 내용들은 정약용에 대한 설명이다. 그는 처음에 토지 개혁론으로 일종의 공동 농장제도인 여전론을 내세웠다가 이후 정전론을 주장하였다. 정약용의 저서로는 「경세유표」, 「목민심서」, 「흠흠신서」. 「기예론」 등 500여 권이 있다.
※ 정전제 … 국가가 토지를 매입해 가난한 농민에게 분배하여 자영농민을 육성하고 사들이지 못한 지주의 토지는 공동 경작지로서 병작 농민에게 골고루 경작하게 하고 세를 거둠
①③ 이익에 대한 설명이다.
② 중상학자인 홍대용에 대한 설명이다.
④ 유형원의 균전론에 대한 설명이다.

56 ⑤

고려는 행정 구역을 일반 행정 구역인 5도와 국경 지대를 중심으로 한 군사 행정 구역인 양계로 이원 운영하였다. 빗금 친 지역은 고려의 지방 행정 구역인 양계 중 하나인 북계 지역이다.
⑤ 북계 지역은 거란의 1차 침입 시 서희가 외교 담판을 통해 확보한 강동 6주 지역을 포함하고 있다.
①③④ 5도에 대한 설명이다.
② 만적이 봉기를 계획한 곳은 개경이다.

57 ②

자료로 제시된 (가)는 현존하는 세계에서 가장 오래된 금속 활자본인 직지심체요절로 세계 기록 유산으로 등재되어 있다. 19세기 말 프랑스 공사가 수집해 가 현재 프랑스 국립 도서관에 보관중이다.
㉠ 직지심체요절은 금속 활자본이다.
㉣ 불국사 3층 석탑의 보수 과정에서 발견된 것은 무구정광대다라니경이다.

58 ⑤

고려 시대의 구제기관(救濟機關)인 동서대비원에 대한 설명이다. 개경의 동쪽과 서쪽 두 곳에 있었다고 하여 보통 동서대비원(東西大悲院)이라고 불렸다.

59 ②

② 호패법, 오가작통법 등을 강화하여 농민의 유망을 막고자 하였다.

60 ③

1910년대 일제는 헌병 경찰을 동원한 강압적 무단 통치를 실시하였다.

>> 수리력

61 ③

$+9$, $+10$, $+11$, $+12\cdots$의 규칙이 적용된다.

62 ⑤

$3\times5=15$, $4\times6=24$, $8\times7=56$

63 ①

32	16	4	2	$\frac{1}{2}$	$\left(\frac{1}{4}\right)$	$\frac{1}{16}$	$\frac{1}{32}$
	$\div2$	$\div4$	$\div2$	$\div4$	$\div2$	$\div4$	$\div2$

64 ⑤

2	14	20	(100)	104	312	314	314
	$\times7$	$+6$	$\times5$	$+4$	$\times3$	$+2$	$\times1$

65 ④

2	4	9	19	(36)	62	99
$+(1^2+1)$	$+(2^2+1)$	$+(3^2+1)$	$+(4^2+1)$	$+(5^2+1)$	$+(6^2+1)$	

66 ⑤

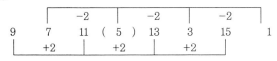

67 ①

분자의 두 수의 차가 분모가 된다.

68 ①

$+5$, $\times5$, -5, $+4$, $\times4$, -4, $\cdots$의 규칙이 반복되고 있다. 그러므로 192에 $+3$을 한 195가 답이 된다.

69 ②

$a_{28}=-35+(28-1)\times6=127$

70 ③

초항이 7, 공비가 2인 등비수열이다.

$7168=7\times2^{n-1}$

$2^{n-1}=1024$

$\therefore n=11$

71 ④

㉠ 2001년에 '갑'이 x원어치의 주식을 매수한 뒤 같은 해에 동일한 가격으로 전량 매도했다고 하면, 주식을 매수할 때의 주식거래 비용은 $0.1949x$원이고 주식을 매도할 때의 주식거래 비용은 $0.1949x+0.3x$ $=0.4949x$원으로 총 주식거래 비용의 합은 $0.6898x$ 원이다. 이 중 증권사 수수료는 $0.3680x$원으로 총 주식거래 비용의 50%를 넘는다.

㉢ 금융투자협회의 2011년 수수료율은 0.0008%로 2008년과 동일하다.

72 ④

A~D의 효과성과 효율성을 구하면 다음과 같다.

구분	효과성		효율성	
	산출/목표	효과성 순위	산출/투입	효율성 순위
A	$\frac{500}{(가)}$	3	$\frac{500}{200+50}=2$	2
B	$\frac{1,500}{1,000}=1.5$	2	$\frac{1,500}{(나)+200}$	1
C	$\frac{3,000}{1,500}=2$	1	$\frac{3,000}{1,200+(다)}$	3
D	$\frac{(라)}{1,000}$	4	$\frac{(라)}{300+500}$	4

• A와 D의 효과성 순위가 B보다 낮으므로 $\frac{500}{(가)}$, $\frac{(라)}{1,000}$의 값은 1.5보다 작고 $\frac{500}{(가)}>\frac{(라)}{1,000}$가 성립한다.

• 효율성 순위가 1순위인 B는 2순위인 A의 값보다 커야 하므로 $\frac{1,500}{(나)+200}>2$이다.

• C와 D의 효율성 순위가 A보다 낮으므로 $\frac{3,000}{1,200+(다)}$, $\frac{(라)}{300+500}$의 값은 2보다 작고 $\frac{3,000}{1,200+(다)}>\frac{(라)}{300+500}$가 성립한다.

따라서 이 조건을 모두 만족하는 값을 찾으면 (가), (나), (다), (라)에 들어갈 수 있는 수치는 ④이다.

73 ③

ⓒ B등급 고객의 신용등급이 1년 뒤에 하락할 확률은 B→C, B→D 확률의 합으로 $0.16 + 0.05 = 0.21$이다. C등급 고객의 신용등급이 1년 뒤에 상승할 확률은 C→B, C→A 확률의 합으로 $0.15 + 0.05 = 0.2$이다. 따라서 B등급 고객의 신용등급이 1년 뒤에 하락할 확률은 C등급 고객의 신용등급이 1년 뒤에 상승할 확률보다 높다.

74 ①

A~E의 지급 보험금을 산정하면 다음과 같다.

피보험 물건	지급 보험금
A	주택, 보험금액 ≥ 보험가액의 80%이므로 손해액 전액 지급→6천만 원
B	일반물건, 보험금액 < 보험가액의 80%이므로 손해액 × $\dfrac{\text{보험금액}}{\text{보험가액의 } 80\%}$ 지급 →$6,000 \times \dfrac{6,000}{6,400} = 5,625$만 원
C	창고물건, 보험금액 < 보험가액의 80%이므로 손해액 × $\dfrac{\text{보험금액}}{\text{보험가액의 } 80\%}$ 지급 →$6,000 \times \dfrac{7,000}{8,000} = 5,250$만 원
D	공장물건, 보험금액 < 보험가액이므로 손해액 × $\dfrac{\text{보험금액}}{\text{보험가액}}$ 지급 →$6,000 \times \dfrac{9,000}{10,000} = 5,400$만 원
E	동산, 보험금액 < 보험가액이므로 손해액 × $\dfrac{\text{보험금액}}{\text{보험가액}}$ 지급 →$6,000 \times \dfrac{6,000}{7,000} =$ 약 $5,143$만 원

따라서 지급 보험금이 많은 것부터 순서대로 나열하면 A − B − D − C − E이다.

75 ⑤

2009년부터 인증심사원 1인당 연간 심사할 수 있는 농가수가 상근직은 400호, 비상근직은 250호를 넘지 못하도록 규정이 바뀔 경우, 심사 가능한 농가수와 심사하지 못하는 농가수는 다음과 같다.

인증 기관	심사 가능한 농가수	심사하지 못하는 농가수
A	$(4 \times 400) + (2 \times 250)$ $= 2,100$	$2,540 - 2,100 = 440$
B	$(2 \times 400) + (3 \times 250)$ $= 1,550$	$2,120 - 1,550 = 570$
C	$(4 \times 400) + (3 \times 250)$ $= 2,350$	없음
D	$(1 \times 400) + (2 \times 250)$ $= 900$	$1,878 - 900 = 978$

⑤ 만약 정부가 이 지역에 2009년에 이 지역에 추가로 필요한 인증심사원을 모두 상근으로 고용하게 한다면, A기관 2명, B기관 2명, D기관 3명으로 총 7명이 추가로 고용되어야 한다. 추가로 고용되는 상근 심사원 1인당 보조금을 연 600만 원씩 지급한다면 보조금 액수는 $7 \times 600 = 4,200$만 원으로 연간 5,000만 원 이하이다.

76 ①

ⓒ 기업의 매출액이 클수록 자기자본비율이 동일한 비율로 커지는 관계에 있다고 가정하면 순이익은 자기자본비율 × 순이익률에 비례한다. 따라서 2008년도 순이익이 가장 많은 기업은 B이다.

ⓔ 2008년도 순이익률이 가장 높은 기업은 B이다. 1997년도 영업이익률이 가장 높은 기업은 F이다.

77 ④

④ 2020년도에는 생산연령인구 약 7명이 1명의 노인을 부양(노년부양비 14.2%)할 것으로 추측할 수 있다.

① 23.2%(22.1+1.1)에서 11.6%(11.4+0.2)로 감소하여 약 $\dfrac{1}{2}$ 감소한 것이 맞다.

② 노령화 지수는 1990년대 11.2에서 2020년은 49.9로 나타나서 약 4~5배 정도 증가할 것으로 예상된다.

③ 2010년을 기점으로 65세 이상 인구는 총인구의 7%를 웃돌아 본격적인 고령화 사회에 돌입하였다.

⑤ 자료를 근거로 한 적절한 판단이다.

78 ②

② 1997년 총투자를 알아보기 위해서는 먼저 총투자율을 구해야 한다. 총투자율은 국내총투자율(30)과 국외투자율(10)을 더한 값으로 40이다. 총투자율 공식을 통해 총투자를 구해 보면 $40 = \left(\dfrac{총투자}{110}\right) \times 100$이므로 총투자는 44조 원이다.

① 1987년의 총저축을 알아보기 위해서는 총저축률 공식에 대입해 본다.
$30 = \left(\dfrac{총저축}{18}\right) \times 100$이므로 총저축은 5.4조 원이다.

③ 2007년의 국내총투자를 알아보기 위해서는 국내총투자율 공식에 대입해 본다.
$20 = \left(\dfrac{국내총투자}{450}\right) \times 100$이므로 국내총투자는 90조 원이다. 다음으로 국외투자를 알아보면 $5 = \left(\dfrac{국외투자}{450}\right) \times 100$이므로 국외투자는 22.5조 원이다. 따라서 국내총투자와 국외투자의 합은 112.5조 원이다.

④ $30 = \left(\dfrac{국내총투자}{216}\right) \times 100$이므로 64.8조 원이다. 그러나 1995년 국외투자를 알아보기 위해 국외투자율 공식에 대입해 보면 $-5 = \left(\dfrac{국외투자}{80}\right) \times 100$이므로 국외투자는 -4조 원이다.

⑤ 국내총투자율과 국외투자율이 같으면 국내총투자와 국외투자도 같다는 사실을 알 수 있다.

79 ④

④ 민준은 키가 160 이상이므로, 표준체중을 해당 공식에 대입하여 구하면, (170-100)×0.9 = 63이다. 따라서 표준체중법에 의한 비만도는 (86.7÷63)×100=137.6이다.

① 민준의 신체질량지수에 의한 비만도
: $\dfrac{86.7}{(1.7)^2} = \dfrac{86.7}{2.89} = 30$

따라서 민준은 비만에 해당하며 이 집단의 대장암 발생 비율은 27.6%로 위암 발생 비율 23.9%보다 높다.

② 감량 후 민준의 신체질량지수에 의한 비만도
: $\dfrac{86.7 - 16.7}{2.89} ≒ 24.2$

몸무게 감량 시 민준은 과체중에 속하며, 해당 집단의 식도암 발생 비율은 12.7%이다.

③ 비만 집단의 대장암 발생비율은 27.6%로 '저체중' 13.5%의 약 2배 이상이다.

⑤ 표준체중법에 의한 비만도 판정에 따르면, 민준은 '병적 비만'으로 판정된다.

80 ⑤

⑤ 100만 달러 이상 500만 달러 미만인 투자금액 비율은 19.4%이고, 100만 달러 미만의 투자금액 비율은 0.9 + 1.1 + 4.5 + 4.7 = 11.2 (%)이다.

① 19.4 + 69.4 = 88.8(%)이다.

② 100만 달러 이상의 투자건수 비율 : 11.9 + 4.5 = 16.4(%)

5만 달러 미만의 투자건수 비율 28%보다 적다. 동일한 분모에 대한 비율이므로 투자건수끼리 비교할 수 있다.

③ 28 + 20.9 + 26 = 74.9(%)

④ 100만 달러 이상의 투자건수 비율은 11.9 + 4.5 = 16.4(%)이다.

81 ③

1층에서 4층까지 가는 데 걸리는 시간이 36초이면 한 층을 오르는 데 12초 걸린다. 따라서 1층에서 9층까지 가려면 8층을 더 올라가야 하므로 시간은 $12 \times 8 = 96$ (초)가 걸린다.

82 ④

작업속도가 비례하므로 갑이 작업을 마쳤을 때, 을은 $(n-30)$개, 병은 $(n-42)$개를 붙였을 것이다.
$(n-30) : (n-42) = 30 : (42 - 18)$
$(n-30) : (n-42) = 30 : 24$
$\therefore n = 90$
$90 \times 3 = 270$

83 ③

몇 년 뒤를 x라고 하면,
$58 + x = 2(7 + x + 4 + x)$
$58 + x = 22 + 4x$
$\therefore x = 12$
12년 뒤, 손자들은 19세, 16세가 되며, 홍만씨는 70세가 된다.

84 ④

태원이의 월급을 x라 하면,

$$3x - \left(x \times \frac{30}{100} + x \times \frac{35}{100} + x \times \frac{25}{100}\right) = 504$$

$$3x - 0.9x = 2.1x = 504$$

$$\therefore \ x = 240(\text{만 원})$$

85 ③

동주의 2월 실적을 x, 현수의 2월 실적을 y라고 하면,

㉠ $x + y = 25$ (2월 실적)

㉡ $1.3x + 0.6y = 0.88 \times 25 = 22$ (3월 실적)

㉠과 ㉡을 연립해서 풀면, $x = 10$, $y = 15$

3월 실적이라고 하였으므로, 동주의 실적은

$10 \times 1.3 = 13$(건)이다.

86 ⑤

서로 다른 n개로 만들 수 있는 원순열의 수는

$(n-1)!$

즉, 4!이므로 $4 \times 3 \times 2 \times 1 = 24$(가지)

87 ④

270g의 물에 30g의 식염을 혼합하여 만든 식염수의

농도 : $\dfrac{30}{270+30} \times 100 = 10(\%)$

농도 10%의 식염수 210g을 따라낸 후 컵에 남은 식염

수 중 식염의 중량은 $\dfrac{10}{100} \times (300-210) = 9(g)$

만들어야 할 12%의 식염수 150g 중 식염의 중량은

$\dfrac{12}{100} \times 150 = 18(g)$

새로 더해야 할 식염의 중량은 $18 - 9 = 9(g)$

새로 더 해야 할 물의 중량은 $150 - 90 - 9 = 51(g)$

88 ②

어른과 어린이의 비율이 2 : 1이므로 150명 중 어린이

는 50명이고,

그 중 남자 어린이는 $\dfrac{50 \times 2}{5} = 20$(명)이다.

89 ③

2배가 되는 시점을 x주라고 하면

$(640 + 240x) + (760 + 300x) = 2(1,100 + 220x)$

$540x - 440x = 2,200 - 1,400$

$100x = 800$

$\therefore \ x = 8$

90 ②

$400 + (400 \times 0.08) \le \{400 + (400 \times x)\} \times 0.8$

$320x + 320 \ge 432$

$320x \ge 112$

$\therefore \ x \ge 0.35$

따라서 35%의 이익을 붙여 정가를 정해야 한다.

>> 도형추리

91 ③

세로규칙 : 1행 색 반전

가로규칙 : 1열과 2열 도형 바꿈

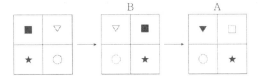

92 ②

세로규칙 : 색 반전

가로규칙 : 시계방향으로 한 칸씩 이동

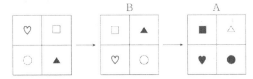

93 ⑤

세로규칙 : 반시계방향으로 한 칸씩 이동

가로규칙 : 1열 색 반전

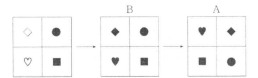

94 ①

세로규칙 : 색 반전

가로규칙 : 대각선에 있는 도형끼리 위치 바꿈

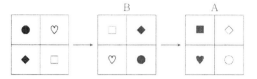

95 ②

세로규칙 : 시계방향으로 한 칸씩 이동

가로규칙 : 1행과 2행 도형 바꿈

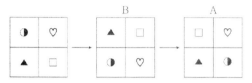

96 ④

세로규칙 : 2행 색 반전

가로규칙 : 1행과 2행 도형 바꿈

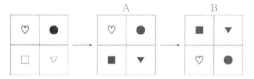

97 ③

세로규칙 : 2열 색 반전

가로규칙 : 반시계방향으로 한 칸씩 이동

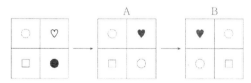

98 ①

세로규칙 : 대각선에 있는 도형끼리 위치 바꿈

가로규칙 : 1열과 2열 도형 바꿈

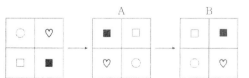

99 ⑤

세로규칙 : 2열 색 반전

가로규칙 : 1행 색 반전

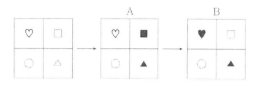

100 ①

세로규칙 : 시계방향으로 한 칸씩 이동

가로규칙 : 대각선에 있는 도형끼리 위치 바꿈

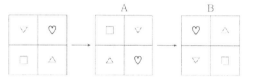

101 ③

세로규칙 : 1행과 2행 도형 바꿈

가로규칙 : 1열과 2열 도형 바꿈

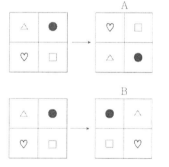

102 ②

세로규칙 : 1행 색 반전

가로규칙 : 2행에 있는 도형 서로 바꾸기

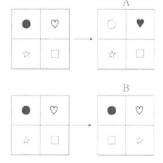

103 ③

세로규칙 : 시계방향으로 한 칸씩 이동

가로규칙 : 1행에 있는 도형 서로 바꿈

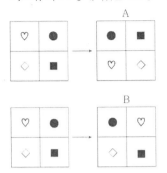

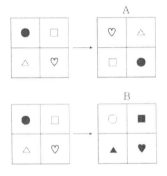

104 ④

세로규칙 : 대각선에 있는 도형끼리 위치 바꿈

가로규칙 : 색 반전

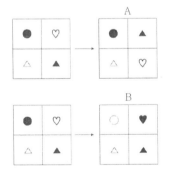

105 ②

세로규칙 : 2열에 있는 도형 서로 바꿈

가로규칙 : 1행 색 반전

106 ⑤

세로규칙 : 1행과 2행 도형 바꿈

가로규칙 : 1열에 있는 도형 서로 바꿈

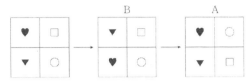

107 ⑤

세로규칙 : 2열 색 반전

가로규칙 : 1열과 2열 도형 바꿈

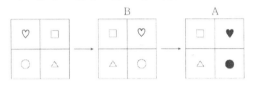

108 ②

세로규칙 : 1열과 2열 도형 바꿈

가로규칙 : 시계방향으로 한 칸씩 이동

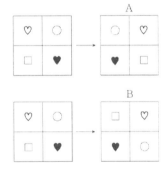

109 ①

세로규칙 : 2행 색 반전

가로규칙 : 색 반전

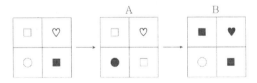

110 ⑤

세로규칙 : 1행에 있는 도형 서로 바꿈

가로규칙 : 대각선에 있는 도형끼리 서로 바꿈

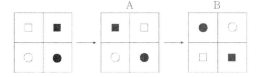

>> 도식적추리

111 ②

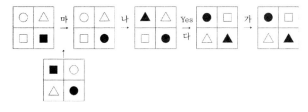

112 ⑤

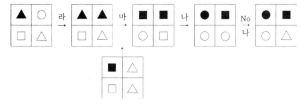

113 ⑤

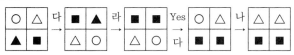

114 ①

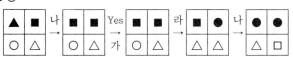

115 ②

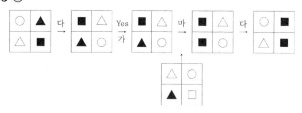

116 ③

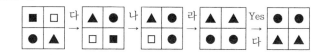

117 ②

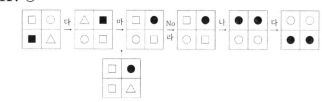

118 ④

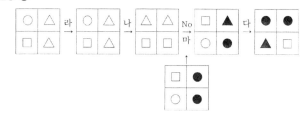

119 ②

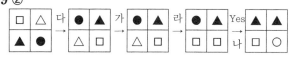

120 ①

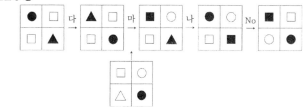

121 ②

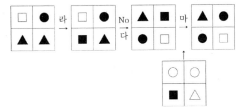

122 ④

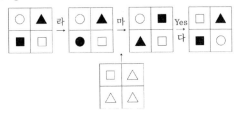

123 ③

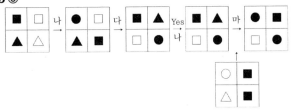

124 ⑤

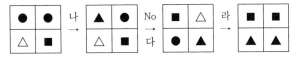

125 ③

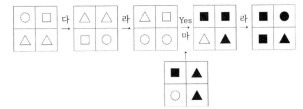

>> 언어이해

1 ⑤

화학은 분자를 다루는 학문이고, 분자는 원자로 구성된 물질이다. 원자 사이의 결합이 화학 결합이고 이 화학 결합을 자르거나 붙이는 것을 화학 반응이라 하는데, 이 화학 반응에 의해 새로운 성질을 지닌 물질이 만들어진다. 새로운 성질의 물질이 생성되려면 분자를 이루고 있는 원자가 바뀌어야 한다. 원자 사이의 결합으로 새로운 분자가 만들어진다.

2 ③

③ 소금의 다양한 역할에 대해 정보를 전달하기 위한 설명문으로 주장의 설득력을 높이기 위해 쓴 것이 아니다.

3 ⑤

⑤ 글의 내용 중에 문의 디자인과 열리는 방향과의 관련성을 언급한 부분은 없다.

4 ①

ⓐⓑ 동물들의 사회적 지위를 나타내는 방식
ⓒⓓ 동물들의 의사소통 방식
ⓔ 퉁가라개구리의 울음소리가 가진 특징

5 ②

② 한옥의 온돌방이 북쪽 지역에서 발전한 것이지, 한옥 자체가 북쪽에서 발달한 것은 아니다.

6 ④

ⓒ 1문단에서 '전위'라는 용어에 대한 설명을 통해 독자의 이해를 도운 후 이를 토대로 글을 전개하고 있다.
ⓔ 4문단에서 「4분 33초」라는 곡에 초점을 맞추어 케이지의 음악 세계를 구체적으로 확인하며 설명하고 있다.

7 ②

⑺ 가야고분의 정의 → ⑷ 가야국의 정의와 역사 → ⑸ 가야고분들이 여러 곳에 분산된 이유 → ⑹ 대표적인 가야고분들 → ⑺ 호남 동부지역에서도 조사되고 있는 가야고분들

8 ④

④ 노르웨이의 북부지방은 4월 말에서 7월 말까지 해가 지지 않는 백야 현상이, 11월 말부터 1월 말까지는 해가 뜨지 않고 밤만 지속되는 극야 현상이 나타난다.

9 ②

제시된 글에서 '기억'은 과거를 그대로 재현하는 것이 아니라 주관적인 인식과 시대적 상황, 선입견 등에 의해 재구성되고 왜곡되기 때문에 진리를 판단하는 규범이라고 보기는 어렵다.

10 ②

제시문은 빅데이터(Big Data) 시대의 도래로 데이터 사이언티스트(Data Scientist)의 수요가 많아지고 입지가 넓어질 것을 전망하고 있다. 따라서 데이터 사이언티스트의 입지가 좁아지고 있다는 내용은 제시문과 일치하지 않는다.

11 ③

'라부아지에는 프리스틀리가 말한 '플로지스톤'이 없는 공기'가 자신이 찾던 새로운 기체라는 것을 알게 되었고, 실험을 통해 이를 확인하였다.'라는 내용을 통해, 라부아지에는 프리스틀리와 동일한 결과의 실험을 하였음을 알 수 있다. 그런데 프리스틀리의 경우 자신의 실험 결과를 플로지스톤 이론에 바탕으로 두고 해석한 것과는 달리 라부아지에는 연소 현상이 플로지스톤에 의해서 생기는 것이 아니라 물질이 산소와 결합하는 현상이라는 것을 정량적 방법을 통해 밝혀냈다. 따라서 두 사람은 동일한 실험 결과를 서로 다른 방식으로 해석하였음을 알 수 있다.

12 ④

비콘 송수신에 쓰이는 데이터 통신 프로토콜이 BLE의 표준 규격을 준수하므로 BLE 4.0을 지원하는 단말이라면 iOS 기기가 아니더라도 모두 지원 가능한 확장성을 가지게 됐다. 따라서 아이비콘 신호를 안드로이드 기기에서도 받을 수 있다.

13 ③

③ O형은 유전자형이 OO일 수밖에 없지만, 봄베이 O형은 A형 또는 B형 유전자를 가지고 있으므로 O형과 봄베이 O형의 유전자형이 서로 같다는 설명은 적절하지 않다. 그리고 봄베이 O형의 표현형은 O형이므로 둘의 표현형은 서로 같다.

14 ④

①은 (나)와 (다)에서, ②는 (라)와 (마)에서, ③, ⑤는 (나)에서 찾아볼 수 있다. 그러나 산업 공학의 역할에 관한 내용은 이 글에서 찾아볼 수 없다.

15 ⑤

⑤ 자극의 특정 대상이나 속성에 대해서만 주의를 기울이고 정보를 처리하는 것이 선택적 지각이다. 가족이 모두 모이는 저녁 시간에 광고를 집중 편성하는 것은 이와 관련이 없다.

16 ②

② 담배가 인체에 미치는 해악을 보여 주는 광고는 흡연자 입장에서는 거부하고자 하는 자극으로 받아들여지기 때문에 광고를 보지 않으려 한다. 이는 거부해야 할 자극을 선별하는 지각적 방어의 예로 볼 수 있다.

17 ⑤

'갑'은 제도는 원래 결함이 많은 인간이 자신을 보호하기 위한 장치로, 인간을 위해 만든 것인데, 이 제도는 권력을 낳고 인간은 그 권력의 지배를 받게 되므로 제도는 개인을 말살하는 위협적 존재, 인간의 자유로운 활동을 제약하는 부정적인 대상이 된다고 보고 있다.

18 ②

ⓒ '위'에 '층'이 붙으면 [위층]과 같이 발음에 변화가 없으므로 사이시옷을 붙이지 않는다.

ⓜ '나무'에 '다리'가 결합하면 [나무다리]와 같이 발음상 변화가 없으므로 사이시옷을 붙이지 않는다.

㉠㉣ 앞 말이 모음으로 끝나므로 사이시옷을 붙일 수 있다.

ⓛ '나무'에 '가지'가 결합하면 [나무까지/나묻까지]가 되므로 '나뭇가지'로 적는다.

19 ②

① 기존의 관점을 비판하는 것이 아니라 기존의 관점을 긍정하고 있다.

③ 자신의 체험이 아니라 이미 일어난 사고에 대해서 객관적인 원인을 분석하여 밝히고 있다.

④ 다른 사람의 견해를 제시하고 있기도 하지만 동시에 마지막 문단에서는 자신의 견해도 분명하게 드러내고 있다.

⑤ 여러 가지 객관적인 자료를 바탕으로 사고의 원인을 분명히 밝히고 있다는 점에서 독자의 판단에 맡기고 있지 않다.

20 ①

생태계를 이루는 구성요소로 생산자와 소비자와 분해자가 있는데, 이들이 다양한 종으로 이루어질수록 생태계는 안정성을 갖게 된다는 것이 이 글의 핵심이다. 따라서 ①과 같이 그들의 종이 다양할수록 생태계의 순환을 위해 바람직하다고 이해한 것은 옳다.

》》 언어추리

21 ①

A가 거짓말을 하고 있다면, C의 말은 참이다. 따라서 B의 말도 참이 된다. B의 말이 참이면 E의 말이 참이다. 따라서 거짓말을 하고 있는 사람은 A이다.

22 ⑤

C − D − B − A 혹은 D − A − B − C인 두 가지의 경우가 가능하다.

23 ①

㉮ 사장은 손자를 가졌으므로 기혼이다. 부사장은 사장의 손자이므로 남성이다.

㉯ 재무는 편집책임자의 사위이므로 기혼 남성이다. 편집책임자는 사위를 가졌으므로 기혼이다.

㉰ 북 디자이너는 알렉스의 이복 자매이므로 여성이다.

㉠ 미혼녀 알렉스는 기혼인 사장, 편집책임자, 재무가 아니며, 남성인 부사장이 아니다. 또한 이복 자매인 북 디자이너가 아니다. 그러므로 유통담당자이다.

㉡ 미혼녀 어윈은 기혼인 사장, 편집책임자, 재무가 아니며, 남성인 부사장이 아니다. 알렉스가 유통담당자이므로 어윈은 북 디자이너이다.

㉢ 보스톡은 총각이기 때문에 기혼인 사장, 재무, 편집책임자, 여성인 북 디자이너가 아니다. 유통담당자는 알렉스이므로 보스톡은 부사장이다.

㉣ 22세 남성 우드는 20세 이전에 결혼한 사람은 없다는 전제에 따라 손자를 가진 사장일 수 없고, 사위를 가진 편집책임자일 수 없으며, 여성인 북 디자이너가 아니다. 유통담당자와 부사장도 아니므로 재무이다.

㉤ 남성인 케니는 여성인 북 디자이너가 아니며, 자기 친구인 사장이 아니다. 그러므로 남은 것 중 편집책임자이다.

㉥ 기혼녀 크라우트는 남성인 부사장, 재무가 아니다. 남은 것은 사장이다.

24 ②

- 실점 순위 : 중국>한국, 일본>한국, 일본>이라크>사우디아라비아
- 득점 순위 : 한국>중국, 한국>일본>이라크>사우디아라비아

25 ②

각각의 명제를 정리해보면 '치킨→삼겹살→육회→~스테이크→연어회'이다.
대우는 '~연어회→스테이크→~육회→~삼겹살→~치킨'이다.

26 ③

③ 영수의 아버지는 난폭하고, 난폭한 사람은 참을성이 없으므로 영수의 아버지는 참을성이 없다.

27 ④

④ 작업에 투입된 4명이 A작업을 완료한 후 B작업에 2명이 투입되고, 나머지 2명은 D와 E작업을 하면 총 45일이 소요되고, 동시에 다른 4명이 C작업을 50일 동안 하게 되면 최단기간 완료에 소요되는 최소인력은 8명이 된다.

① 가장 많은 인원이 소요되는 A작업과 B작업에 4명의 인원이 소요되므로 프로젝트 완료에 소요되는 최소인력은 4명이다.

② A작업을 마친 후 B작업을 하는 경우 9+18일, C작업은 50일, D작업을 한 후 E작업을 하는 경우 18+18일 이므로, 시간 단축을 위해 세 작업이 동시에 진행되면 최단기간이 50일이다.

③ 1인당 1일 10만원의 인건비이므로, 각 작업의 소요인력과 기간을 곱해서 모두 더한 후 10만원을 곱해주면 3,440만원의 인건비가 나오며, 최단기간이 걸리는 경우 50일×50만원(2,500만원)의 작업장 사용료가 든다. 이 두 금액을 합하면 5940만원이므로 6천만원 이하의 금액이 든다.

⑤ 프로젝트를 최소인력으로 완료하는 데 소요되는 최단기간은 4명서 A작업을 하는 시간 9일, C작업을 하는 시간 50일, 2명이 B작업을 하면서 동시에 다른 2명이 D작업을 하는 시간 18일, D작업을 마친 후 2명이 E작업을 하는 시간 18일을 모두 더해서 95일이 된다.

28 ④

첫 번째 조건을 제외하고 나머지 조건을 정리하면 '조세정-( )-( )-박수미-정용호' 순이다. 여기에서 서정원에 관한 순서는 언급이 안 되어 있으므로 어디에 들어가든 상관없다. 첫 번째 조건에 의해 '김석진-이순정' 조건이 성립하여야 하며 마지막 조건을 결합하면 '김석진-조세정-( )-( )-박수미-정용호'의 순서가 될 수 있다. 김석진이 세 번째 순서로 들어가면 '서정원-조세정-김석진-이순정-박수미-정용호'의 순서가 되거나 '조세정-서정원-김석진-박수미-정용호'의 순서가 된다. 여기에서는 이순정은 박수미 뒤에 오거나 정용호 뒤에 오면 된다. 따라서 두 번째 순서에 발표할 수 있는 사람은 조세정과 서정원이다.

29 ③

독미는 민희와 같은 종류의 우유를 2개 구매하였고, 영진이와도 같은 종류의 우유를 하나 구매하였다. 따라서 독미는 우유를 3개 이상을 구매하게 되는데 딸기우유와 바나나우유를 구매하지 않았다고 했으므로 흰우유, 초코우유, 커피우유를 구매했다. 독미와 영진이가 구매한 우유 중에 같은 종류가 하나 있다고 하였고 영진이가 흰우유와 커피우유를 구매하지 않았다고 하였으므로 영진이는 초코우유를 구매했다. 이로서 초코우유는 독미와 영진이가 구매하였고, 민희는 4종류의 우유를 구매했다고 했으므로 초코우유를 제외한 흰우유, 바나나우유, 딸기우유, 커피우유를 구매하였다. 민희와 영진이가 구매한 우유 중에 같은 종류가 하나 있다고 하였는데 그 우유가 바나나우유이다. 따라서 바나나우유를 구매한 사람은 민희와 영진이다.

30 ④

	사무직	기술직	합계
남자	A(→5)	B(→6)	
여자	C(→4)	D(→1)	
합계	9	7	16

㉠ 사무직 직원의 수가 기술직 직원의 수보다 많다.
→ 총인원 16명이므로, 사무직 9명 이상, 기술직 7명 이하이어야 한다.

㉢ 남자 사무직 직원의 수가 여자 사무직 직원의 수보다 많다.
→㉠에 의해 사무직 9명 이상이므로 남자 사무직 직원의 수는 5명 이상이어야 한다.

㉡ 남자 기술직 직원의 수가 남자 사무직 직원의 수보다 많다.
→ ㉠과 ㉢에 의해 남자 기술직 직원은 6명 이상이어야 한다.

㉣ 여자 기술직 직원이 적어도 한 명은 있다.
→ ㉡에 의해 여자 기술직 직원이 1명, 남자 기술직 직원이 6명이라는 것을 알 수 있고, ㉢에 의해 남자 사무직 직원이 5명, 여자 사무직 직원이 4명이라는 것을 알 수 있다.

④ 남자 사무직을 한 명 빼면 사무직 남녀 수가 같아지고, 남자 기술직을 빼면 남자 사무직과 남자 기술직의 수가 같아지며, 여자 기술직을 빼면 여자 기술직이 0명이 되므로 한 명이 빠져도 되는 것은 여자 사무직 직원이다.

31 ④

주어진 조건을 표로 정리하면 다음과 같다.

E	F(A)	D
A(F)	C	B

D	A(F)	E
B	C	F(A)

이를 통해 B 사무실과 E 사무실은 구석(양 끝자리)에 위치함을 알 수 있다.

32 ③

③ 버스 사고가 많이 발생하기 때문에 버스가 위험하고 버스를 타지 않아야 한다고, 성공한 사람의 경우 결혼하지 않는다는 것을 통해 자신의 일에 성공하기 위해서는 결혼을 하지 않아야 한다고 성급하게 일반화하고 있다.

※ 성급한 일반화의 오류 ··· 개별적인 일부 사례만으로 전체에 대하여 결론을 내리는 오류

33 ④

㉠ 감정에 호소하는 오류
㉡ 전통에 호소하는 오류
㉢ 권위에 호소하는 오류
㉣ 새로움에 호소하는 오류
㉤ 대중에 호소하는 오류

34 ①

A − D, B − E, D − C, A − B, E − F의 순서만 알 수 있으므로 ①의 조건을 추가하면 문제의 순서로 결승점을 통과하게 된다.

35 ③

2014년 3월의 비정규직 근로자 수를 지난해와 비교하고 있으므로 해마다 근로자가 증가하거나 감소하였다고 할 수 없다. 이들의 평균 임금이 감소한 사실로 미루어 '어떤 비정규직 근로자의 임금은 감소하였다.'는 사실을 추론할 수 있다.

36 ②

B가 문을 열면 A는 열지 않는데, A는 문을 열었으므로 B는 문을 열지 않는다.
B가 문을 열지 않으면 C나 D가 문을 여는데, C는 문을 열지 않았으므로 D가 문을 연다.
D가 문을 열면 E는 열지 않는다. F는 문을 열었는지 열지 않았는지 알 수 없다.

37 ⑤

AB / C / D / E / 비어있음 또는 AB / CE / D / 비어있음 / 비어있음
두 가지 경우가 가능하다.

38 ②

먼저, 회사에 가장 일찍 출근하는 사람은 부지런한 사람이고 부지런한 사람은 특별 보너스를 받을 것이다.
그리고 여행을 갈 수 있는 사람은 특별 보너스를 받는다.
그런데 여행을 갈 수 있는 사람이 명진이와 소희 두 명이므로, 회사에 가장 일찍 출근하는 것 말고 특별 보너스를 받을 수 있는 방법이 또 있다는 것을 알 수 있다.

39 ②

한국인과 외국인을 구분하여 팀을 배치할 수 있는 표를 만들면 다음과 같다.

배치 인원	1팀	2팀	3팀
A, B, C, D (한국인)			
E, F, G, H, I (외국인)			

• 〈조건〉 ㉢, ㉣을 따를 때 다음과 같이 나타낼 수 있다.

배치 인원	1팀	2팀	3팀
A, B, D (한국인)		C	
G, I (외국인)	H	E	F

• 〈조건〉 ㉤을 고려할 때 3팀에 들어갈 수 있는 한국인은 B밖에 없고, 외국인 가운데 I가 3팀에 들어가야 함을 알 수 있다.

배치 인원	1팀	2팀	3팀
A, D (한국인)		C	B
G (외국인)	H	E	F, I

1팀에 들어갈 수 있는 한국인은 A 한 명이고 이때 외국인 G도 같은 1팀에 포함되어야 한다. 남아 있는 한국인 D는 2팀에 배치될 수밖에 없으므로 최종 배치표는 다음과 같다.

배치 인원	1팀	2팀	3팀
한국인	A	C, D	B
외국인	G, H	E	F, I

따라서 1팀에 들어갈 사원들은 A, G, H 3명이 된다.

40 ②

C는 A에게 이겼으므로 A는 붉은 구슬 2개가 된다.
C는 B와 비겼으므로 구슬이 없고, B는 흰 구슬 1개가 된다.
B는 A에게 졌으므로 A는 붉은 구슬 1개가 된다.

〉〉 인문역량

41 ②

2018년은 戊戌年(무술년)으로 '개'의 해이다.
① 신축년 ③ 병신년 ④ 정유년 ⑤ 경자년

42 ④

④ 修(닦을 수)는 총9획, 振(떨칠 진)은 총10획이다.
① 나란히 병 - 나아갈 염 : 총8획
② 언덕 구 - 주인 주 : 총5획
③ 어지러울 난 - 모양 상 : 총13획
⑤ 하늘 건 - 서울 경 : 총9획

43 ②

hPa(헥토파스칼)은 기상학에서 사용하는 기압의 단위이다.
① 온도 ② 기압 ③ 속도 ④ 수심 ⑤ 시간

44 ①

本格的(밑 본, 바로잡을 격, 과녁 적) ⋯ 제 궤도에 올라 제격에 맞게 적극적인. 또는 그런 것

45 ⑤

中部(가운데 중, 떼 부) ⋯ 어떤 지역의 가운데 부분
① 가마 부 ② 지아비 부 ③ 붙을 부 ④ 가멸 부

46 ①

侃(굳셀 간), 勁(굳셀 경), 桓(굳셀 환)의 공통적인 의미는 '굳세다'이다.

47 ⑤

放電(놓을 방, 전기 전) : 전지나 축전기 또는 전기를 띤 물체에서 전기가 외부로 흘러나오는 현상
電池(전기 전, 못 지) : 화학 반응, 방사선, 온도차, 빛 따위로 전극 사이에 전기 에너지를 발생시키는 장치

48 ①

多文化(많을 다, 글월 문, 될 화) : 한 사회 안에 여러 민족이나 여러 국가의 문화가 혼재하는 것을 이르는 말

49 ①

㉠ 단순(單純, 홑 단, 순수할 순) : 복잡하지 않고 간단함
① 簡單(간략할 간, 홑 단) : 어수선하거나 복잡함이 없이 짤막함
② 複雜(겹칠 복, 섞일 잡) : 여럿이 겹치고 뒤섞여 있음
③ 亂雜(어지러울 란, 섞일 잡) : 사물이 얽히고 뒤섞여 어지럽고 수선스러움
④ 混雜(섞일 혼, 섞일 잡) : 많은 사람이나 차, 물건 등이 질서 없이 뒤섞여 다니기에 불편한 상태
⑤ 煩雜(번거로울 번, 섞일 잡) : 번거롭고 복잡함

50 ③

㉡ 단일(單一, 홑 단, 한 일) : 단 하나로 되어 있음
㉢ 국가(國家, 나라 국, 집 가) : 일정한 영토와 거기에 사는 사람들로 구성되고, 주권(主權)에 의한 하나의 통치 조직을 가지고 있는 사회 집단

51 ④

제시된 자료의 '이것'은 좌우 합작 위원회를 말한다. 당시 좌우 합작 위원회에 참여한 대표적인 인물로 남측의 김규식과 북측의 여운형 등이 있다.

52 ②

책화와 무천 풍속은 동예에 해당한다.

53 ②

제시문의 사건은 임오군란이다.
② **제물포조약** : 일본이 임오군란으로 인해 발생한 피해에 대한 보상을 요구하며 체결한 조약이다.

54 ①

① 고려시대의 문신으로 예종 사후 연소한 태자(인종)를 즉위하게 하고, 숭덕부를 설치하여 요속을 두게 하였다. 딸들을 왕비로 삼게 하고 권세와 총애를 독차지했다. 매관매직과 수뢰로 축재하였다. 척준경 등의 거사로, 유배된 후 죽었다.

55 ④

(가)는 이방원의 〈하여가(何如歌)〉이고, (나)는 정몽주의 〈단심가(丹心歌)〉이다. 〈단심가〉는 이성계가 위화도에서 회군하였을 때, 뒤에 조선 태종이 된 이방원이 포은 정몽주의 뜻을 떠보려고 읊은 〈하여가〉에 답하여 부른 것이다. 고려 말 공민왕의 개혁 정치에 힘입어 지배세력으로 성장한 신진사대부는 신흥무인세력과 함께 조선 개국의 주체 세력이 되었다.

56 ④

① **신간회** : 1927년 비타협적 민족주의자와 사회주의자가 만든 조직으로 소작쟁의, 노동쟁의 등의 대중 운동을 지원하고 광주 학생 항일 운동에 진상조사를 파견하는 등 활발한 활동을 하였다.
② **보안회** : 1904년 서울에서 조직된 독립운동단체로 일제의 황무지 개간 요구 반대 투쟁을 전개하여 성공하였다.
③ **한인애국단** : 1931년 김구가 상하이에서 결성한 독립운동단체로 1932년 이봉창이 일본 도쿄에서 일왕에게 폭탄을 투척하기도 했으며 윤봉길이 중국 상하이의 홍커우 공원에서 열린 일왕의 생일과 상하이 사변 승전 기념식 단상을 향해 폭탄을 던지기도 했다.

⑤ **신민회** : 1907년 결성된 비밀결사조직으로 국권회복과 공화정체의 국민국가 건설을 목표로 하였다. 국내적으로 오산학교·대성학교 등의 교육시설과 평양 자기회사·방직공장 등의 산업시설을 건설하여 실력 양성 운동을 전개하였고 국외로는 독립운동 기지를 건설하여 무장 독립 투쟁의 기반을 마련하였다. 하지만 105인 사건으로 단체의 주요 인사들이 검거되면서 해산되었다.

57 ①

조선시대에 왕명(王命)의 출납(出納)을 관장하던 승정원에서 매일매일 취급한 문서(文書)와 사건을 기록한 일기를 말하는 승정원일기에 대한 설명이다. 이 일기는 승정원의 주서(注書)와 가주서(假注書)가 작성 하였으며, 한 달에 한 권 작성하는 것을 원칙으로 하였지만 사건이 많을 경우에는 2권 이상으로도 작성하였다.

58 ②

빈 칸에 알맞은 단계는 연맹 왕국이다. ㉢, ㉣은 중앙 집권 국가에 해당한다.

59 ②

제시된 논설은 장지연의 〈시일야방성대곡〉으로 을사조약을 규탄하는 내용을 담고 있다. 을사조약에 대한 우리 민족의 저항은 의병운동, 자결순국, 상소 등으로 활발하게 전개되었다.

60 ②

제시문은 태조가 실시한 기인제도와 사심관 제도에 대한 내용이다. 이와 같은 정책은 호족을 통제하기 위해 실시되었다.

61 ②

−4, ÷2의 규칙이다.

62 ④

143+(9×2)=161

161+(8×2)=177

177+(7×2)=191

191+(6×2)=203

203+(5×2)=(213)

213+(4×2)=221

63 ③

앞의 수에 3을 곱한 후 2를 뺀 수가 다음에 온다.

64 ④

5	12	26	54	(110)	222
	+7	+14	+28	+56	+112
		×2	×2	×2	×2

65 ①

		+7		+7		+7		
23	12	(20)	19	17	26	14	33	
		−3		−3		−3		

66 ②

×2, −3의 규칙이 반복되고 있다.

67 ④

2	5	14	41	(122)	365	1094
	+3	+9	+27	+81	+243	+729
	‖	‖	‖	‖	‖	‖
	3^1	3^2	3^3	3^4	3^5	3^6

68 ②

$4 \times 7 = 28 + 1 = 29$

$3 \times 9 = 27 + 1 = 28$

$2 \times 8 = 16 + 1 = 17$

69 ③

$4 \times 6 \times 3 = 72$

$9 \times 2 \times 3 = 54$

$4 \times 8 \times (7) = 224$

$\therefore (\ ) = 7$

70 ③

공차가 $\frac{3}{4}$ 인 등차수열이다.

$1 + \frac{3}{4} = \frac{7}{4}$

71 ④

④ 대형마트 경상금액은 대전광역시와 대구광역시에서 감소하였다.

① $76,494 \div 2,447,918 \times 100 = 3.124 \cdots$ 소수 첫째 자리에서 올림하면 4%

② $1,155,583 \div 3,962,048 \times 100 = 29.166 \cdots$ 소수 첫째 자리에서 올림하면 30%

③ $(482,238+1,065,501)-(415,699+1,014,419)$
$=117,621$백만 원

⑤ $75,595+158,423=234,018$백만 원

72 ⑤

① 음반·비디오·악기 상품군에서 On/Offline몰은 2016년 3월에 거래액이 가장 적다.

② 조사기간 동안 여행 및 예약서비스는 On/Offline몰에서 거래액이 감소했다가 다시 증가했다.

③ 의류·패션 및 관련 상품의 총 거래액은 2016년 2월보다 3월에 167,347백만원 증가했다.

④ 2016년 4월에 거래액이 가장 많은 상품군은 여행 및 예약서비스이다.

73 ③

ⓛ 남학생과 여학생 각각, 학년이 높아질수록 3시간 이상 4시간 미만 운동하는 학생의 비율이 낮아진다.

ⓔ 4시간 이상 운동하는 2학년 남학생 수(219명)는 1시간 미만 운동하는 2학년 여학생 수(217명)보다 많다.

74 ③

ⓔ A업무를 수행할 수 있는 사람(수리활용, 대인관계, 변화관리)은 '최 과장'(의사소통, 수리활용, 대인관계, 변화관리)인데, '의사소통' 역량을 이미 갖고 있기 때문에 추가로 필요한 것은 아니다.

㉠ 문제해결, 자원관리에 각각 ● 표시가 있는 구성원은 없다.

ⓛ • D업무를 수행할 수 있는 사람 : 〈표2〉의 D업무에 ● 표시가 있는 역량은 '의사소통, 정보활용, 자원관리, 변화관리'이다. 〈표1〉에서 '의사소통, 정보활용, 자원관리, 변화관리'에 ● 표시가 모두 있는 구성원은 '김 대리'뿐이다.
  • G업무를 수행할 수 있는 사람 : 〈표2〉의 G업무에 ● 표시가 있는 역량은 '의사소통, 기술활용, 변화관리'이다. 〈표1〉에서 '김 대리'는 '의사소통, 기술활용, 변화관리' 항목에 모두 ● 표시가 있으므로 옳다.

ⓒ E업무를 수행할 수 있는 사람(자기개발, 문제해결, 변화관리)은 '이 대리'인데, 그는 의사소통, 자원관리, 대인관계 등을 보유하고 있지 않다. 이 3개의 역량에서 하나라도 ● 표시가 되어 있는 것을 찾으면 E를 제외한 나머지 업무가 모두 해당하므로 '이 대리'는 다른 작업을 수행할 수 없다.

75 ④

④ 미처리 비율이 L사는 10% 미만이고, S사는 20% 초과이므로 10%p 이상 차이가 난다.

① 미처리 건수는 L사가 약 1,500건, S사가 약 8,800건으로 약 5배인 7,500건을 웃돈다.

② S사의 A/S 접수 건수는 40,830건이고, 만족 건수는 23,637건이므로 'A/S접수' 건수 대비 '만족' 건수의 비율은 50% 이상이다.

③ 만족비율은 L사(1,436,200/18,135)가 약 79%로 S사(2,363,700/32,049 약 74%)에 비해서 높다.

⑤ L사와 S사의 전체 고객수가 제시되지 않았으므로 파악할 수 없는 내용이다.

76 ②

㉠ 2004년 대비 2014년에 호남권 고용증가인원(202천명)은 영남권 고용증가인원(371천명)보다 적다.

ⓔ $\dfrac{4,825 - 3,297}{3,297} \times 100 = 46.3\%$

77 ④

① 주택투자금액은 총투자금액이 제시되어야 판단할 수 있다.

② 상수도보급률은 2015년이 가장 높다.

③ 주택건설호수의 전년대비 증가분이 가장 큰 해는 2013년이다.

⑤ 주택투자율은 2012년에 감소하였다.

78 ⑤

⑤ A, B, D가 인구 밀도와 종이류 비율에서 상위 3개 구역으로 동일하다.

① 3차산업 인구구성비는 B 구역이 가장 높지만, 재활용품 수거량은 A 구역이 가장 높다.

② B와 D를 비교해 보면 2차산업 인구구성비는 D 구역이, 고철류 비율은 B 구역이 높다.

③ 1인당 재활용품 수거량이 가장 적은 구역은 G이며, 고철류 비율이 가장 높다.

④ 1차산업 인구구성비가 가장 높은 구역은 G이지만 플라스틱류 재활용 비율이 가장 높은 구역은 D이다.

79 ③

세계유산은 2008년에 8개이므로 ㈐, 기록유산은 2002~2006년까지 등재 건수가 없으므로 ㈎, 무형유산은 2001년부터 등재되었으므로 ㈏이다.

80 ②

② 한국의 기록유산 등재 건수는 독일의 기록유산보다 낮다.

81 ④

작년 남자 신입사원 수 : x

작년 여자 신입사원 수 : $(1,300-x)$

올해 감소한 남자 신입사원 수 : $\dfrac{2x}{100}$

올해 감소한 여자 신입사원 수 : $\dfrac{4(1,300-x)}{100}$

$\dfrac{2x}{100}+\dfrac{4(1,300-x)}{100}=35$

$2x+5,200-4x=3,500$ $\quad\therefore x=850(명)$

작년 남자 신입사원 수가 850명이므로 올해 남자 신입사원 수를 구하면

$850\times0.98=833(명)$

82 ⑤

도서관에서 집으로 돌아올 때의 거리를 $x\,\mathrm{km}$라고 하면, 도서관에 갈 때의 거리는 $x-3\,\mathrm{km}$이다.

$\dfrac{x-3}{3}+\dfrac{x}{4}=3\dfrac{5}{60}=\dfrac{37}{12}$

$4x-12+3x=37$

$7x=49$

$x=7$

83 ③

36%의 설탕물 50g의 설탕의 양 : $\dfrac{36}{100}\times50=18(g)$

20%의 설탕물 50g의 설탕의 양 : $\dfrac{20}{100}\times50=10(g)$

$\therefore \dfrac{28}{200}\times100=14(\%)$

84 ③

x분 후에 A기계의 부품 생산량이 B기계의 부품 생산량의 2배가 된다면

x분 후 A기계에서 생산한 부품의 수 : $120+12x$

x분 후 B기계에서 생산한 부품의 수 : $20+8x$

$120+12x=2(20+8x)$ $\quad\therefore x=20$

따라서 A기계의 부품 생산량이 B기계의 부품 생산량의 2배가 되는 것은 20분 후이다.

85 ②

$50x+100y+500z=3,600$

$\begin{cases} x+2y+10z=72 \\ x+y+z=28 \end{cases}$

$y+9z=44$

$(y, z)=(35,1), (26,2), (17,3), (8,4)$

500원짜리 동전을 최대한 많이 사용해야 하므로

$z=4$, $y=8$

$x=28-(4+8)=16$

86 ③

$0.9x\geq1.3\times4,500$

$x\geq6,500$

87 ⑤

A사 : $\dfrac{3}{10}\times\dfrac{2}{100}=\dfrac{6}{1,000}$

B사 : $\dfrac{7}{10}\times\dfrac{3}{100}=\dfrac{21}{1,000}$

전체 불량 확률 : $\dfrac{6}{1,000}+\dfrac{21}{1,000}=\dfrac{27}{1,000}$

B회사 제품이 불량일 확률 : $\dfrac{\frac{21}{1,000}}{\frac{27}{1,000}}=\dfrac{21}{27}=\dfrac{7}{9}$

88 ③

선수가 걸어간 시간을 $x-10$이라고 하면, 학민이가 걸어간 시간은 x이다.

$80x=120(x-10)$

$2x=3(x-10)$

$2x=3x-30$

$x=30$

89 ⑤

x년 후에 박 부장의 나이가 아들의 나이의 2배가 된다고 할 때,

x년 후의 박 부장과 아들의 나이는 각각 $42+x$, $12+x$이므로

$42+x=2(12+x)$, $x-2x=24-42$ $\quad\therefore x=18(년)$

따라서 2016년에서 18년 후인 2034년 박 부장의 나이가 아들의 나이의 2배가 된다.

90 ⑤

A가 한 달간 일하는 양 $\dfrac{1}{6}$

B가 한 달간 일하는 양 $\dfrac{1}{9}$

집을 짓는데 필요한 일을 1로 생각하고 같이 일한 달 수를 x라고 하면 처음 한 달은 B가 일하고 나머지는 같이 일했으므로 $\dfrac{1}{9}+\left(\dfrac{1}{6}+\dfrac{1}{9}\right)x = 1$

$\therefore\ x = 3.2$

따라서 3개월 6일이 된다.

B가 한 달간 일했으므로 한 달을 더하면, 집을 짓는데 걸린 시간은 4개월 6일이다.

>> **도형추리**

91 ③

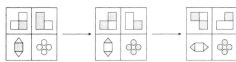

92 ④

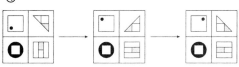

93 ②

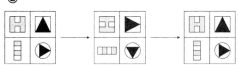

94 ③

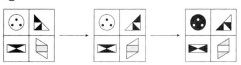

95 ⑤

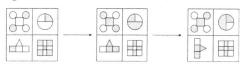

96 ⑤

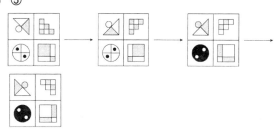

97 ①

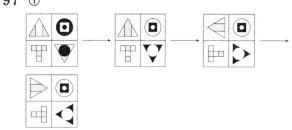

98 ⑤

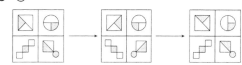

99 ④

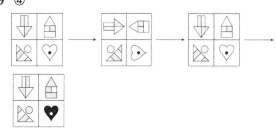

100 ②

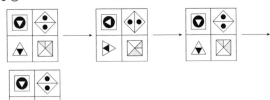

101 ⑤

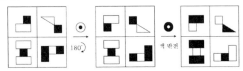

102 ①

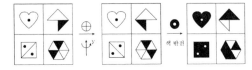

103 ④

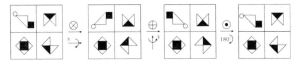

104 ③

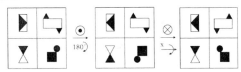

105 ⑤

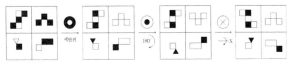

106 ②

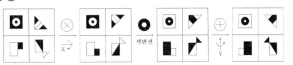

107 ③

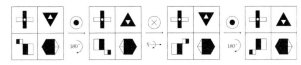

108 ④

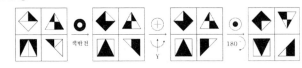

109 ①

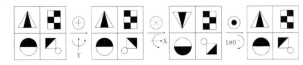

110 ④

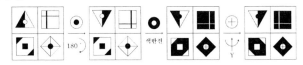

>> 도식적추리

111 ②

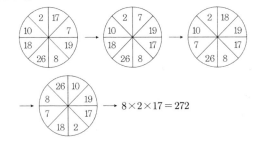

$\rightarrow 8 \times 2 \times 17 = 272$

112 ④

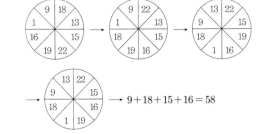

$\rightarrow 9 + 18 + 15 + 16 = 58$

 → $13 + 18 + 19 + 1 = 51$

116 ④

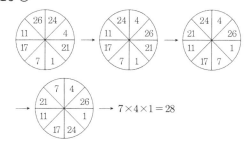 → $7 \times 4 \times 1 = 28$

113 ③

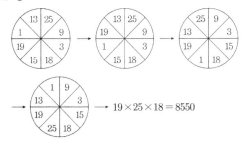 → $19 \times 25 \times 18 = 8550$

117 ③

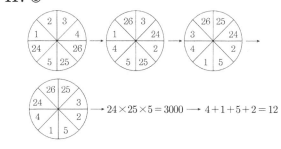 → $24 \times 25 \times 5 = 3000$ → $4 + 1 + 5 + 2 = 12$

114 ⑤

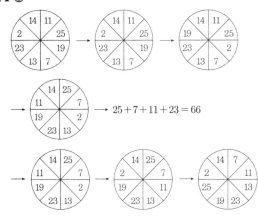 → $25 + 7 + 11 + 23 = 66$

→ $19 + 2 + 7 + 11 = 39$

118 ②

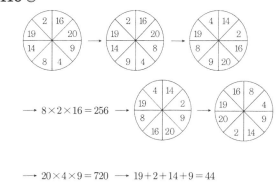 → $8 \times 2 \times 16 = 256$

→ $20 \times 4 \times 9 = 720$ → $19 + 2 + 14 + 9 = 44$

115 ①

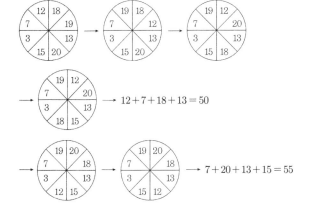 → $12 + 7 + 18 + 13 = 50$

→ $7 + 20 + 13 + 15 = 55$

119 ④

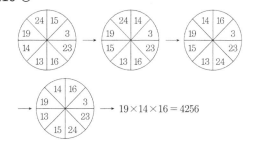 → $19 \times 14 \times 16 = 4256$

120 ③

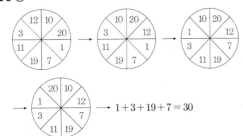

$\rightarrow$ $1+3+19+7=30$

121 ②

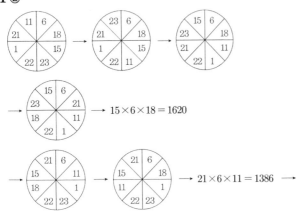

$\rightarrow$ $15\times6\times18=1620$

$\rightarrow$ $21\times6\times11=1386$ $\rightarrow$

$15+18+1+23=57$

122 ①

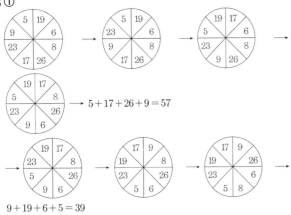

$\rightarrow$ $5+17+26+9=57$

$\rightarrow$

$9+19+6+5=39$

123 ②

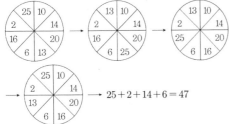

$\rightarrow$ $25+2+14+6=47$

124 ⑤

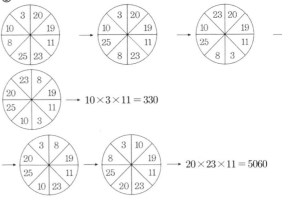

$\rightarrow$ $10\times3\times11=330$

$\rightarrow$ $20\times23\times11=5060$

125 ②

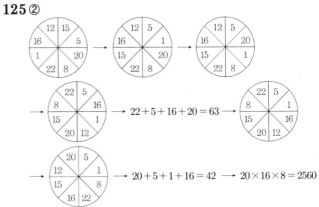

$\rightarrow$ $22+5+16+20=63$ $\rightarrow$

$\rightarrow$ $20+5+1+16=42$ $\rightarrow$ $20\times16\times8=2560$

LG그룹 인적성검사

성명		

수험번호

번호	1	2	3	4	5
1	①	②	③	④	⑤
2	①	②	③	④	⑤
3	①	②	③	④	⑤
4	①	②	③	④	⑤
5	①	②	③	④	⑤
6	①	②	③	④	⑤
7	①	②	③	④	⑤
8	①	②	③	④	⑤
9	①	②	③	④	⑤
10	①	②	③	④	⑤
11	①	②	③	④	⑤
12	①	②	③	④	⑤
13	①	②	③	④	⑤
14	①	②	③	④	⑤
15	①	②	③	④	⑤
16	①	②	③	④	⑤
17	①	②	③	④	⑤
18	①	②	③	④	⑤
19	①	②	③	④	⑤
20	①	②	③	④	⑤
21	①	②	③	④	⑤
22	①	②	③	④	⑤
23	①	②	③	④	⑤
24	①	②	③	④	⑤
25	①	②	③	④	⑤
26	①	②	③	④	⑤
27	①	②	③	④	⑤
28	①	②	③	④	⑤
29	①	②	③	④	⑤
30	①	②	③	④	⑤
31	①	②	③	④	⑤
32	①	②	③	④	⑤
33	①	②	③	④	⑤
34	①	②	③	④	⑤
35	①	②	③	④	⑤
36	①	②	③	④	⑤
37	①	②	③	④	⑤
38	①	②	③	④	⑤
39	①	②	③	④	⑤
40	①	②	③	④	⑤
41	①	②	③	④	⑤
42	①	②	③	④	⑤
43	①	②	③	④	⑤
44	①	②	③	④	⑤
45	①	②	③	④	⑤
46	①	②	③	④	⑤
47	①	②	③	④	⑤
48	①	②	③	④	⑤
49	①	②	③	④	⑤
50	①	②	③	④	⑤
51	①	②	③	④	⑤
52	①	②	③	④	⑤
53	①	②	③	④	⑤
54	①	②	③	④	⑤
55	①	②	③	④	⑤
56	①	②	③	④	⑤
57	①	②	③	④	⑤
58	①	②	③	④	⑤
59	①	②	③	④	⑤
60	①	②	③	④	⑤
61	①	②	③	④	⑤
62	①	②	③	④	⑤
63	①	②	③	④	⑤
64	①	②	③	④	⑤
65	①	②	③	④	⑤
66	①	②	③	④	⑤
67	①	②	③	④	⑤
68	①	②	③	④	⑤
69	①	②	③	④	⑤
70	①	②	③	④	⑤
71	①	②	③	④	⑤
72	①	②	③	④	⑤
73	①	②	③	④	⑤
74	①	②	③	④	⑤
75	①	②	③	④	⑤
76	①	②	③	④	⑤
77	①	②	③	④	⑤
78	①	②	③	④	⑤
79	①	②	③	④	⑤
80	①	②	③	④	⑤
81	①	②	③	④	⑤
82	①	②	③	④	⑤
83	①	②	③	④	⑤
84	①	②	③	④	⑤
85	①	②	③	④	⑤
86	①	②	③	④	⑤
87	①	②	③	④	⑤
88	①	②	③	④	⑤
89	①	②	③	④	⑤
90	①	②	③	④	⑤
91	①	②	③	④	⑤
92	①	②	③	④	⑤
93	①	②	③	④	⑤
94	①	②	③	④	⑤
95	①	②	③	④	⑤
96	①	②	③	④	⑤
97	①	②	③	④	⑤
98	①	②	③	④	⑤
99	①	②	③	④	⑤
100	①	②	③	④	⑤
101	①	②	③	④	⑤
102	①	②	③	④	⑤
103	①	②	③	④	⑤
104	①	②	③	④	⑤
105	①	②	③	④	⑤
106	①	②	③	④	⑤
107	①	②	③	④	⑤
108	①	②	③	④	⑤
109	①	②	③	④	⑤
110	①	②	③	④	⑤
111	①	②	③	④	⑤
112	①	②	③	④	⑤
113	①	②	③	④	⑤
114	①	②	③	④	⑤
115	①	②	③	④	⑤
116	①	②	③	④	⑤
117	①	②	③	④	⑤
118	①	②	③	④	⑤
119	①	②	③	④	⑤
120	①	②	③	④	⑤
121	①	②	③	④	⑤
122	①	②	③	④	⑤
123	①	②	③	④	⑤
124	①	②	③	④	⑤
125	①	②	③	④	⑤

LG그룹 인적성검사

성명		수험번호

답안 (1~125번, 각 문항 ① ② ③ ④ ⑤)

번호	번호	번호	번호	번호
1 ①②③④⑤	26 ①②③④⑤	51 ①②③④⑤	76 ①②③④⑤	101 ①②③④⑤
2 ①②③④⑤	27 ①②③④⑤	52 ①②③④⑤	77 ①②③④⑤	102 ①②③④⑤
3 ①②③④⑤	28 ①②③④⑤	53 ①②③④⑤	78 ①②③④⑤	103 ①②③④⑤
4 ①②③④⑤	29 ①②③④⑤	54 ①②③④⑤	79 ①②③④⑤	104 ①②③④⑤
5 ①②③④⑤	30 ①②③④⑤	55 ①②③④⑤	80 ①②③④⑤	105 ①②③④⑤
6 ①②③④⑤	31 ①②③④⑤	56 ①②③④⑤	81 ①②③④⑤	106 ①②③④⑤
7 ①②③④⑤	32 ①②③④⑤	57 ①②③④⑤	82 ①②③④⑤	107 ①②③④⑤
8 ①②③④⑤	33 ①②③④⑤	58 ①②③④⑤	83 ①②③④⑤	108 ①②③④⑤
9 ①②③④⑤	34 ①②③④⑤	59 ①②③④⑤	84 ①②③④⑤	109 ①②③④⑤
10 ①②③④⑤	35 ①②③④⑤	60 ①②③④⑤	85 ①②③④⑤	110 ①②③④⑤
11 ①②③④⑤	36 ①②③④⑤	61 ①②③④⑤	86 ①②③④⑤	111 ①②③④⑤
12 ①②③④⑤	37 ①②③④⑤	62 ①②③④⑤	87 ①②③④⑤	112 ①②③④⑤
13 ①②③④⑤	38 ①②③④⑤	63 ①②③④⑤	88 ①②③④⑤	113 ①②③④⑤
14 ①②③④⑤	39 ①②③④⑤	64 ①②③④⑤	89 ①②③④⑤	114 ①②③④⑤
15 ①②③④⑤	40 ①②③④⑤	65 ①②③④⑤	90 ①②③④⑤	115 ①②③④⑤
16 ①②③④⑤	41 ①②③④⑤	66 ①②③④⑤	91 ①②③④⑤	116 ①②③④⑤
17 ①②③④⑤	42 ①②③④⑤	67 ①②③④⑤	92 ①②③④⑤	117 ①②③④⑤
18 ①②③④⑤	43 ①②③④⑤	68 ①②③④⑤	93 ①②③④⑤	118 ①②③④⑤
19 ①②③④⑤	44 ①②③④⑤	69 ①②③④⑤	94 ①②③④⑤	119 ①②③④⑤
20 ①②③④⑤	45 ①②③④⑤	70 ①②③④⑤	95 ①②③④⑤	120 ①②③④⑤
21 ①②③④⑤	46 ①②③④⑤	71 ①②③④⑤	96 ①②③④⑤	121 ①②③④⑤
22 ①②③④⑤	47 ①②③④⑤	72 ①②③④⑤	97 ①②③④⑤	122 ①②③④⑤
23 ①②③④⑤	48 ①②③④⑤	73 ①②③④⑤	98 ①②③④⑤	123 ①②③④⑤
24 ①②③④⑤	49 ①②③④⑤	74 ①②③④⑤	99 ①②③④⑤	124 ①②③④⑤
25 ①②③④⑤	50 ①②③④⑤	75 ①②③④⑤	100 ①②③④⑤	125 ①②③④⑤

수험번호 마킹란: ⓪ ① ② ③ ④ ⑤ ⑥ ⑦ ⑧ ⑨

LG그룹 인적성검사

번호	답란					번호	답란					번호	답란					번호	답란					번호	답란				
1	①	②	③	④	⑤	26	①	②	③	④	⑤	51	①	②	③	④	⑤	76	①	②	③	④	⑤	101	①	②	③	④	⑤
2	①	②	③	④	⑤	27	①	②	③	④	⑤	52	①	②	③	④	⑤	77	①	②	③	④	⑤	102	①	②	③	④	⑤
3	①	②	③	④	⑤	28	①	②	③	④	⑤	53	①	②	③	④	⑤	78	①	②	③	④	⑤	103	①	②	③	④	⑤
4	①	②	③	④	⑤	29	①	②	③	④	⑤	54	①	②	③	④	⑤	79	①	②	③	④	⑤	104	①	②	③	④	⑤
5	①	②	③	④	⑤	30	①	②	③	④	⑤	55	①	②	③	④	⑤	80	①	②	③	④	⑤	105	①	②	③	④	⑤
6	①	②	③	④	⑤	31	①	②	③	④	⑤	56	①	②	③	④	⑤	81	①	②	③	④	⑤	106	①	②	③	④	⑤
7	①	②	③	④	⑤	32	①	②	③	④	⑤	57	①	②	③	④	⑤	82	①	②	③	④	⑤	107	①	②	③	④	⑤
8	①	②	③	④	⑤	33	①	②	③	④	⑤	58	①	②	③	④	⑤	83	①	②	③	④	⑤	108	①	②	③	④	⑤
9	①	②	③	④	⑤	34	①	②	③	④	⑤	59	①	②	③	④	⑤	84	①	②	③	④	⑤	109	①	②	③	④	⑤
10	①	②	③	④	⑤	35	①	②	③	④	⑤	60	①	②	③	④	⑤	85	①	②	③	④	⑤	110	①	②	③	④	⑤
11	①	②	③	④	⑤	36	①	②	③	④	⑤	61	①	②	③	④	⑤	86	①	②	③	④	⑤	111	①	②	③	④	⑤
12	①	②	③	④	⑤	37	①	②	③	④	⑤	62	①	②	③	④	⑤	87	①	②	③	④	⑤	112	①	②	③	④	⑤
13	①	②	③	④	⑤	38	①	②	③	④	⑤	63	①	②	③	④	⑤	88	①	②	③	④	⑤	113	①	②	③	④	⑤
14	①	②	③	④	⑤	39	①	②	③	④	⑤	64	①	②	③	④	⑤	89	①	②	③	④	⑤	114	①	②	③	④	⑤
15	①	②	③	④	⑤	40	①	②	③	④	⑤	65	①	②	③	④	⑤	90	①	②	③	④	⑤	115	①	②	③	④	⑤
16	①	②	③	④	⑤	41	①	②	③	④	⑤	66	①	②	③	④	⑤	91	①	②	③	④	⑤	116	①	②	③	④	⑤
17	①	②	③	④	⑤	42	①	②	③	④	⑤	67	①	②	③	④	⑤	92	①	②	③	④	⑤	117	①	②	③	④	⑤
18	①	②	③	④	⑤	43	①	②	③	④	⑤	68	①	②	③	④	⑤	93	①	②	③	④	⑤	118	①	②	③	④	⑤
19	①	②	③	④	⑤	44	①	②	③	④	⑤	69	①	②	③	④	⑤	94	①	②	③	④	⑤	119	①	②	③	④	⑤
20	①	②	③	④	⑤	45	①	②	③	④	⑤	70	①	②	③	④	⑤	95	①	②	③	④	⑤	120	①	②	③	④	⑤
21	①	②	③	④	⑤	46	①	②	③	④	⑤	71	①	②	③	④	⑤	96	①	②	③	④	⑤	121	①	②	③	④	⑤
22	①	②	③	④	⑤	47	①	②	③	④	⑤	72	①	②	③	④	⑤	97	①	②	③	④	⑤	122	①	②	③	④	⑤
23	①	②	③	④	⑤	48	①	②	③	④	⑤	73	①	②	③	④	⑤	98	①	②	③	④	⑤	123	①	②	③	④	⑤
24	①	②	③	④	⑤	49	①	②	③	④	⑤	74	①	②	③	④	⑤	99	①	②	③	④	⑤	124	①	②	③	④	⑤
25	①	②	③	④	⑤	50	①	②	③	④	⑤	75	①	②	③	④	⑤	100	①	②	③	④	⑤	125	①	②	③	④	⑤

성명 / 수험번호

수험번호							
⓪	⓪	⓪	⓪	⓪	⓪	⓪	⓪
①	①	①	①	①	①	①	①
②	②	②	②	②	②	②	②
③	③	③	③	③	③	③	③
④	④	④	④	④	④	④	④
⑤	⑤	⑤	⑤	⑤	⑤	⑤	⑤
⑥	⑥	⑥	⑥	⑥	⑥	⑥	⑥
⑦	⑦	⑦	⑦	⑦	⑦	⑦	⑦
⑧	⑧	⑧	⑧	⑧	⑧	⑧	⑧
⑨	⑨	⑨	⑨	⑨	⑨	⑨	⑨